A. Pfahl-Traughber · Rechtsextremismus

Schriftenreihe
Extremismus & Demokratie

Band 5

Herausgegeben von
Uwe Backes und Eckhard Jesse

Armin Pfahl-Traughber

Rechtsextremismus

Eine kritische Bestandsaufnahme nach der Wiedervereinigung

1993

BOUVIER VERLAG · BONN

Für meine dreieinhalbjährige Tochter Valerie – trotz der dieses Buch noch rechtzeitig fertiggestellt werden konnte.

Die Deutsche Bibliothek – CIP-Einheitsaufnahme

Pfahl-Traughber, Armin:
Rechtsextremismus : eine kritische Bestandsaufnahme nach der Wiedervereinigung / Armin Pfahl-Traughber.
– Bonn : Bouvier, 1993
(Schriftenreihe Extremismus & Demokratie ; Bd. 5)
ISBN 3-416-02436-4
NE: GT

 Satz: Computersatz Bonn GmbH Bonn, Druck und Einband: Druckerei Plump KG, Rheinbreitbach.
Umschlaggestaltung: Michael Fischer, Köln

Inhalt

Einleitung

"Die Themen der neunziger Jahre werden Rechtsextremismus, Ausländerfeindlichkeit, Nationalismus ... sein."[1] So die Einschätzung des Leiters der Hamburger Verfassungsschutzbehörde, Ernst Uhrlau, im September 1992. Unabhängig davon, ob man dieser Bewertung in ihrer Dramatik so zustimmt, läßt sich doch seit Mitte der achtziger Jahre ein stetiges Ansteigen des Rechtsextremismus auf nahezu allen Ebenen beobachten: Die Parteien der extremen Rechten verzeichneten zunächst auf relativ niedriger Ebene, dann aber mit Unterbrechungen auch im größeren Maßstab Wahlerfolge; neonationalsozialistische Gruppen erhielten stärkeren Zulauf und betätigten sich in Form von immer gewalttätiger werdenden Aktionen; die jugendliche Subkultur-Szene der Skinheads machte einen Politisierungsprozeß durch und übernahm rechtsextremistische Auffassungen; es bildeten sich um neue Publikationsorgane lockere Denkzirkel von Jungakademikern, die eine Intellektualisierung der extremen Rechten betreiben wollen; und schließlich belegen Meinungsumfragen die steigende Akzeptanz für rechtsextreme Ideologieelemente und entsprechendes Wahlverhalten.

Diese Entwicklungstendenzen wurden in Politik und Öffentlichkeit lange nicht mit der eigentlich notwendigen Aufmerksamkeit verfolgt, so daß man in einer Situation, wo diese immer manifestere Formen annahmen, dem Rechtsextremismus irritiert und hilflos gegenüberstand. Vorherrschend waren und sind je nach Situation und Objekt Dramatisierungen wie Verharmlosungen. Eine überzogene Berichterstattung der Medien nach dem Motto "Stehen wir vor einem neuen Dritten Reich?" verkennt mit grobschlächtigen historischen Analogien die Besonderheit der gegenwärtigen Entwicklung und blockiert Erkenntnisse im Sinne einer zeit-

---

[1] "Anfang der Todesspur". Interview mit Verfassungsschützer Ernst Uhrlau über Gewalt von rechts, in: Der Spiegel 46 (1992), H. 38, S. 30 f., hier S. 30.

gemäßen Gegenwehr. Die schlagzeilenträchtige Seite dieses politischen Phänomens steht im Vordergrund, während die Entwicklung auf anderen Ebenen, etwa der intellektuellen, vernachlässigt wird. Rechtsextremes Wahlverhalten interpretiert man vorschnell und ohne kritisches Hinterfragen als eigentlich doch eher unpolitisches Protestvotum. An einer kontinuierlichen, unaufgeregten, differenzierten und sachlichen politischen Auseinandersetzung und Berichterstattung mangelt es in den Medien, ob es sich um Fernsehen[2], Zeitungen oder Bücher[3] handelt.

Angesichts dieses Zerrbildes sei hier der Versuch einer nüchternen Bestandsaufnahme des Rechtsextremismus im geeinten Deutschland unternommen. Im Kern geht es darum, die seit 1989 direkt beobachtbare Renaissance dieses politischen Phänomens auf allen Ebenen nachzuzeichnen und einer kritischen Bewertung zu unterziehen. Dabei sollte berücksichtigt werden, daß Rechtsextremismus ein Sammelbegriff ist. Von daher lassen sich diesem auch eine Reihe ganz unterschiedlicher Phänomene zuordnen, die sich in Form, Inhalt, Handeln und Niveau durchaus unterscheiden können. Es gibt nicht nur rechtsextreme Parteien, sondern auch Kulturvereine; es gibt nicht nur neonationalsozialistische, sondern auch konservative oder nationalrevolutionär ausgerichtete Strömungen; es gibt nicht nur gewaltbereite, sondern auch den "Legalismus" durchaus glaubwürdig vertretende Aktivisten; es gibt nicht nur unter Alkoholkonsum rassistische Parolen brüllende Rabauken, sondern auch geschickt argumentierende Intellektuelle. Sie alle eint aber die Ablehnung der Prinzipien

---

[2] Vgl. Hans-Gerd Jaschke, Fremdenfeindlichkeit, Rechtsextremismus und das Fernsehen. Eine medienkritische Betrachtung, in: Institut für Sozialforschung (Hrsg.), Aspekte der Fremdenfeindlichkeit. Beiträge zur aktuellen Diskussion, Frankfurt/a.M. - New York 1992, S. 55-69.

[3] Vgl. Uwe Backes, Nationalpopulismus und Rechtsextremismus im westlichen Deutschland. Kritische Betrachtungen zum neuerlichen "Hoch" in Politik und Literatur, in: Neue Politische Literatur 35 (1990), S. 443-471; Armin Pfahl-Traughber, Rechtsextremismus in den neuen Bundesländern (Sammelrezension), in: Deutschland Archiv 25 (1992), S. 1075-1078.

und Werte des demokratischen Verfassungsstaates mit traditionell rechts ausgerichteten Ideologieelementen, und genau diese Gemeinsamkeit rechtfertigt die Einordnung unter den Sammelbegriff Rechtsextremismus.

In den folgenden Ausführungen werden zunächst aus der Sicht einer politikwissenschaftlichen Extremismustheorie mit der Thematik zusammenhängende methodische und theoretische Fragen erörtert. Danach geht es um die rechtsextremen Parteien, und zwar hinsichtlich ihrer politischen und organisatorischen Entwicklung, wobei die extremismustheoretische Einschätzung der "Republikaner" besonders hervorgehoben wird. Im Anschluß daran gilt das Interesse den unterschiedlichen nicht-parteigebundenen rechtsextremen Organisationen, von den neonationalsozialistischen Aktivistengruppen über die Kulturorganisationen bis zu den Zeitungen und Zeitschriften. Rechtsextremismus im vorpolitischen Raum, womit entsprechende politische Tendenzen unter sich nicht primär politisch verstehenden gesellschaftlichen Gruppen gemeint sind, steht anschließend im Mittelpunkt. Nachdem die politische Seite des Phänomens abgehandelt ist, geht es um die soziologische Seite, d. h. das rechtsextreme Einstellungs- und Wählerpotential. Hierbei wird insbesondere die vorherrschende Auffassung, es handele sich bei den Motiven zur Wahl rechtsextremer Parteien um die bloße Artikulation von Protest, kritisiert. Dem folgt die Vorstellung und Auseinandersetzung mit politikwissenschaftlichen Theorieansätzen zur Erklärung von Rechtsextremismus, wobei insbesondere der "Modernisierungsopfer"-Ansatz kritisch beleuchtet und der Politische Kultur-Ansatz demgegenüber favorisiert wird. Vergleichende Betrachtungen wollen danach einen Maßstab zur Bewertung des Rechtsextremismus liefern, und abschließend geht es um eine Einschätzung der Gefahrenpotentiale.

I. Rechtsextremismus - Definition und Erscheinungsformen

Die inflationäre Verwendung des Begriffs Rechtsextremismus bildet nicht nur in der Öffentlichkeit, sondern auch in der Politikwissenschaft vielfach einen eigentümlichen Kontrast zu seiner mangelnden theoretischen Reflektiertheit. Allgemein herrscht eine Begriffskonfusion vor, die noch durch die Verwendung anderer Bezeichnungen erhöht wird. Da ist vom "Rechtsradikalismus" und "Rechtsfundamentalismus", vom "Neo-Nazismus" und "Neo-Faschismus", vom "Rechts-" und "Nationalpopulismus", von der "Alten" und "Neuen Rechten", von den "Braunen" und "Ewiggestrigen", von den "Rechtsparteien" und "Nationalen" die Rede. Kreuz und quer geht es mit diesen Begriffen bei Politikern, Journalisten und Wissenschaftlern durcheinander. Ohnehin bestehende Probleme, einen komplexen Gegenstand möglichst genau zu definieren, werden durch politische Motive noch gesteigert. Dramatisierung wie Verharmlosung können die Folge sein. Bemühungen um eine sinnvolle Eingrenzung des Rechtsextremismusbegriffs sind somit kein belangloses Spiel mit Begriffen. Vielmehr geht es dabei um eine theoretische Eingrenzung des zu beschreibenden und zu analysierenden politischen Phänomens.

Politischer Extremismus - Definition und Kritik

Das Kompositum "Rechtsextremismus" schließt den nächsthöheren Gattungsbegriff ein: Extremismus. Politischer Extremismus[1] soll hier im Sinne der beiden Politikwissenschaftler Uwe Backes und Eckhard Jesse verstanden werden "als Sammelbezeichnung für unterschiedliche politische Gesinnungen und Bestrebungen ..., die sich in der Ablehnung

[1] Vgl. Armin Pfahl-Traughber, Die politikwissenschaftliche Auseinandersetzung um den Extremismusbegriff. Definitionen - Kritik - Alternativen, in: Uwe Backes/Eckhard Jesse (Hrsg.), Jahrbuch Extremismus & Demokratie 4, Bonn 1992, S. 67-86.

des demokratischen Verfassungsstaates und seiner fundamentalen Werte und Spielregeln einig wissen ..."[2] Wir haben es hier also mit einer Negativ-Definition, einem Abgrenzungsbegriff zu tun. Politischer Extremismus wird über die Ablehnung der Minimalbedingungen des demokratischen Verfassungsstaates definiert. Zu ihnen gehören folgende Werte und Grundregeln: das Ethos menschlicher Fundamentalgleichheit, Menschen- und Bürgerrechte, der Konstitutionalismus mit dem Prinzip der Gewaltenteilung und dem Schutz der persönlichen Freiheitssphäre des einzelnen Bürgers, rechtsstaatliche Vorgaben, ein Pluralismus in politischer und gesellschaftlicher Sphäre sowie das Repräsentativ-Prinzip[3]. Die Allgemeinheit dieser Merkmale macht bereits auf das immer wieder aufkommende Problem der Grenzziehung von demokratischem Verfassungsstaat und politischem Extremismus aufmerksam. Hierbei handelt es sich zweifellos um eines der wichtigsten Defizite bisheriger Extremismusforschung, die trotz der damit zusammenhängenden Schwierigkeiten[4] trennscharfe Kriterien zur Meßbarkeit von politischem Extremismus entwickeln muß, um Bewertungen nicht als willkürliche Einschätzungen erscheinen zu lassen.

Ein Schritt in diese Richtung ist die Ergänzung der Negativ- durch eine Positivdefinition des Extremismus. Nur so wird die Gefahr einer zirkulären Definition nach dem Motto "antidemokratisch = extremistisch" und "antiextremistisch = demokratisch" gebannt. Extremismus sollte nicht als sekundäre, vom Primärphänomen demokratischer Verfassungsstaat abhängige politische Erscheinung gelten. Diese ahistorische Sichtweise verkennt, daß sich der demokratische Verfassungsstaat gegen extremistische Politikvorstellungen entwickelt hat und hier eher von einem wechselseitigen Verhältnis gesprochen werden muß.[5] Hinsichtlich einer

[2] Uwe Backes/Eckhard Jesse, Politischer Extremismus in der Bundesrepublik Deutschland. Bd. II: Analyse, Köln 1989, S. 33.

[3] Vgl. ebda., S. 24-30.

[4] Vgl. ebda., S. 34-36.

[5] Vgl. Uwe Backes, Politischer Extremismus in demokratischen Verfassungsstaaten. Elemente einer normativen Rahmentheorie, Opla-

inhaltlichen Weiterentwicklung des Extremismusbegriffs weist Backes demgegenüber auf die Gemeinsamkeiten extremistischer Doktrinen bei der Ablehnung des demokratischen Verfassungsstaates hin und sieht in entsprechenden Strukturmerkmalen den positiven Bestandteil des Extremismus-Begriffs. Als solche werden genannt: Dogmatismus, Utopismus und kategorischer Utopieverzicht, Freund-Feind-Stereotype, Verschwörungstheorien, Fanatismus und Aktivismus.[6] Auch hinsichtlich dieser Elemente extremistischer Doktrinen besteht, wie bereits angedeutet, das Problem der Meßbarkeit und Trennschärfe, das es auch in dieser Form anzugehen gilt. Mit den genannten Strukturmerkmalen faßt Extremismustheorie eine Reihe ganz unterschiedlicher politischer Ideologien unter den Sammelbegriff des Extremismus, "sei es, daß das Prinzip menschlicher Fundamentalgleichheit negiert (Rechtsextremismus), sei es, daß der Gleichheitsgrundsatz auf alle Lebensbereiche ausgedehnt wird und die Idee der individuellen Freiheit überlagert (Kommunismus), sei es, daß jede Form von Staatlichkeit als 'repressiv' gilt (Anarchismus)".[7] Hierbei muß deutlich hervorgehoben werden, daß es nicht um eine inhaltliche Gleichsetzung, sondern um Gemeinsamkeiten hinsichtlich bestimmter Strukturmerkmale und des damit verbundenen Gegensatzes zum demokratischen Verfassungsstaat geht.

Obwohl die Systematisierung von extremismustheoretischen Positionen erst in den letzten Jahren erfolgte, ist bereits zuvor immer wieder gegen ähnliche, meist im Zusammenhang mit der Totalitarismustheorie-Diskussion formulierte Auffassungen Kritik von unterschiedlicher Seite geäußert worden. Zum einen wird der Vorwurf der Relativität und politischen Instrumentalisierung erhoben[8]. Zwar trifft es zu, daß

den 1989, S. 87-89, 103-105.

[6] Vgl. ebda., S. 289-318.

[7] Backes/Jesse (Anm. 2), S. 33.

[8] Vgl. Hans Günter Merk, Was ist heute Extremismus? Die Bedrohung des Staates von links und rechts, in: Manfred Funke (Hrsg.), Extremismus im demokratischen Rechtsstaat. Ausgewählte Texte und Materialien zur aktuellen Diskussion, Bonn 1978, S. 127-146; Man-

aufgrund unklarer Begriffsbestimmung beides möglich ist, dies nötigt aber nicht zum Verzicht auf Extremismusbegriff und -theorie, sondern fordert vielmehr deren inhaltliche Weiterentwicklung. Ähnliches gilt für den Vorwurf, es handele sich um einen "politischen Kampfbegriff"[9] zur Verhinderung von politischen Veränderungen. Sicherlich wurde und wird der Extremismusbegriff in diesem Sinne verwandt. Politisch instrumentalisiert werden aber zahlreiche Begriffe, wie etwa Demokratie, Faschismus, Republik, Sozialismus oder Totalitarismus. Soll man daraus aber allen Ernstes den Verzicht auf deren Verwendung ableiten? Gleichwohl muß die Forschung die politische Instrumentalisierung des Extremismusbegriffs reflektieren und politischem Mißbrauch vorbeugen. Ein anderer zentraler Einwand gegen den Extremismusbegriff zielt auf die angebliche Gleichsetzung unterschiedlicher politischer Phänomene: "Rechtsradikalismus gleich Linksradikalismus" sei "eine falsche Gleichung"[10]. Doch die Extremismustheorie verweist lediglich auf strukturelle Gemeinsamkeiten der politischen Doktrinen. Darüber hinaus bezieht sich eine derartige Kritik nur auf erstrebte Ziele und nicht auf angewandte Mittel der vergleichend untersuchten politischen Phänomene. Und schließlich ist auf jene Kritik zu verweisen, die Extremismustheorie allein aus der "verfassungsrechtlich angeleiteten Sicht" sieht und unterstellt, ihr ginge es "nicht um die Analyse von politisch-sozialer Wirklichkeit ..., sondern um die Beurteilung vorliegender Fälle nach festgelegten Kriterien".[11] Keineswegs muß Extremismustheorie aber aus rein verfassungsrechtlich orientierter Sicht argumentieren, sondern sie hat eigene politikwis-

---

fred Funke, Extremismus, in: Wolfgang W. Mickel (Hrsg.), Handlexikon zur Politikwissenschaft, München 1983, S. 132-134.

9 Wolf-Dieter Narr, Radikalismus, Extremismus, in: Martin Greiffenhagen (Hrsg.), Kampf um Wörter? Politische Begriffe im Meinungsstreit, München/Wien 1980, S. 366-375, hier S. 374 f.

10 Helga Grebing, Rechtsradikalismus gleich Linksradikalismus. Eine falsche Gleichung, Stuttgart 1971.

11 Hans-Gerd Jaschke, Streitbare Demokratie und innere Sicherheit. Grundlagen, Praxis und Kritik, Opladen 1991, S. 49.

senschaftliche Kriterien zu entwickeln. In diesem Zusammenhang wird man auch über Einschätzungen hinausgehen und analytische Verfahren entwickeln müssen, die nach dem gesellschaftlichen Bedingungsgefüge für politischen Extremismus fragen. Auch diese Kritik nötigt also nicht zum Verzicht auf den Extremismusbegriff, sondern zu dessen inhaltlicher Weiterentwicklung.

Ideologieelemente des Rechtsextremismus

Rechtsextremismus[12] kann als eine Sammelbezeichnung für antidemokratische Auffassungen und Bestrebungen mit traditionell politisch rechts einzuordnenden Ideologieelementen bezeichnet werden.[13] Sammelbezeichnung meint hier, daß man es mit einer Reihe zum Teil ganz verschiedener politischer Ausdrucksformen zu tun hat, die bei allen Gemeinsamkeiten ideologisch nicht unbedingt gleichgesetzt werden können. Übereinstimmungen bestehen zum einen hinsichtlich der Ablehnung der Prinzipien eines demokratischen Verfassungsstaates und zum anderen darin, daß es verschiedene ideologische Grundelemente gibt, die allen Erscheinungsformen von Rechtsextremismus mehr oder minder eigen sind. Einige sind als allgemeine Strukturmerkmale von politischem Extremismus anzusehen, während andere als typisch rechtsextrem zu gelten haben. Hinsichtlich der Unterscheidung verschiedener Varianten des politischen Extremismus formuliert Uwe Backes in diesem Zusammenhang: "Die rechtsgerichtete Form negiert eine oder mehrere der tragenden Säulen freiheitlicher

---

[12] Vgl. hinsichtlich umfassender Definitionen von Rechtsextremismus auch Willibald I. Holzer, Rechtsextremismus - Konturen und Definitionskomponenten eines politischen Begriffs, in: Dokumentationsarchiv des österreichischen Widerstands (Hrsg.), Rechtsextremismus in Österreich nach 1945, Wien 1980, S. 8-97; Hans-Gerd Jaschke, Rechtsextremismus, in: Iring Fetscher/Herfried Münkler (Hrsg.), Pipers Handbuch der politischen Ideen, Bd. 5, München 1987, S. 487-495.

[13] Vgl. Backes/Jesse (Anm. 2), S. 331.

Demokratie: den Wert der Person als Selbstzweck; das allen Menschen in gleichem Maße zustehende Recht, ihre Freiheit zu entfalten; das sich daraus ableitende Recht auf gleichberechtigte Teilhabe an den gemeinschaftlichen Angelegenheiten. Die linksgerichtete Form dagegen bejaht dieses geistige Fundament, interpretiert es jedoch in einer spezifischen Weise und unter Verarbeitung ganz andersartiger Traditionen, was zu einem dem demokratischen Verfassungsstaat strikt entgegengesetzten Resultat führt."[14]

Zu den für den Rechtsextremismus der Gegenwart typischen Ideologieelementen gehört der *Nationalismus*. Einerseits wird in der Literatur in diesem Zusammenhang immer von einem "übersteigerten" oder "völkisch fundierten" Nationalismus gesprochen und eine "normale" Variante offenbar als nicht-rechtsextrem empfunden, andererseits interpretiert man Nationalismus auch als Auffassung, wonach die eigene Nation einer oder allen anderen Nationen überlegen sei. Beides hängt mit einem ungeklärten Begriffsverständnis von Nationalismus zusammen, denn von Nationalismus kann bereits dann gesprochen werden, wenn die "Nation" die Kategorie ist, die bei der Bindung an Werte am höchsten über allen Werten, also auch den Menschenrechten, steht.[15] In diesem Fall bildet "Nation" den primären Bezugsrahmen für das Individuum, diesem sind alle anderen Werte und Interessen unterzuordnen. Von daher kann der Nationalismus in einem demokratischen Verfassungsstaat auch als "antidemokratische Integrationsideologie"[16] bezeichnet werden und ist mit diesem Verständnis auch als rechtsextremes Ideologieelement zu werten.

---

[14] Vgl. Backes (Anm. 5), S. 122.

[15] Vgl. Peter Alter, Nationalismus, Frankfurt/M. 1985, S. 14 f.

[16] Vgl. Armin Pfahl-Traughber, Nationalismus: Eine antidemokratische Integrationsideologie, in: Vorgänge 29 (1990), H. 106, S. 89-97 sowie aus extremismustheoretischer Sicht die klare Bewertung von Uwe Backes (Anm. 5), S. 203: "Der Nationalismus ist per se antidemokratisch, da er die Nation zum Selbstzweck erhebt und ihr einen höheren Rang einräumt als bürgerlichen Freiheitsrechten, ja selbst menschlichen Grundrechten."

Differenzierter einzuschätzen wäre der *Autoritarismus*, der zwar immer wieder als typisches Merkmal von Rechtsextremismus verstanden wird, aber eher als ein allgemeines Strukturmerkmal extremistischer Doktrinen anzusehen ist. Autoritarismus meint auf der gesellschaftlichen Ebene einen Gehorsam um des Gehorsams willen und auf der politschen Ebene ein Staatsverständnis, das den Staat über die Gesellschaft stellt und diesen nicht als ihr Instrument, sondern als die Gesellschaft einseitig dominierend ansieht. In diesem Zusammenhang zu sehen sind auch Forderungen nach einem "Führer" oder "starken Mann", der mit großen Vollmachten bestimmen bzw. regieren soll. Insofern ist auch der Definition des Politologen Richard Stöss, der meint "Rechtsextremismus ist Demokratiefeindschaft"[17], als *Teil*-Definition zuzustimmen. Aber dies gilt nicht allgemein und ausschließlich, denn dem Umkehrschluß "Demokratiefeindschaft ist (nur) Rechtsextremismus" kann man angesichts anders ausgerichteter demokratiefeindlicher Strömungen so nicht zustimmen.

Ähnlich differenziert eingeschätzt werden muß der *Antipluralismus* mit der Vorstellung von der Identität von Regierung und Volk, der sich individuelle oder gruppenspezifische Interessen bedingungslos zu unterwerfen hätten. Im Rechtsextremismus artikulieren sich derartige Vorstellungen in der Ideologie von der "Volksgemeinschaft", die angesehen wird als natürliche Ordnung, in der Volk und Staat als Einheit verschmelzen. Teil-Interessen gelten als diese Einheit störend und werden entsprechend negiert, sie sollen dem Ganzen untergeordnet sein. Aufgrund des besonderen ideologischen Ausdrucks dieses Antipluralismus ("Volksgemeinschaft") entstand vielfach der Eindruck, es handele sich um ein lediglich für den Rechtsextremismus zutreffendes Ideologieelement. Aber auch hier gilt es zu berücksichtigen, daß sich antipluralistische und identitäre Politik- und Gesellschaftsvorstellungen ebenfalls in anderen Politikformen fin-

---

[17] Richard Stöss, Die extreme Rechte in der Bundesrepublik. Entwicklung, Ursachen, Gegenmaßnahmen, Opladen 1989, S. 18.

den und von daher in diesem Zusammenhang auch von einem allgemeinen Strukturmerkmal extremistischer Doktrinen gesprochen werden kann.[18]

Demgegenüber ist ein typisch rechtsextremes Ideologieelement die *Ideologie der Ungleichheit*, verbunden mit der Ausgrenzung und Abwertung der nicht zur Eigengruppe gehörenden Menschen. Gemeint ist damit selbstverständlich nicht die Feststellung natürlicher Unterschiede bei Menschen, sondern die daraus abgeleitete Ablehnung bestimmter Rechte für Gruppen von Individuen, die sich durch ethnische Merkmale abheben. Verbunden sind solche Vorstellungen häufig mit Aufwertung der Eigengruppe (Rassismus/Ausländerfeindlichkeit), der Behauptung natürlicher Hierarchien (zwischen verschiedenen Völkern, aber auch innenpolitisch) und/oder der Betonung des Rechts des Stärkeren (Sozialdarwinismus). All diese Auffassungen münden in einem biologistischen Weltbild: Soziale Ungleichheit ist demnach die ausschließliche Folge genetischer Prädispositionen. Im Kern laufen derartige Vorstellungen auf die bewußte Negierung der Menschenrechte als Grundlage von sozialem Handeln hinaus.

Eine ganze Reihe hier nicht gesondert beschriebener rechtsextremer Ideologieelemente sind integrale Bestandteile der vier genannten Grundelemente, etwa die Ablehnung von Interessenverbänden (z.B. der Gewerkschaften) als Element des Antipluralismus oder die fehlende innerorganisatorische Demokratie als Ausdruck von Autoritarismus. Andere Bestandteile von rechtsextremem Denken, etwa die Verharmlosung des NS-Regimes, sind zu sehr auf Deutschland zugeschnitten und insofern nicht generell zu verallgemeinern. Schließlich ist noch darauf hinzuweisen, daß sich die einzelnen Grundelemente in unterschiedlicher Form ausdrücken. So kann sich Nationalismus etwa in der Absolutsetzung des Wertes "Nation" ohne direkte Abwertung von Ausländern ebenso wie in der chauvinistischen Selbstübersteigerung mit

[18] Vgl. zum Pluralismus/Antipluralismus allgemein Ernst Fraenkel, Deutschland und die westlichen Demokratien (1964), Frankfurt/a.M. 1991.

verbalen Beleidigungen der nicht zur Eigen-Gruppe Gehörenden, aber auch in der Forderung nach gewaltsamer Vertreibung oder gar Vernichtung fremder Menschen äußern. Abhängig ist dies zum einen von der politischen Ausrichtung des jeweiligen Akteurs: In Deutschland haben sich etwa ganz verschiedene ideologische Formen von Rechtsextremismus herausgebildet: es gibt Anhänger eines antidemokratischen Konservativismus, Vertreter einer Nationalpopulismus-Variante, traditionelle Deutsch-Nationalisten und National-Freiheitliche, Anhänger der Konservativen Revolution, Nationalrevolutionäre und Neo-Nationalsozialisten. Zum anderen ist die Ausdrucksform des Rechtsextremismus abhängig von seinen organisatorischen Trägern: Eine Partei hat andere Möglichkeiten als ein Intellektuellen-Zirkel, eine militante Gruppe andere als ein Zeitungs- oder Buchverlag.

Das politische Phänomen Rechtsextremismus muß differenziert betrachtet werden. Dazu bedarf es auch der Klarstellung, daß der Neo-Nationalsozialismus eine, aber nicht die alleinige Variante des Rechtsextremismus ist. Unterscheidungen sind nicht nur um einer ausgewogenen und inhaltlich stimmigen Betrachtung willen notwendig, sondern auch, um Diffamierungs- wie Verharmlosungstendenzen zu entgehen. Bei der Definition von Rechtsextremismus orientiert sich die Fachliteratur bewußt oder unbewußt immer noch zu stark an der nationalsozialistischen Ideologie, so etwa auch Richard Stöss, wenn er als Ideologieelemente von Rechtsextremismus u. a. nennt: "übersteigerter Nationalismus mit imperialistischem Großmachtstreben", "feindselige Haltung gegenüber anderen Staaten", "Gleichschaltungsabsichten", "Volksgemeinschaft", "Reich" und "Führer".[19] Diese Eigenschaften

---

[19] Stöss (Anm. 17), S. 19. In einer späteren Veröffentlichung, Wieviel Rechtsextremismus darf's denn sein?, in: Ideen, Nr. IV/ Juli 1991, S. 5-20, hier S. 9, weist Stöss jedoch zu Recht darauf hin, "daß nicht alle Rechtsextremisten mit dem Nationalsozialismus sympathisieren und auch nicht immer einen Führerstaat als Vorbild preisen". Allerdings liefert er dabei keine detailliertere Definition von Rechtsextremismus und verwirrt durch Unterscheidungen von pronazistischen und rechtsextremen Einstellungen.

treffen nur bedingt auf die größeren rechtsextremen Parteien in Deutschland zu. Das Gegenteil zu unterstellen wäre nicht zutreffend, wie bei deren Vorstellung noch deutlich wird. Diese Merkmale erfassen die Parteien nicht, und insofern würde man sie auch nicht als rechtsextrem bezeichnen können. Je nach analytischer Anwendung der genannten Merkmale und der Sicht des Betrachters hätte man es entweder mit einer Diffamierung oder mit einer Verharmlosung zu tun. Gleichzeitig ignoriert die bewußte oder unbewußte Fixierung der Definition des Rechtsextremismus auf den Nationalsozialismus die Modernisierung dieses politischen Spektrums nicht nur in Deutschland, sondern auch in Europa.

Soziale Verbreitungsformen rechtsextremer Einstellungen und Mentalitäten

Eine differenzierte Betrachtung verdienen nicht nur die Ideologieelemente, sondern auch die Ebenen rechtsextremer Einstellungen. Von Rechtsextremismus sollte nicht nur gesprochen werden, wenn eine politisch-programmatische Ideologie im Sinne der oben genannten Elemente, etwa als geschlossenes Weltbild oder abstrakte Theorie, vorhanden ist. Solche Ausdrucksformen des politischen Phänomens Rechtsextremismus findet man in Parteiprogrammen oder in den publizistischen Äußerungen von Intellektuellen. Dabei handelt es sich aber keineswegs um die einzige Ebene, auf der sich Rechtsextremismus artikuliert. Eine andere Ebene sind die diffusen Mentalitäten, emotionalen Relikte und Konstrukte des alltäglichen Lebens, die mit rechtsextremen Ideologieelementen vermengt sind. Hierbei könnte man von einem latenten im Gegensatz zu einem manifesten, weil sich direkt politisch artikulierenden Rechtsextremismus sprechen. Auf dieser Ebene geht es darum, das Einstellungspotential zu messen. Dabei sollte man statt von rechtsextremer *Ideologie* besser von rechtsextremen *Orientierungen* sprechen. Zu Recht hat der Pädagoge und Jugendforscher Wilhelm

Heitmeyer die Verengung des Problems auf politisch organisierte rechtsextreme Gruppierungen und Parteien kritisiert, weil soziale Entwicklungsprozesse außerhalb des Organisationsspektrums so am Rand der Analyse blieben. Die organisationsbezogene Sichtweise gelte es durch die Orientierungsmuster-Perspektive zu erweitern.[20] Rechtsextreme Positionen äußern sich nicht immer in systematischer Form, sondern mehr in Gestalt von Klischees oder Stereotypen. Das niedrige theoretische Niveau derartiger Einstellungen darf dabei keinen Anlaß geben, hier nicht von Rechtsextremismus zu sprechen. In dieser Hinsicht gilt es auch den methodischen Ansatz der Extremismusforschung zu erweitern, will sie sich nicht, wie ihr vorgeworfen wird, auf klassifizierende Einordnung von politischen Phänomenen beschränken und das gesellschaftliche Bedingungsgefüge von politischem Extremismus ignorieren.

Über die Ideologie/Orientierung-Unterscheidung hinaus bedarf es auch einer differenzierten Aufschlüsselung der Artikulationsformen von Rechtsextremismus. Diese bilden gleichzeitig die formale Struktur für die folgende Darstellung und Analyse des politischen Phänomens Rechtsextremismus. *Erstens* geht es dabei um eine Untersuchung der *Parteien*, einerseits bezüglich ihrer politischen und organisatorischen Entwicklung, andererseits hinsichtlich ihrer Wirkung, vor allem bei Wahlen. *Zweitens* sollen nichtparteilich organisierte Zusammenschlüsse von Rechtsextremisten, also *Gruppierungen, Organisationen und Publikationen*, beachtet und analysiert werden, und zwar hinsichtlich ihrer internen Entwicklung, aber auch bezogen auf ihre Außenwirkung. *Drittens* verdienen gesellschaftliche Gruppen Beachtung, die zunächst eher unpolitisch wirken, aber rechtsextreme Orientierungen aufweisen, also der *Rechtsextremismus im vorpolitischen*

---

[20] Vgl. Wilhelm Heitmeyer, Rechtsextremistische Orientierungen bei Jugendlichen. Empirische Ergebnisse und Erklärungsmuster einer Untersuchung zur politischen Sozialisation, Weinheim 1987, S. 23-30. Das dort entwickelte, auf die Gesichtspunkte Gewaltbereitschaft und Ungleichheit beschränkte Orientierungsmuster-Konzept geht aber von einem zu engen Rechtsextremismusbegriff aus.

Raum. Und *viertens* bedarf es der Analyse und Einschätzung des rechtsextremen *Einstellungs- und Wählerpotentials*, wobei beachtet werden muß, daß beides nicht miteinander identisch ist.

Die aus politikwissenschaftlicher Sicht formulierte Definition und Beschreibung der Ideologieelemente und Ebenen von Rechtsextremismus lassen schon einige Unterschiede zum Verständnis dieses politischen Phänomens aus verfassungsrechtlicher Sicht bzw. aus der Perspektive des Verfassungsschutzes erkennen. Sie sollen hier noch kurz konkretisiert und systematisiert werden: Politischer Extremismus wird *erstens* nicht bezogen auf die Gegnerschaft zu einer bestimmten Verfassung (hier des Grundgesetzes der Bundesrepublik Deutschland) verstanden, sondern ganz allgemein im Sinne der Gegnerschaft zu den Prinzipien eines demokratischen Verfassungsstaates als einem auf den Menschenrechten gründendem Ordnungsprinzip. Der politikwissenschaftliche Extremismusbegriff ist somit allein von daher schon etwas weiter gefaßt. Dies erlaubt es *zweitens* über die aus verständlichen methodischen Gründen vergleichsweise eher oberflächlichen Untersuchungskriterien einer verfassungsrechtlichen Sicht hinauszugehen. Politikwissenschaftliche Verfahren können tiefgreifendere, weil eben auch stärker interpretierende Analysen des von einem Untersuchungsobjekt entfalteten öffentlichen Diskurses vornehmen und somit den immer geschickteren "Legalismus"-Strategien politischer Extremisten begegnen. So wird es auch möglich, jene analytisch zu erfassen, die zwar die Strukturen eines demokratischen Verfassungsstaates möglicherweise bestehen lassen, das reale Umsetzen von dessen geistigen Grundlagen aber aufheben wollen. *Drittens* hat eine politikwissenschaftliche Bewertung eines politischen Phänomens als extremistisch natürlich keine direkten Folgen im Sinne eines administrativen Vorgehens. Die Einschätzung versteht sich lediglich als analytische Bewertung und setzt auch nicht das aktive kämpferische Vorgehen gegen einen demokratischen Verfassungsstaat voraus. *Viertens* ist damit eng verbunden die Ausweitung des Extremismusbegriffs auf Einstellungen und Orientierungen, womit die organisationsfixierte Perspektive ergänzt werden soll. Und schließlich geht es *fünftens* politikwissenschaftlicher Extremismusforschung nicht nur um die Klassifizierung von Rechtsextremismus, sondern auch um die Analyse von Ursachen und Folgen dieses politischen Phänomens im Kontext seines gesellschaftlichen Bedingungsgefüges.

Alternative Begriffe im Zusammenhang mit Rechtsextremismus

In öffentlichen wie wissenschaftlichen Auseinandersetzungen kursieren zahlreiche Alternativbezeichnungen zum Rechtsextremismusbegriff. Lange bevorzugt verwendet wurde der Begriff *Rechtsradikalismus.* Von der Wortbedeutung her versteht man unter "Radikalismus" ein an die Wurzel einer Sache gehendes Verhalten. Die genaue Untersuchung rechtsextremer Ideologien zeigt jedoch, daß diese nicht zu den Wurzeln von gesellschaftlichen Problemen vordringen, sondern vielmehr deren Ursachen in Feindbild-Projektionen verschieben. Radikalismus steht also von der Wortbedeutung her eher in einem analytischen Zusammenhang und ist von dem Anspruch, die Wurzel einer Sache anzugehen, nicht dem zu behandelnden inhaltlichen Kontext zuzuordnen. Dies führte wohl auch dazu, daß immer mehr Abstand von der Verwendung dieses Begriffs genommen wurde und sich statt dessen die auch hier verwendete Bezeichnung Rechtsextremismus eingebürgert hat. Jüngst läßt sich aber eine neuere Verwendung des Begriffs "Rechtsradikalismus" beobachten, und zwar in den Fällen, wo ein Unterschied von Rechtsextremismus und Rechtsradikalismus gemacht wird. Gemeint ist mit letzterem in diesem Fall, daß es sich um eine Position handelt, die sich noch im Rahmen, wenngleich aber am Rande des Verfassungskonsens befindet. Eine genaue Begriffsbestimmung und eine Aufschlüsselung der damit verbundenen Problematik einer Unterscheidung von radikal und extremistisch wurde bislang aber noch nicht geliefert, und dies dürfte auch schwierig sein. Es scheint sich eher um einen "Verlegenheitsbegriff" zu handeln, der seine Verwendung dem wie auch immer begründeten Unvermögen zur klaren Einschätzung eines politischen Phänomens verdankt. Aus all diesen Gründen wird in den folgenden Ausführungen der Begriff Radikalismus nicht verwandt. Er stiftet mehr Verwirrung als Nutzen.

Eine andere, ebenfalls sehr weit verbreitete Bezeichnung ist der Begriff Neonazismus oder *Neonationalsozialismus*, der auf alle Formen von Rechtsextremismus Anwendung findet. Es wurde bereits darauf hingewiesen, daß diese Verallgemeinerung nicht zulässig ist, da sich nicht alle Varianten der extremen Rechten positiv auf den Nationalsozialismus im Sinne eines politischen Vorbildes für das eigene Politikverständnis beziehen. Eine solche Gleichsetzung wäre inhaltlich schlicht falsch. Wenn hier von Neonationalsozialismus gesprochen wird, dann nur, wenn sich entsprechende Gruppen und Organisationen direkt zum Nationalsozialismus bekennen bzw. sich eine diesbezügliche politische Ausrichtung klar nachweisen läßt. Die Bezeichnung "Neo-" ist in diesem Zusammenhang nicht unbedingt nur im Sinne von zeitlich neu zu verstehen. Neonationalsozialistische Kräfte beschränkten sich keineswegs auf eine einfache Übernahme der nationalsozialistischen Ideologie Hitlerscher Prägung, sondern haben diese in einigen Bereichen erneuert oder beziehen sich auf andere Varianten des Nationalsozialismus, etwa die Strasser- oder Röhm-Linie. Ein Ignorieren dieses Tatbestandes und der Verzicht auf eine differenzierte Betrachtung würde eine Benennung dieser Gruppen als neonationalsozialistisch nicht mehr erlauben.

Gleichfalls virulent ist die Bezeichnung faschistisch oder *neo-faschistisch* als Sammelbezeichnung. Damit wird ein in der Politikwissenschaft überaus umstrittener Begriff in die Diskussion eingeführt. Problematisch ist dabei zum einen schon die historische Gleichsetzung von italienischem Faschismus und deutschem Nationalsozialismus und zum anderen die Übertragung der auf politische Systeme bezogenen Eigenschaften auf Kleinparteien und Gruppen der noch zu beschreibenden Art. Darüber hinaus verbindet sich mit dieser

Begriffswahl ein bestimmter Erklärungsansatz für das zu untersuchende politische Phänomen, der einen kausalen Zusammenhang von Kapitalismus und Rechtsextremismus unterstellt. Hier soll nicht der wissenschaftliche Wert des Faschismusbegriffs in anderen Zusammenhängen in Abrede gestellt werden; für die hier zu behandelnde Problematik wird er aber begrenzt auf die Anhänger des italienischen Faschismus im Sinne der Mussolini-Diktatur verstanden.

Vieldeutig ist auch der Begriff der *Neuen Rechten.* Ein sehr allgemeines Verständnis davon meint schlicht ein neues politisches Phänomen, das plötzliche Aufkommen neuer rechtsextremer Parteien nach deren jahrelanger Bedeutungslosigkeit bei Wahlen. In dieser Allgemeinheit ist die Bezeichnung inhaltslos und wenig nützlich. Ein anderes Verständnis von der Neuen Rechten hat der Politikwissenschaftler Wolfgang Gessenharter formuliert, der darunter eine Art "Zwischenstück" von Konservativismus und Rechtsextremismus sieht.[21] Damit angesprochen wird die Problematik einer möglichst genauen Unterscheidung von Konservativismus und Rechtsextremismus, die durch ein Verschwimmen der Grenzen und einen gewissen Annäherungsprozeß auf intellektueller Ebene nicht in jedem Fall eindeutig zu treffen ist. Hier sollte man aber eher von einem "Brückenbereich" oder "Brückenspektrum" sprechen, da die sich als Neue Rechte verstehenden politischen Kräfte eindeutig als rechtsextrem einzuschätzen sind. Es handelt sich dabei in der Regel um intellektuelle Zirkel, die sich an der Konservativen Revolution der Weimarer Republik orientieren.

Und schließlich wird jüngst immer wieder der Begriff *Populismus*, meist im Zusammenhang mit anderen Wortverbindungen, wie etwa Nationalpopulismus oder Rechtspopulismus, verwendet. Dabei gilt es jedoch zu berücksichtigen, daß Populismus, wie der Soziologe Helmut Dubiel bemerkt,

---

[21] Wolfgang Gessenharter, Die "Neue Rechte" als Scharnier zwischen Neokonservativismus und Rechtsextremismus in der Bundesrepublik, in: Rainer Eisfeld/Ingo Müller (Hrsg.), Gegen Barbarei. Essays für Robert M. W. Kempner zu Ehren, Frankfurt/a.M. 1989, S. 424-452.

"nicht etwa eine neue politische Strömung im Spektrum der bereits vorhandenen bezeichnen will, sondern eine ... Art, wie sich Politiker, Parteien und andere politische Formationen zu dem umworbenen 'Volk' in Beziehung setzen".[22] Das bedeutet, daß sich der Begriff Populismus auf eine besondere Interaktion, hier im Sinne der Form einer politischen Ansprache oder einer Agitationstechnik, bezieht. Es handelt sich also um eine Bezeichnung, die keine direkte politische Einschätzung beabsichtigt, sondern auf einer anderen Ebene liegt. Darüber hinaus gilt es zu berücksichtigen, daß einige typische Eigenschaften von Populismus zwar eine politische Orientierung nach rechts andeuten, aber Populismus auch in anderen politischen Zusammenhängen vorkommen kann. Insofern wird dieser Begriff hier nur mit politischer oder thematischer Konkretisierung verwendet.

---

[22] Helmut Dubiel, Vorwort, in: Ders. (Hrsg.), Populismus und Aufklärung, Frankfurt/a.M. 1986, S. 7-11, hier S. 7.

II. Rechtsextreme Parteien

Rechtsextremismus wird in der Öffentlichkeit immer noch in erster Linie über Wahlerfolge wahrgenommen. Im Blickfeld steht dabei das Endprodukt einer politischen Entwicklung, die Hinwendung zu einer rechtsextremen Partei, und nicht der damit verbundene Prozeß. Trotz dieser perspektivischen Einschränkung kommt der Betrachtung und Einschätzung rechtsextremer Parteien besondere Bedeutung zu, da Rechtsextremismus sich hier in direkter politischer Form artikuliert. Im Mittelpunkt der folgenden Darstellung stehen die rechtsextremen Parteien, die zuletzt bei Wahlen teilweise überraschende Stimmengewinne verbuchten: die "Republikaner" (REP), die "Deutsche Volksunion" (DVU), die "Nationaldemokratische Partei Deutschlands" (NPD), die "Deutsche Liga für Volk und Heimat" (DL) und die "Freiheitliche Deutsche Arbeiterpartei" (FAP).

1. Die Republikaner (REP)

Parteientwicklung in den alten Bundesländern bis 1989

Gegründet wurden die REP[1] am 27. November 1983 in München als eine "Rechtsabspaltung" der CSU. Die neue Partei entstand damit in einer Zeit starker innerparteilicher Spannungen an der CSU-Basis[2], die sich in Parteiaustritten und

---

[1] Nach ihren 1989er Wahlerfolgen erschienen über die REP zahlreiche Aufsatz- und Buchpublikationen ganz unterschiedlicher Qualität, vgl. u.a. Uwe Backes, The West German Republikaner: Profile of a Nationalist, Populist Party of Protest, in: Patterns of Prejudice 24 (1990), H. 1, S. 3-18; Hajo Funke, "Republikaner". Rassismus, Judenfeindschaft, nationaler Größenwahn, Berlin 1989; Hans-Gerd Jaschke, Die "Republikaner". Profile einer Rechtsaußen-Partei, Bonn 1990; Claus Leggewie, Die Republikaner. Ein Phantom nimmt Gestalt an, Berlin 1990; Richard Stöss, Die "Republikaner". Woher sie kommen? Was sie wollen? Wer sie wählt? Was zu tun ist?, Köln 1990.

[2] Vgl. "D' Leit san einfach kritischer word'n". Verfallserscheinungen in der Basis der CSU, in: Der Spiegel 37 (1983), H. 49, S. 35-46.

dem Zulauf zu konkurrierenden Wahlgemeinschaften manifestierten. Die allgemeine Kritik am Parteiapparat der CSU richtete sich vor allem gegen Machtmißbrauch und Ämterpatronage sowie gegen die mangelnde innerparteiliche Demokratie. Anlaß für den Ausbruch der Krise bot die Rolle des Parteivorsitzenden und bayerischen Ministerpräsidenten Franz Josef Strauß beim Einfädeln eines Milliardenkredits an die DDR ohne erkennbare Gegenleistungen. Dieses Verhalten mußte als Verstoß gegen die bis dato "konsequente" ostpolitische Haltung der CSU erscheinen. So fanden sich denn auch in der anfänglichen "Führungstroika" der REP zwei ehemalige CSU-Bundestagsabgeordnete: Franz Handlos und Eckhard Voigt. Beide waren durchaus prominente Politiker: Handlos hatte bei den Bundestagswahlen in seinem Wahlkreis zuletzt 73,6 Prozent der Stimmen erhalten, und Voigt leitete den etwa 7.000 Mitglieder zählenden "Wehrpolitischen Arbeitskreis" der CSU. Zu ihnen gesellte sich als Dritter in der Führungsspitze der in Bayern bekannte Fernsehjournalist Franz Schönhuber, der nach Protesten gegen ein Buch mit apologetischen Äußerungen über die Waffen-SS 1981 vom Bayerischen Rundfunk entlassen worden war. Aufgrund der Bedeutung Schönhubers für die Partei wird seine Person später noch ausführlicher vorgestellt. In dieser "Troika" war Handlos aufgrund seiner Popularität zunächst noch die Führungsfigur, selbst Schönhuber nannte ihn "die unbestrittene Nummer eins".[3] So wurde Handlos auch erster Vorsitzender der REP; Voigt und Schönhuber erhielten seine Stellvertreter-Posten.[4]

Bereits bei ihrer Gründung konstitutierten sich die REP als Bundesorganisation, obwohl sie vorerst nur in Bayern Anhänger fanden. Im Laufe der Zeit entstanden, zunächst schleppend, aber dann doch stetig, bis 1989 in allen alten Bundesländern Landesverbände. Ähnlich verlief die Mitgliederentwicklung von 150 im Jahre 1983 bis zu 8.600 im

[3] Vgl. Ständige Quelle, in: Der Spiegel 37 (1983), H. 46, S. 110.

[4] Vgl. Die Republikaner in München als neue Partei gegründet, in: Frankfurter Allgemeine Zeitung v. 28. November 1983.

Januar 1989. Trotz der bundesweiten Ausdehnung lag der Schwerpunkt aber nach wie vor in Bayern. In den anderen Bundesländern erwies sich die Personaldecke der Partei als dünn. Bei Kommunalwahlen fehlten vielfach Kandidaten, und bei den Berliner Wahlen vom Januar 1989 konnte man die gewonnene Sitze nicht alle besetzen. Hinsichtlich der Wahlergebnisse läßt sich ein starkes, allerdings nach oben weisendes Schwanken beobachten: Einen ersten Erfolg erzielten die REP zunächst bei den bayerischen Landtagswahlen im Oktober 1986 mit 3 Prozent der Stimmen. Daran konnte man bei den folgenden Wahlen zu den Landtagen anderer Bundesländer aber nicht mehr anknüpfen: In Bremen erhielt die Partei im September 1987 nur 1,2, in Baden-Württemberg im März 1988 1,0 und in Schleswig Holstein im Mai 1988 lediglich 0,6 Prozent der Stimmen. Bei diesen drei Wahlen fiel die Partei jeweils hinter den kandidierenden rechtsextremen Konkurrenz-Parteien zurück; DVU und NPD erreichten meist doppelt so viele Stimmen wie die REP. Um so überraschender war der Wahlerfolg von Berlin, wo die Partei auf Anhieb im Januar 1989 7,5 Prozent der Stimmen erreichte. Auch bei den darauf folgenden hessischen Kommunalwahlen im März 1989 konnten die REP dort, wo sie antraten, Erfolge verbuchen. Und schließlich erreichte die Partei bei den bundesweiten Europa-Wahlen im Juni des Jahres 7,1 Prozent der Stimmen - ein große Zustimmung, die aber in erster Linie in Bayern erreicht wurde, wo man auf 14,6 Prozent kam.

Nach diesen Wahlerfolgen kam es innerhalb der Partei erneut zu heftigen Auseinandersetzungen, die ein chaotisches Bild von ihr zeichneten: Einzelne Landesverbände drohten sich zu spalten, und die gewohnten Macht- und Richtungskämpfe eskalierten. Im Sommer 1989 wurden allein zwei Landesvorstände, der eine in Berlin, der andere in Niedersachsen, amtsenthoben; führende Funktionäre traten aus der Partei aus oder wurden ausgeschlossen. Die Landesvorsitzenden in Nordrhein-Westfalen und dem Saarland traten aufgrund der massiven Eintritte von relativ bekannten rechtsextremistischen Aktivisten von ihren Ämtern zurück. Unabhängig davon erreichen die REP bei den Kommunalwahlen im Oktober 1989 in Nordrhein-Westfalen und in Baden-Württemberg noch einige Wahlerfolge. Die Meinungsumfragen prognostizieren jedoch Ende des Jahres einen negativen Trend. Schönhuber kündigte in dieser Phase eine programmatische und personelle Erneuerung der Partei an und bezifferte die Mitgliederzahl auf 25.000.[5]

Politische Entwicklung bis 1989

Die Gründungsgeschichte der REP zeigt, daß es sich bei der Partei zunächst nicht um den Zusammenschluß von rechtsextremen Kräften handelt. Man kann also für diesen Zeitpunkt nicht von einer neuen rechtsextremen Sammelpartei im engeren Sinne sprechen. Vielmehr handelte es sich um eine "Rechtsabspaltung" einer konservativen Partei, die hinsichtlich ihrer politischen Zukunft noch kein klares Konzept hatte und der die unterschiedlichsten politischen Orientierungen "rechts von der Mitte" - so ihr Selbstverständnis - offenstanden. Es bestand folgende Alternative: eine rechtskonservative Partei als Alternative zur CSU auf das gesamte Bundesgebiet ausgedehnt oder eine modernisierte rechtsextreme Partei mit populistischem Charakter im Sinne des französischen "Front National". Die jeweiligen Orientierungen wurden innerhalb der Führungsspitze der Partei kontrovers diskutiert, Handlos vertrat die erste, Schönhuber die letzte Variante. In dieser Frage kam es verständlicherweise zu heftigen Auseinandersetzungen, die durch innerparteiliche Machtinteressen und persönliche Animositäten auf die Spitze getrieben wurden. Was zunächst nur intern Gegenstand der Kontroverse war, wurde im Laufe des Jahres 1985 für die Mitgliedschaft wie für die Öffentlichkeit immer deutlicher. Handlos warf Schönhuber vor, die Partei auf "strammen Rechtskurs" zu bringen und dabei die Unterwanderung der REP durch ehemalige

---

[5] Hinsichtlich der Entwicklung der REP vgl. die chronologische Übersicht bei Gabriele Nandlinger, Zur Geschichte der Partei "Die Republikaner", in: Klaus-Henning Rosen (Hrsg.), Die Rep. Aspekte einer rechten Partei. Daten-Fakten-Hintergründe, Bonn 1991, S. 7-18.

NPD-Mitglieder billigend in Kauf zu nehmen.[6] Um der damit verbundenen Entwicklung der Partei hin zu Positionen der extremen Rechten entgegenzuwirken, versuchte sich Handlos seiner beiden Stellvertreter durch Parteiausschluß und Amtsenthebung zu entledigen. Es kam zu heftigen Auseinandersetzungen, verbunden mit Beleidigungen, Intrigen und Verleumdungen, die zum Teil vor Gericht ausgetragen wurden. Im Gefolge dieser Entwicklung trat Handlos im April 1985 von seinem Amt als Vorsitzender zurück und aus der Partei aus. Voigt, der zunächst die Schönhuber-Linie mitgetragen hatte, folgte ihm kurz darauf. Schönhuber wurde indessen auf einem Bundesparteitag im Juni 1985 in Siegburg zum Bundesvorsitzenden gewählt.

Die Vorwürfe von Handlos, Schönhuber wolle die REP von rechts unterwandern, waren insofern zutreffend, als dieser in der Tat eine ganze Reihe von ehemaligen Mitgliedern der traditionellen rechtsextremen Parteien gezielt den REP zuführte und es ihnen ermöglichte, in höchste Ämter zu gelangen. Dies läßt sich recht gut am Beispiel des 1985 zum Generalsekretär der Partei gewählten Harald Neubauer nachweisen, der lange Zeit als potentieller Schönhuber-Nachfolger galt und von dem Parteivorsitzenden in dieser Hinsicht immer wieder gefördert wurde. Letzteres zeigt seine innerparteiliche Karriere: 1988 ernannte man Neubauer zum bayerischen Landesvorsitzenden und Bundespressesprecher der REP, 1989 stand er auf Platz 3 der Europawahl-Liste. Zuvor war Neubauer langjähriges aktives NPD-Mitglied[7], u. a. in der Funktion eines Pressesprechers,

---

[6] Vgl. Motten und Licht, in: Der Spiegel 39 (1985), H. 13, S. 58-60.

[7] Neubauer trat seinerzeit aus der NPD keinesfalls aus, weil diese ihm zu extrem bzw. zu rechts war. In einem Brief vom 18. November 1981 an den damaligen NPD-Kreisvorsitzenden von München-Land, Karl Lang, begründete er seinen Austritt wie folgt: "'In den letzten Jahren hat sich in der Partei eine von vielen gar nicht bemerkte, bei näherem Hinschauen aber unübersehbare Entwicklung nach links ergeben.'", zit. in: Michael Stiller, Die Republikaner. Franz Schönhuber und seine rechtsradikale Partei, München 1989, S. 95, vgl. allgemein zur Person von Neubauer auch ebda., S. 90-102.

und mehrere Jahre Verantwortlicher Redakteur des "Deutschen Anzeigers", einer im rechtsextremen Verlag des DVU-Vorsitzenden Gerhard Frey erscheinenden Wochenzeitung, gewesen. Neubauer kann in dieser Hinsicht nicht als Einzelfall angesehen werden. Eine ganze Reihe meist ehemaliger NPD-Aktivisten strömte in die Partei und besetzte dort zum Teil höchste Ämter[8].

Auch programmatisch orientierten sich die REP immer weiter zur extremen Rechten hin. Während das "Siegburger Manifest"[9] vom Juni 1985 lediglich sehr allgemeine Formulierungen auf 3 1/2 Textseiten enthielt, formulierte man in dem Programm von 1987[10] bereits wesentlich deutlichere Positionen. Darin zeigt sich die nationalistische Grundorientierung der Partei: Einsetzen will man sich lediglich für das "Lebensrecht und die Menschenrechte aller Deutschen", ohne die Exklusivität des "Deutschseins" zu begründen. Man geht von der Existenz einer "Lebens-, Leistungs- und Wertungsgemeinschaft aller" aus und verdrängt mit diesen Positionen, daß dem Wir-Bewußtsein in einer modernen Industriegesellschaft keine soziale Realität mehr entspricht. Der angeblichen Gemeinschaft sollen darüber hinaus noch Individual- und Gruppeninteressen bedingungslos untergeordnet werden. Der Staat steht dabei über der Gesellschaft und gilt als Verkörperung des Ganzen. Ihm wird ein besonderes Ausmaß an Souveränität zugemessen, das sein Handeln weitgehend unabhängig von gesellschaftlicher Konfliktregelung machen soll. Der autoritäre Ordnungs- und Nationalstaat und nicht die Republik, wie der Parteiname verheißt, ist das politische Ziel des Programms. Darüber hinaus werden darin

---

[8] Vgl. Bernd Siegler, "Wir bilden den rechten Flügel des Bundesadlers", in: Konkret Nr. 3/1989, S. 14-16; Franziska Hundseder, "Bitte sprechen Sie nach der MG-Salve ...". Viele Extremisten und Neonazis finden sich bei den "Republikanern", in: Die Zeit v. 9. Juni 1989.

[9] Die Republikaner (Hrsg.), Das Siegburger Manifest, verabschiedet auf dem Bundesparteitag am 16. Juni 1985 in Siegburg/Bonn, München 1985.

[10] Die Republikaner (Hrsg.), Programm der Republikaner, München 1987.

eine biologistische Frauen- und Familienideologie vertreten, NS-Verbrechen verharmlost und Ausländern Rechte auf verschiedenen Ebenen aberkannt. Insofern wurde dieses Programm zu Recht "in seinen zentralen Grundwertentscheidungen antirepublikanisch und antidemokratisch" genannt.[11]

Allerdings darf man sich bei der extremismustheoretischen Bewertung einer Partei nicht auf die Programmanalyse beschränken. Parteiprogramme werden oft bewußt vorsichtig gehalten und aus taktischen Gründen mit verbalen Bekenntnissen zu den Prinzipien eines demokratischen Verfassungsstaates, etwa des Grundgesetzes, versehen. Derartige Loyalitätserklärungen sind als solche jedoch ohne Beweiswert für die wahren Ziele einer Partei. Berücksichtigt werden muß die Gesamtheit aller Äußerungen, also nicht nur das Programm, sondern auch publizistische Verlautbarungen, Äußerungen einzelner Funktionäre und deren Wirkung. Darüber hinaus gilt es die Kontakte zu anderen politischen Kräften und die innerparteiliche Struktur zu beachten. Hinsichtlich der Parteipresse belegt die Untersuchung des monatlich erscheinenden Parteiorgans "Der Republikaner" recht deutlich eine zum Teil intellektuell-feuilletonistisch aufgemachte, rechtsextreme Orientierung.[12] Diese politische Bewertung gilt ebenfalls für die von studentischen REP-Mitgliedern 1989 als "republikanisches Nachrichtenmagazin" herausgegebene Zeitschrift "Europa Vorn".[13] Besondere Bedeutung hinsichtlich der ex-

---

[11] Vgl. Forschungsinstitut der Friedrich-Naumann-Stiftung (Hrsg.), Das antirepublikanische Programm der Republikaner. Eine vergleichende Analyse der Programmentwicklung, Königswinter 1989, Zitat S. 2, als eine der wenigen systematischen und argumentativen Programmanalysen.

[12] Vgl. Peter Miskiewicz, "Hier wispern nicht nur Greise ...". Die Republikaner - Eine "neue Kraft für Deutschland", in: Siegfried Jäger (Hrsg.), Rechtsdruck. Die Presse der Neuen Rechten, Bonn 1988, S. 221-252; siehe auch die Dokumentation einzelner Artikel aus dieser Zeitung und deren (allerdings stellenweise unsachlich polemisierende) Bewertung in Matthias von Hellfeld, Modell Vergangenheit. Rechtsextreme und neokonservative Ideologien in der Bundesrepublik, Köln 1987.

[13] Vgl. Armin Pfahl-Traughber, Rechte Intelligenzblätter und

tremismustheoretischen Bewertung der Partei verdienen die Äußerungen des Parteivorsitzenden und vor allem deren Wirkung: Wie bei der Darstellung seiner Person im Anschluß noch ausführlicher gezeigt werden soll, appelliert Schönhuber an nationalistische und ausländerfeindliche Ressentiments und peitscht Emotionen durch gekonnte Anspielungen auf.

Gegenüber den anderen rechtsextremen Parteien, insbesondere der NPD und DVU, haben sich die REP formal immer strikt abgegrenzt und distanziert. Man erließ später sogar ein Eintrittsverbot gegen ehemalige Funktionäre dieser Parteien, was allerdings nicht gegen die bereits in der Partei aktiven ehemaligen Mitglieder älterer rechtsextremer Organisationen angewendet wurde. Das ebenfalls ausgesprochene Kontaktverbot zu Funktionären dieser Parteien wurde zwar immer wieder öffentlich hervorgehoben, aber bei Verstößen ging man gegen REP-Parteimitglieder nicht konsequent vor. Der Parteivorsitzende lehnte eine Zusammenarbeit mit diesen politischen Kräften strikt ab, allerdings begründete er dies nicht inhaltlich, sondern taktisch.[14] Im Gegensatz zum alten Rechtsextremismus bemühen sich die REP bewußt um ein seriöses und konservatives Image und vermeiden alles, was ihnen den Vorwurf, "Nazis" zu sein, einbringen könnte. Mit diesem taktischen Vorgehen berücksichtigen die REP, daß sie als offen rechtsextreme Partei zur Zeit in Deutschland kaum eine politische Perspektive hätten. Schönhuber wollte also in der Zeit vor 1990 durchaus die Zusammenarbeit mit den Anhängern der alten rechtsextremen Parteien, allerdings unter

---

Theorieorgane, in: Vorgänge 31 (1992), H. 116, S. 37-50, hier S. 39f.

[14] Schönhuber dazu in einem Interview: "Es wäre ein verhängnisvoller Fehler, wenn wir uns mit jenen einließen, die im Verfassungsschutz als Rechtsextreme eingestuft sind - ob zu Recht oder zu Unrecht. Warum soll ich mich ausgerechnet mit einer Gruppierung einlassen, die ideologisch und biologisch zum Aussterben verurteilt ist, die alten Zeiten nachtrauert." So der REP-Parteivorsitzende in einem Gespräch mit dem "Spiegel": "Unser Endziel ist der Bundestag". Der Parteivorsitzende Franz Schönhuber über die Zukunft der Republikaner, in: Der Spiegel 43 (1989), H. 6, S. 28-32, hier S. 28.

seiner Hegemonie, das heißt, sie sollten sich von ihren organisatorischen Bindungen lösen und den REP beitreten. Handelte es sich um modernisierte und erfolgreiche rechtsextreme Kräfte, so waren die REP durchaus zur Kooperation bereit, etwa bei der Fraktionsbildung im Europa-Parlament, wo man zumindest zeitweise mit dem französischen "Front National" und seinem Vorsitzenden Le Pen zusammenarbeitete.

Der Parteivorsitzende Franz Schönhuber: Führungsfigur und Populist

Der Person Franz Schönhubers kommt eine besondere Bedeutung zu: Zum einen ist die Partei auf Schönhuber als Führungsfigur fixiert, und er dominiert sie hinsichtlich der politischen Entwicklung; zum anderen dürfte das populistische Auftreten des Parteivorsitzenden zu nicht geringen Anteilen den Erfolg bei seinem Publikum erklären.[15]

Der 1923 als Sohn eines Metzgermeisters im oberbayerischen Trostberg geborene Schönhuber wuchs in einem bereits Anfang der dreißiger Jahre politisch dem Nationalsozialismus nahestehendem Elternhaus auf, der Vater gehörte der NSDAP an, die Mutter war Mitglied der NS-Frauenschaft. 1941 trat der 18jährige der NSDAP bei und meldete sich 1942 freiwillig zur Waffen-SS, wo er zunächst zur "Leibstandarte Adolf Hitler" einberufen wurde, später dann aber als Ausbilder bei der französischen SS-Division "Charlemagne" aktiv war. Einen direkten militärischen Einsatz hatte Schönhuber nur im Sommer 1943 auf Korsika; das Kriegsende erlebte er später in einem Lazarett. Nachdem Schönhuber 1947 in einem Entnazifizierungsverfahren nur als "Mitläufer" eingestuft und zu einer Geldstrafe verurteilt worden war, betätigte er sich zunächst als Schwarzhändler, um dann als Schauspieler vergebens, aber als Journalist erfolgreich berufliche Karriere zu machen. Zunächst arbeitete Schönhuber als Sportreporter der "Deutschen Woche", einer getarnten SED-finanzierten und -

---

[15] Vgl. Stiller (Anm. 7). S. 24-68.

gesteuerten Zeitung. Bei seiner weiteren journalistischen Arbeit wechselte er zu zwei Münchener Boulevard-Blättern, zunächst zur "Abendzeitung" und dann zur "tz", wo er bis zum Chefredakteur aufstieg. Bis Anfang der siebziger Jahre galt Schönhuber noch als politisch eher links stehend, war mit einer SPD-Stadträtin verheiratet und sympathisierte mit der bayerischen Sozialdemokratie. Als Kolumnist der "Abendzeitung" unterstützte er sogar die Jungsozialisten in ihrer Auseinandersetzung mit dem damaligen Münchner Oberbürgermeister Hans-Jochen Vogel. Danach kam es jedoch zu einer politischen Umorientierung hin zur CSU, und parallel dazu entwickelte sich seine Karriere beim Bayerischen Rundfunk, wo Schönhuber bis zum stellvertretenden TV-Chefredakteur aufstieg. Als Moderator der Sendung "Jetz red i" war er ein in Bayern sehr populärer Fernsehjournalist und als solcher im Herbst 1981 sogar als möglicher neuer Chefredakteur im Gespräch. Zu dieser Zeit veröffentlichte Schönhuber sein Buch "Ich war dabei"[16], eine Art autobiographische Beschreibung seiner Zeit bei der Waffen-SS mit stark apologetischen Tendenzen auch gegenüber dem NS-Staat einerseits und der Darstellung dieser Zeit als abenteuerlich und spannend andererseits. Im Zusammenhang mit der Buchveröffentlichung kam es zu zahlreichen öffentlichen Protesten, die schließlich zu seiner Entlassung führten.[17] Später verarbeitete Schönhuber die Auseinandersetzungen um dieses Buch und seine Folgen in einer weiteren, diesmal als Roman konzipierten Veröffentlichung[18]. Bei der Gründung der REP wurde er zum Stellvertretenden Vorsitzenden gewählt und gilt seit 1985 als deren Führungsfigur.

Im Jahr 1987 veröffentlichte Schönhuber sein Buch, "Trotz allem Deutschland"[19], das sich mehr als politischer Bericht

---

[16] Franz Schönhuber, Ich war dabei, München/Wien 1981.

[17] Vgl. ausführlicher zu diesen Auseinandersetzungen und der Einschätzung des Buches Hans Sarkowicz, Der Autor Schönhuber und sein Verleger, in: Kurt Hirsch/Ders., Schönhuber. Der Politiker und seine Kreise, Frankfurt/a.M. 1989, S. 69 - 76.

[18] Franz Schönhuber, Freunde in der Not, München/Wien 1983.

[19] Franz Schönhuber, Trotz allem Deutschland, München/ Wien

und Kommentar versteht und in dem an zahlreichen Stellen NS-Apologie durchschimmert. Diese Feststellung sollte jedoch nicht so verstanden werden, als ob man Schönhuber als einen Nationalsozialisten anzusehen habe. Verharmlosung des Nationalsozialismus bedeutet nicht automatisch die Identifizierung mit dem damaligen politische System, sondern ist hier vielmehr Ausdruck mangelnder kritischer Auseinandersetzung mit der NS-Zeit. Bei Schönhuber verbindet sich diese einerseits mit der Akzeptanz der erwähnten Ideologieelemente von Rechtsextremismus, die durchaus mit einer gewissen Distanz zum NS-Staat einhergehen können, und andererseits mit der Negierung der inneren Werte eines demokratischen Verfassungsstaates. Deutlich wird dies auch bei dem letzten Buch des REP-Vorsitzenden, "Die Türken"[20], das sicherlich auch geschrieben wurde, um dem immer wieder erhobenen Vorwurf der Ausländerfeindlichkeit zu begegnen. Darin findet man zwar keine rassistischen Positionen im engeren Sinne, der Autor beschreibt sogar stellenweise die Türken mit einer gewissen Sympathie, bettet aber die gesamte Darstellung in sein nationalistisches und ethnozentrisches Weltbild ein. Mit den türkischen Nationalisten ist sich Schönhuber in der Forderung nach Bewahrung der "nationalen Identität" einig, "die Türken" und "die Deutschen" sind bei ihm eine geschlossene Einheit, und Nationen gelten als naturgegebene Schicksalsgemeinschaften. Deutlicher wird der REP-Parteivorsitzende hinsichtlich seiner politischen Positionen mitunter in öffentlichen Reden oder Interviews; so bekannte er etwa offen: "Ich würde mich heute nicht scheuen zu sagen, daß ich in diesem Modell, dem faschistischen Modell der Jahre 1926 bis 1930 (in Italien), durchaus positive Ansätze sehe ...".[21] Trotz zahlreicher Plattheiten und simplifizierender Betrachtungen in Schönhubers Buch- wie Presseveröffentlichungen, Reden und Interviews darf jedoch nicht übersehen werden, daß er seine

---

1987

[20] Franz Schönhuber, Die Türken. Vergangenheit und Gegenwart, München/Wien 1989.

[21] Franz Schönhuber, Eine Fußnote der Geschichte (Interview), in: Die Tageszeitung v. 19. Mai 1992.

politischen Positionen verbal durchaus geschickt und wirksam verpacken kann.

Die Bezeichnung der REP als Schönhuber-Partei spiegelt den Stellenwert des Parteivorsitzenden innerhalb seiner Partei wider. Seit 1985 ist Schönhuber *die* Führungsfigur der Partei und als solcher bestrebt, sie autoritär und straff zu führen. Diesen Anspruch konnte er nicht immer umsetzen, wie heftige innerparteiliche Auseinandersetzungen zeigten, aber er hat als Vorsitzender immer danach gestrebt, seinen Einfluß allein geltend zu machen. Dazu gehört auch ein Personenkult und ein ihm immer wieder von innerparteilichen Kritikern vorgeworfener autoritärer Führungsstil, der sich in willkürlichen Entscheidungen manifestierte. Mitglieder mit anderen Auffassungen wurden ihrer Ämter enthoben oder aus der Partei ausgeschlossen. Die jeweilige taktische Linie gab Schönhuber von oben vor, ohne die Parteibasis in derartige Entscheidungsprozesse wirklich ausreichend einzubinden. Die Mitglieder ließen sich diese Behandlung zumeist gefallen. Die Bereitschaft zur Unterwerfung unter den Willen der autoritären Führung war weit verbreitet.

Als öffentlichkeitswirksames Zugpferd und Populist nimmt Schönhuber bei seiner Klientel eine herausragende Stellung ein. Dies verdankt er nicht zuletzt seiner Bekanntheit insbesondere in Bayern, wo er durch eine Politik als "Wirtshaus-Diskurs" den Zuschauern nahe bringende Sendung populär wurde. Schönhuber galt als jemand, der dem Volk "aufs Maul schaut" und dem es darüber hinaus gelang, mit seinen journalistischen Beiträgen einen hohen Unterhaltungswert zu erreichen. Diese Erfahrungen ließen ihn für die Rolle des politischen Populisten prädestiniert erscheinen. Unter Populismus wird nicht eine neue politische Strömung verstanden, sondern eine Art, wie sich ein politischer Akteur mit dem angesprochenen Publikum in Beziehung setzt. Populismus kann sich dabei in verschiedenen Variationen artikulieren. Bei Schönhuber handelt es sich um einem Rechts- und Nationalpopulismus "von oben". Gemeint ist das Bemühen eines Politikers mit dieser Agitationsmethode, Menschen zur Zustimmung zu seinen Positionen, etwa bezüglich einer entsprechenden Wahlentscheidung, zu bewegen - ohne die Aufforderung, ihre Angelegenheiten aktiv in die eigenen Hände zu nehmen. Rechts- und nationalpopulistisch bedeutet, daß bei der populistischen Agitation entsprechende Inhalte transportiert werden. Wenn hier von Agitationstechnik die Rede ist, dann darf dies aber nicht so verstanden werden, als sei der Populismus nur ein reines Manipulationsinstrument, etwa im Sinne des Aufzwingens von bestimmtenr Ideologieelementen. Die populistische Agitation bezieht sich vielmehr auf reale Bewußtseinsformen und Haltungen, und genau das erklärt auch ihren Erfolg.

Dies gilt ebenfalls für den Rechtspopulismus von Schönhuber[22]: Er bezieht sich auf Vorurteile und Ressentiments in der Bevölkerung, auf die traditionellen Werte der Lebenswelt und des Alltagsbewußtseins und reproduziert diese in seiner Ansprache. Gesellschaftliche Konflikte werden dabei simplifiziert und oberflächlich dargestellt. Nicht differenzierte Reflexion soll dabei als Erkenntnisinstrument dienen, sondern die unmittelbare und unkritische Wahrnehmung von sozialer Realität. Dabei wird ganz bewußt der "Stammtisch-Diskurs" auf eine politische Ebene gezogen. Bei Schönhuber tritt dieser Effekt bei öffentlichen Reden meist dann auf, wenn bestimmte soziale Probleme, wie etwa Arbeitslosigkeit oder Wohnungsnot, angesprochen und in unmittelbaren Zusammenhang mit der Anwesenheit von ausländischen Menschen gebracht werden. Nicht immer direkt, aber mit entsprechenden Anspielungen wird der Anschein erweckt, als seien diese für die gesellschaftlichen Probleme verantwortlich. Die populistische Ansprache aktiviert in latenter Form vorhandene ausländerfeindliche Ressentiments, verbalisiert diese und läßt sie durch die Auslöser-Funktion der Rede manifeste Formen annehmen. So geht Schönhuber noch mit einer ganzen Reihe anderer Themen in populistischen Reden um, etwa bei der Verharmlosung des NS-Staates, der Auseinandersetzung mit der "Vergangen-

[22] Vgl. Peter Glotz, Die deutsche Rechte. Eine Streitschrift, Stuttgart 1989, S. 41.

heitsbewältigung" oder dem Schüren von Ressentiments gegen die demokratischen Parteien und ihre Repräsentanten.[23] Die Niveaulosigkeit der damit verbundenen meist platten Sprüche und Schlagworte darf allerdings nicht über den Erfolg derartiger Agitation hinwegtäuschen. Gerade diese auf das unmittelbare, alltägliche Empfinden zielende populistische Ansprache vermag in ihren Erwartungen enttäuschte Menschen zu erreichen, allerdings nicht, damit diese sich als mündige Bürger gegen die tatsächlichen oder angeblichen Mißstände wenden, sondern um Stimmungen in Akzeptanz und Zustimmung für das eigene Handeln umzuwandeln.

Zur Frage der innerparteilichen Demokratie

Nach der Gründung der REP und der Entstehung erster Landesverbände entstanden mit gewisser Verzögerung auch Bezirks-, Kreis- und Ortsverbände, die an den politischen Entscheidungsprozessen beteiligt sein sollten. Die formale demokratische Struktur kann aber nicht darüber hinwegtäuschen, daß die Entscheidungen primär von höheren Parteigremien, in erster Linie vom Parteivorsitzenden, ohne besondere Rückkopplung mit der Parbeibasis gefällt werden. Statt einer lebendigen innerparteilichen Demokratie prägt ein autoritärer Führungsstil das Parteileben. Dies ist aus extremismustheoretischer Sicht ein wichtiger Aspekt bei der Beurteilung der REP und verdient auch von (verfassungs-)rechtlicher Seite[24] aus besonderes Interesse.

Die Geschichte der REP ist seit ihrer Gründung eine Geschichte von Abspaltungen, Ausschlußverfahren, Beleidi-

[23] Vgl. Ulrich Bröckling, Die "Methode Schönhuber". Zur Technik der völkischen Demagogie, in: Kritik und Krise 2 (1990), H. 2/3, S. 37-41; sowie an einem Beispiel Norbert Seitz, Der ideelle Gesamtpopulist. Notizen zu einer "historischen" Rede von Franz Schönhuber, in: Neue Gesellschaft/Frankfurter Hefte 36 (1989), S. 110f.

[24] Das Grundgesetz schreibt hinsichtlich der Parteien in Artikel 21, Absatz 1 u. a. vor: "Ihre innere Ordnung muß demokratischen Grundsätzen entsprechen."

gungen, Beschimpfungen, Intrigen, Rechts- und Satzungsstreitigkeiten. Schon die Auseinandersetzungen zwischen Handlos und Schönhuber wurden von beiden Seiten mit willkürlichen Maßnahmen, etwa dem gegenseitigen Parteiausschluß, geführt, ohne daß man formale Regeln einhielt. Bereits einige Zeit später kam es erneut zu heftigen Richtungskämpfen: Der aus der Partei ausgeschlossene ehemalige Stellvertretende Vorsitzende Dieter Berger sprach von Schönhubers "autoritärem Führungsstil"[25]. Andere innerparteiliche Kritiker wandten sich gegen den "Personenkult" um den Vorsitzenden und dessen willkürliche Benennung von Funktionären der Partei. Schönhuber konterte mit Beschimpfungen: "Neurotiker, Asoziale, Radikalinskis und Querulanten". Gleichzeitig wiederholten seine Gegner den Vorwurf, er hole entgegen seinen Beteuerungen Rechtsextremisten in die Partei.[26] Schönhuber-Anhänger und -Kritiker unterstellten sich gegenseitig "parteischädigendes Verhalten", forderten jeweils vom anderen den Parteiaustritt und versuchten vor Gericht die Rechtmäßigkeit von Beschlüssen verschiedener Parteigremien zu erwirken. Derartige Zustände herrschten allerdings nicht nur im bayerischen Landesverband oder im direkten Konflikt mit dem Parteivorsitzenden. Ähnliches ließ sich, folgt man den Angaben der ehemaligen Stellvertretenden Landesvorsitzenden Alexandra Kliche, auch im Berliner Landesverband beobachten, wo interne Auseinandersetzungen sogar mit Gewalt ausgetragen wurden.[27]

Ein anderes Indiz für die mangelnde innerparteiliche Demokratie bei den REP sind die willkürlichen Amtsenthebungen und Parteiausschlüsse, die in der Regel vom

---

[25] Dieter Berger, "Republikaner ohne Schönhuber"? (Interview), in: Nation Europa 38 (1988), H. 2, S. 58 f., hier S. 58.

[26] Vgl. Dieser Dreck, in: Der Spiegel, 41 (1987), H. 43, S. 92-97, hier S. 94.

[27] Vgl. "Sie schrecken vor Gewalt nicht zurück". Die stellvertretende Landesvorsitzende der Berliner Republikaner verläßt die Partei, in: Der Spiegel 43 (1989), H. 17, S. 82-84; sowie ihren ausführlichen Erfahrungsbericht Alexandra Kliche, Nichts wie weg! Warum ich die Republikaner verlassen habe, München 1989.

Bundespräsidium, d. h. in Wirklichkeit vom Bundesvorsitzenden ausgehen. Dabei fällt auf, daß es sich nicht selten um Parteifunktionäre handelt, die zuvor von Schönhuber noch Unterstützung erhielten. Dazu einige Beispiele: Anfang September 1989 wurde der Berliner Landesvorsitzende der Partei, Bernhard Andres, zusammen mit seinen beiden Stellvertretern amtsenthoben; erst im Juli waren sie vom Landesparteitag gewählt worden. Ähnliches ereignete sich im August 1989, als der gesamte niedersächsische Landesvorstand durch das Bundespräsidium seines Amtes enthoben wurde. Derartige Verfahrensweisen wurden von der Parteibasis, sieht man von den Betroffenen ab, ohne größere Kritik hingenommen. Intern äußerte man allerdings auch Vorbehalte, wie etwa der damalige Kölner REP-Funktionär Markus Beisicht: "'Wir müssen in NRW besonders aufpassen. So eine Machtenthebung wie in Niedersachsen, wo Schönhuber den Landesvorstand abgesetzt hat, das ist eigentlich schon ein Grund für ein Parteiverbot, denn das ist absolut undemokratisch.'"[28] Deutlich wurde die mangelnde innerparteiliche Demokratie bei den REP auch auf ihrem Parteitag im Januar 1990 in Rosenheim, wo das von oben vorgegebene Tagesprogramm zum Teil gegen den Einspruch von einzelnen Delegierten in autoritärem Stil durchgezogen wurde. Dies galt auch für die Auseinandersetzung um das zu diskutierende und zu verabschiedende Parteiprogramm, das von einer Arbeitsgruppe über die Köpfe der Parteimitglieder hinweg entworfen wurde. Anträge auf Änderungen und Ergänzungen, die nicht im Interesse der Parteiführung lagen, wurden abgeschmettert bzw. durch bestimmte Verfahrensregelungen bewußt ignoriert.[29]

All diese Beispiele belegen, daß die REP von ihrer innerparteilichen Struktur her formal demokratisch, aber nicht hinsichtlich der realen Entscheidungsprozesse demokra-

---

[28] Zit. in Michael Schomers, Deutschland ganz rechts. Sieben Monate als Republikaner in BRD & DDR, Köln 1990, S. 165.

[29] Vgl. Hans-Helmut Kohl, Abstimmen - Schluß der Debatte - Aufhören, in: Frankfurter Rundschau v. 15. Januar 1990; Bartholomäus Grill, "Wir sind die Bewegung", in: Die Zeit v. 19. Januar 1990.

tisch genannt werden können. Die zentralen Entscheidungen in allen Politikbereichen fällt man von ganz oben; sie erhalten auf Parteitagen lediglich eine akklamative Bestätigung. Von daher verwundert es auch nicht, wenn entsprechende Veranstaltungen mehr eine politische Botschaft zelebrieren denn diskutieren. Politische Willensbildungsprozesse verlaufen von oben nach unten, was auch die zum Teil abrupten Veränderungen bei der Einschätzung von bestimmten Personen innerhalb der Partei oder dem Verhältnis zu anderen Parteien erklärt. Entscheidendes Kriterium ist die taktische Orientierung des Parteivorsitzenden Schönhuber. "Personenkult" und "autoritärer Führungsstil" prägen das Parteileben. Die in der Geschichte der REP immer wieder aus der Partei heraus geäußerte heftige Kritk an seiner Person darf nicht darüber hinwegtäuschen, daß der Anspruch als solcher besteht und daß er nach den letzten innerparteilichen Richtungskämpfen im Juli 1990 wohl auch endgültig durchgesetzt wurde.

Parteientwicklung in den alten und neuen Bundesländern ab 1990

Nach der Öffnung der innerdeutschen Grenzen im November 1989 wurden die im Westen existierenden rechtsextremen Parteien auch auf dem Boden der damaligen DDR aktiv, sei es durch Verbreitung von Propagandamaterial, sei es mit dem Aufbau von Parteistrukturen. Dominierende Kraft hierbei waren die REP.[30] Junge Aktivisten transportierten im Dezember 1989 Werbematerial nach Leipzig und Ost-Berlin, wo es ohne große Behinderung bei Demonstrationen verteilt wurde. Folgt man einem internen Bericht, so fand das Material schnell Verbreitung und Akzeptanz.[31] Allerdings werteten die REP-Funktionäre die Neugier und das Informationsbedürfnis der

[30] Vgl. Jens Metzler, Die Partei "Die Republikaner" in den neuen Ländern, in: Rosen (Anm. 5), S. 43-50.

[31] So der Bericht des Landeswahlkampfleiters Bayern, Reinhard Rade, über die Aktivitäten der "Republikaner" in Leipzig, München v. 12. Januar 1990. Kopie im Privatarchiv des Autors.

DDR-Bürger leichtfertig als allgemeine Zustimmung.[32] Auch sonst wurden die sich nun bietenden politischen Möglichkeiten überschätzt, etwa wenn man auf dem Rosenheimer Parteitag im Januar 1990 davon ausging, daß 20 bis 30 Prozent die Partei in der DDR wählen würden.[33] Indessen kamen die REP organisatorisch kaum voran, nur langsam entstanden Landes-, Kreis- und Ortsverbände. Oft erwiesen sich örtliche Parteifunktionäre auch als unfähig, funktionsfähige Strukturen aufzubauen, oder vertraten offen neonationalsozialistische Auffassungen.[34] Dies bot wohl auch den Anlaß für den Entschluß der Volkskammer zu einem Verbot der REP zwischen Februar und August 1990. Bei den Landtags- und Bundestagswahlen des Jahres erreichte die Partei in Ostdeutschland lediglich zwischen 0,6 und 1,2 bzw. zwischen 1,0 und 1,7 Prozent der Stimmen. In der Zwischenzeit entstanden in allen neuen Bundesländern Landesverbände, und die Mitgliederzahl stieg Mitte 1992 auf 3.000.[35] Einer der führenden sächsischen Aktivisten gab bereits 1990 an, die Mehrzahl der Mitglieder sei jugendlichen Alters und stamme aus Arbeiter- und Handwerksberufen.[36]

In den alten Bundesländern konnte man 1990 nicht mehr an die Wahlerfolge des Vorjahres anknüpfen. Im Januar 1990 erreichte die Partei bei den Landtagswahlen im Saarland lediglich 3,3 Prozent der Stimmen; bei den bayerischen Kommunalwahlen im März erzielten die REP zwar durchschnittlich 5,4 Prozent, blieben damit aber weit hinter dem Ergebnis der Europa-Wahl in diesem Bundesland zurück. Auch die

---

32 Vgl. ARD-Fernsehbericht: Republikaner in der DDR, in: Panorama v. 23. Januar 1990.

33 So die Einschätzung des damaligen Sprechers der DDR-REP, Hans Rudolf Gutbrodtz, zit. in: Grill (Anm. 29).

34 Vgl. "Ich bin stolz, ein Rep zu sein." Interview mit Jens Sarközi aus Leipzig, in: Junge Welt v. 31. Januar 1990; Giovanni di Lorenzo, Der alte Geist in jungen Köpfen, in: Süddeutsche Zeitung v. 5. Februar 1990.

35 Vgl. Feine Jungs, in: Der Spiegel 46 (1992), H. 19, S. 103.

36 Interview mit Steffen Ruckdäschel, in: Peter Ködderitzsch/Leo A. Müller, Rechtsextremismus in der DDR, Göttingen 1990, S. 57-63, hier S. 57.

Landtagswahlen im April brachten keine Erfolge; in Nordrhein-Westfalen erzielte man 1,8 und in Niedersachsen 1,5 Prozent der Stimmen. Bei den bayerischen Landtagswahlen im Oktober verfehlten die REP jedoch nur knapp den Einzug in den Landtag. Bundesweit erreichte die Partei im Dezember 1990 bei den ersten gemeinsamen Wahlen in West- und Ostdeutschland mit 2,1 Prozent der Stimmen ebenfalls nur geringe Zustimmung, wobei aber zu beachten ist, daß in Bayern mit 5 Prozent und in Baden-Württemberg mit 3,2 Prozent beachtliche Ergebnisse erzielt wurden und in diesen Bundesländern ein offensichtlich größeres Wählerpotential für die REP als in anderen Bundesländern vorhanden ist. Deutlich wurde bei dieser Wahl aber auch die größere Akzeptanz für die Partei in den alten Bundesländern; die Zustimmung im Osten Deutschlands war in allen Fällen niedriger als im Westen. Die dortigen Wahlen brachten aber auch im Jahr 1991 keine durchschlagenden Erfolge: Bei den Landtagswahlen in Hessen erreichte man im Januar nur ein Ergebnis von 1,7 Prozent, in Rheinland-Pfalz im April 1991 zwei Prozent, in Hamburg im Mai 1,2 Prozent und in Bremen im Oktober 1,5 Prozent der Stimmen. Erst im April 1992 kam es zu einem neuerlichen Wahlerfolg bei Landtagswahlen, während man in Schleswig-Holstein lediglich 1,2 Prozent der Stimmen erhielt, erzielte man in Baden-Württemberg einen eindrucksvollen Sieg: 10,9 Prozent der Wähler stimmten für die Partei. Bei den Berliner Kommunalwahlen konnte man einen Monat später an diesen Erfolg anknüpfen und erhielt durchschnittlich 8,3 Prozent der Stimmen, wobei im Ost-Teil der Stadt nur 5,4 Prozent die Partei wählten. Die Zahl der Mitglieder betrug Ende 1992 bundesweit rund 23.000.

Begleitet war die Periode der Wahlniederlagen von heftigen innerparteilichen Auseinandersetzungen in bekannter und gewohnter Schärfe. Im bayerischen Landesverband gab es offensichtlich schon längere Zeit Machtkämpfe und unterschiedliche taktische Orientierungen. Die von Schönhuber bevorzugte Taktik, der Partei ein gemäßigtes und verfassungstreues Image zu geben, stieß bei den von ihm selbst in die

Partei geholten ehemaligen Mitgliedern der traditionellen rechtsextremen Parteien auf Widerstand. Der Parteivorsitzende sprach plötzlich von einer notwendigen Ausschaltung extremistischer Mitglieder und kündigte im Mai 1990 an, bei den Wahlen zum bayerischen Landesvorsitz gegen seinen langjährigen engen Mitstreiter Harald Neubauer zu kandidieren. Kurz darauf sah Schönhuber sich sogar genötigt, von seinem Amt als Parteivorsitzender zurückzutreten. Das von Neubauer und seinen Anhängern dominierte bayerische Landesschiedsgericht schloß ihn sogar aus der Partei aus, eine Entscheidung, die allerdings kurz darauf, wieder von dem von Schönhuber angerufenen Bundesschiedsgericht, aufgehoben wurde. In den Machtkämpfen gelang es ihm schließlich, sich gegen seine Kritiker durchzusetzen: Ein Parteitag wurde im Juli 1990 einberufen und Schönhuber mit großer Mehrheit erneut zum Bundesvorsitzenden gewählt. Darüber hinaus wechselte man die gesamte Führungsspitze aus und besetzte sie fortan nur noch mit treuen Anhängern des Vorsitzenden. Neubauer und seine Gefolgschaft, darunter die meisten Europa-Abgeordneten, traten aus der Partei aus bzw. wurden ausgeschlossen. Ähnlich setzte sich Schönhuber auch im bayerischen Landesverband und den anderen Landesverbänden durch, wo seine Anhänger nun den Vorstand bildeten. Seitdem steht die Partei wieder geschlossen hinter dem Vorsitzenden und seiner politischen Linie, wie auch der Ablauf der nächsten Parteitage im September 1990 und im Februar 1991 zeigte. Mit diesen parteiinternen Veränderungen gingen nicht nur personelle Erneuerungen an der Führungsspitze der REP einher, sondern auch eine politisch-taktische Neuorientierung, die Schönhuber offenbar schon längere Zeit beabsichtigt hatte.

Politische Entwicklung seit 1990

Verfolgt man die politische Entwicklung der REP und Schönhubers Rolle dabei, so läßt sich ein Wandel des politischen Erscheinungsbildes der Partei feststellen. Bis ins Jahr

1989 beabsichtigte Schönhuber offensichtlich, die REP zu einer Art deutschen "Front National" oder einer modernisierten "populistischen Variante der NPD"[37] zu machen. Dafür sprechen zum einen die bewußte Aufnahme von zahlreichen ehemaligen Mitgliedern der traditionellen rechtsextremen Parteien in zum Teil wichtige Funktionen und zum anderen die politische Ausrichtung des Programms von 1987 und die Parteipresse sowie die Publikationen des Vorsitzenden. Nach dem Berliner und dem Europa-Wahlerfolg von 1989 kam es aufgrund der rechtsextremen Positionen der REP zu einer heftigen öffentlichen Kritik, die mit Distanzierungen einherging und zeigte, daß die Partei in dieser Form isoliert war. Längerfristig politisch überleben konnte man nur, wenn man sich einen seriösen und verfassungskonformen Anstrich im Sinne einer national-konservativen Partei gab. Diese Erkenntnis bestand zwar offensichtlich schon früher, aber sie wurde nun erst konsequenter in die Tat umgesetzt. Der damit verbundene, auf das politische Erscheinungsbild der REP bezogene taktische Wandel löste innerparteiliche Richtungskämpfe aus und führte zu den erwähnten Krisen. In deren Folge traten unseriöse Funktionäre, wie etwa der mit Kriminellen zusammenarbeitende Berliner Landesvorsitzende Bernhard Andres[38], oder ehemalige Aktivisten und Funktionäre der traditionellen rechtsextremen Parteien, wie Harald Neubauer und seine Anhänger, aus den REP aus oder wurden ausgeschlossen. Dafür rückten andere, in dieser Hinsicht nicht belastete Personen in die Führungsspitze der Partei auf. Ein weiteres Indiz für diesen Wandel kann in der Neufassung des Programms gesehen werden, das auf dem Rosenheimer Parteitag im Januar 1990 verabschiedet wurde. Beide Aspekte, der personelle Wechsel und das neue Programm, sollen hier hinsichtlich der politischen Entwicklung der Partei näher betrachtet werden.

---

[37] Vgl. Gerhard C. Deiters, Die "Republikaner". Eine populistische Variante der NPD?, in: Vorgänge 26 (1987), H. 86, S. 16-21.

[38] Vgl. "Immer zwischen gut und böse". Skandale, Spitzel und Prozesse - wie sich Berlins Republikaner blamieren, in: Der Spiegel 43 (1989), H. 38, S. 112-117.

Die Neufassung des Parteiprogramms dürfte seinen wichtigsten Adressaten nicht in erster Linie bei den Mitgliedern oder der Öffentlichkeit, sondern im Bundesamt für Verfassungsschutz gehabt haben. Einer möglicherweise drohenden offiziellen Einschätzung der REP als rechtsextremistisch sollte so entgegengewirkt werden. Dazu ließ man sogar den Text von einem REP-Anhänger, der Mitarbeiter des Verfassungsschutzes war, dahingehend prüfen. Nach Schönhuber sollten "keine verfassungsfeindlichen Kommas übersehen"[39] werden. Der funktionalen Charakter des neuen Programms wird auch in der Schönhuber-Äußerung, es handele sich um eine "verbalen Revision"[40], deutlich. Von daher verwundert es auch nicht, wenn in dem 1990er Programm der REP[41] an zahlreichen Stellen das Bekenntnis zum Grundgesetz und den Prinzipien der freiheitlich-demokratischen Grundordnung betont wird. Erklärbar wird dies durch die nur taktisch bedingte verbale Mäßigung bisheriger Programmpunkte. Zwar strich man eine ganze Reihe von eindeutig rechtsextremen Positionen des 1987er Programms, allerdings ohne daß erkennbar wurde, ob die REP sich nun von diesen in kritischer Auseinandersetzung getrennt haben und zu welchem Zeitpunkt und mit welcher Begründung dies angeblich geschah. Eine genaue Lektüre und kritische Analyse des Textes zeigt indessen, daß es sich lediglich um eine formale Sprachbereinigung handelt. So wird weiterhin in antipluralistischer und nationalistischer Attitüde von der "Untrennbarkeit von Volk, Nation und Staat" und der "Einheit der Kultur der Deutschen" ausgegangen; das Volk betrachtet man als homogen und mystifiziert es; gefordert wird die "Wiederbesinnung auf Normen, deren imperative Verbindlichkeit" nach 1945 nicht mehr bestehe, was wohl kaum Werte im Sinne des demokratischen Verfassungsstaates sein können; Voraussetzung einer Einbürgerung von Ausländern soll nicht primär das Akzeptie-

[39] Vgl. Leichte Übung, in: Der Spiegel 43 (1989), H. 46, S. 101-104, hier S. 104.

[40] Vgl. Durch den Rost, in: Der Spiegel 43 (1989), H. 44, S. 31 f., hier S. 32.

[41] Die Republikaner (Hrsg.), Parteiprogramm 1990, Bonn 1990.

ren der Bürger- und Menschenrechte, sondern "eine deutliche Hinwendung zur deutschen Nation" sein. Eine ausführliche Programmanalyse ist hier nicht beabsichtigt[42], die vorgetragenen Positionen belegen trotz ihrer Kürze jedoch bereits die Kontinuität zu den Auffassungen des 1987er Programms, das im Text des neuen eben nur ergänzt und verbal entschärft wurde. Darüber hinaus muß festgehalten werden, daß das 1990er Programm auch von den Parteimitgliedern mitgetragen wurde, die Schönhuber einige Monate später in den innerparteilichen Machtkämpfen selbst als extremistisch bezeichnete.

Eine personelle Erneuerung der REP erfolgte erst nach den bereits erwähnten heftigen innerparteilichen Auseinandersetzungen, in deren Folge die Gruppe um Neubauer aus der Partei austrat bzw. ausgeschlossen wurde. Im Juli 1990 wechselte man die gesamte Führungsspitze der REP, mit Ausnahme von Schönhuber, aus und besetzte sie mit Personen ohne eindeutig rechtsextreme Vergangenheit. Als einer der Stellvertretenden Bundesvorsitzenden wurde der Stuttgarter Rechtsanwalt Rolf Schlierer, Jahrgang 1955, gewählt, der zum einen für diese personelle Erneuerung und zum anderen auch für die immer wieder geforderte Intellektualisierung der Partei steht. Darüber hinaus gilt er als potentieller Nachfolger von Schönhuber in der Parteiführung, eine Rolle, die früher Neubauer inne hatte. Der Arzt und Jurist betätigte sich als Pressereferent der Deutschen Burschenschaft und arbeitete an führender Stelle bei dem als neokonservative Denkfabrik geltenden "Studienzentrum Weikersheim" mit, das er nach Protesten wegen seiner REP-Funktionärstätigkeit verlassen mußte.[43] Geistig geprägt sieht sich Schlierer durch das machtpolitische Denken Bismarcks und das Politikverständnis des Staatsrechtlers Carl Schmitt. Ganz im Sinne dieses intellektuellen Wegbereiters der Zerstörung der Weimarer

---

[42] Vgl. Klaus-Henning Rosen, Hat der Wolf Kreide gefressen? Das neue Parteiprogramm der "Republikaner", in: Vorgänge 29 (1990), H. 104, S. 22-31; Jaschke (Anm. 1), S. 101 - 104.

[43] Vgl. Vielfältige Bettszenen, in: Der Spiegel 43 (1989), H. 30, S. 67-68.

Republik meint der REP-Funktionär: "'Für mich ist die originäre politische Kategorie die Unterscheidung von Freund und Feind.'"[44] Ein solches Politikverständis kann als Musterbeispiel für ein Strukturelement extremistischer Doktrinen angesehen werden. Hinzu kommt, daß mit dem Bezug auf Schmitt ausdrücklich ein Anhänger identitärer Politik- und Gesellschaftskonzeptionen, der obendrein noch ausdrücklich für die Diktatur eintrat, als intellektuelles Leitbild genannt wird. Schlierer selbst versteht sich als "Konservativer", allerdings wohl - wie der Rekurs auf Schmitt andeutet - im Sinne jener Konservativen, die sich die geistigen Prinzipien des demokratischen Verfassungsstaates nicht zu eigen gemacht haben. Als "konservativ" sieht Schlierer auch seine Partei und will diese im bürgerlichen und seriösen Gewand präsentieren.[45] Indessen orientiert Schönhuber als Parteivorsitzender mehr auf eine "sozialpatriotische" Option mit populistischen Zügen, so daß sich in Zukunft erneut innerparteiliche Konflikte um die politische Linie ergeben dürften. Dies deutet auch der Parteiaustritt der ehemaligen Bundesgeschäftsführerin Centa Hirsch an. Sie unterstellte dem Vorsitzenden Schönhuber in einem Interview, er wolle die REP nicht zu einer modernen rechtskonservativen Partei machen, sondern schüre durch sein öffentliches Auftreten und Wirken die Aggression gegen Ausländer, "anstatt den Weg zu gehen, die Gewalt zu unterbinden".[46]

Einschätzung der REP aus extremismustheoretischer Sicht

In zugegeben verbal entschärfter Form findet man alle als rechtsextrem beschriebenen Ideologieelemente im Parteiprogramm, den Äußerungen der wichtigsten Parteifunktionäre

---

[44] Zit. in: Kaschmir statt Kampfanzug, in: Der Spiegel 46 (1992), H. 16, S. 62-68, hier S. 68.

[45] Vgl. Rolf Schlierer, "Eine konservative Partei" (Interview), in: Junge Freiheit, Nr. 5/1992.

[46] Centa Hirsch, Reps "schüren Gewalt" (Interview), in: Die Tageszeitung v. 14. Oktober 1992.

und der Parteipresse wieder: Die "Nation" und deren angebliche Interessen werden als höchstes Gut gehandelt, das Volk in antipluralistischer Attitüde als Einheit betrachtet. Die Staatsvorstellung zielt auf einen über der Gesellschaft stehenden und diese einseitig dominierenden autoritären Ordnungsstaat ab, und die Positionen zur Ausländerpolitik zeigen auch, daß die Ideologie der Ungleichheit im oben beschriebenen Sinne vertreten wird. Noch deutlicher in dieser Hinsicht sind die mehr oder minder öffentlichen Äußerungen von einzelnen Parteifunktionären, dabei in erster Linie von Schönhuber, die nicht in einer Situation notwendiger verbaler Mäßigung wie etwa in einem Programmtext erfolgen. Über das direkt Gesagte muß darüber hinaus aber auch noch die erzielte Wirkung berücksichtigt werden. Verfolgt man dahingehend die Äußerungen aus der Partei, so fällt das Schüren ausländerfeindlicher Stimmungen, die Verharmlosung des NS-Zeit, das Propagieren einer Volksgemeinschaftsideologie und das zum Teil aggressive Beschimpfen und Verleumden demokratischer Repräsentanten auf. Schließlich gilt es auf das innerparteiliche Demokratieverständnis hinzuweisen, wobei sich deutlich zeigt, daß dort ein undemokratischer Stil herrscht und die demokratischen Strukturen nur Fassade sind. Die zahlreichen Abspaltungen, zwischen 1985 und 1991 wurden allein neun sich von den REP absondernde Neugründungen bekannt[47], sind darüber hinaus ein Indiz dafür, daß eine innerparteiliche demokratische Konfliktlösung nicht gewollt wird. Unter Berücksichtigung all der genannten Aspekte werden die REP hier als rechtsextrem eingeschätzt. Damit soll indessen nicht notwendigerweise behauptet werden, die Partei habe das Ziel die demokratischen Strukturen in der Bundesrepublik Deutschland direkt zu beseitigen. Dies steht zum einen nicht auf der politischen Tagesordnung, und zum anderen können Strukturen formal bestehen bleiben, wenn sie mit anderen Inhalten gefüllt bzw. ihre Bedeutung verändert

---

[47] Vgl. die Auflistung bei Gerhard C. Deiters, Streitkultur oder Auszehrung? "Innerparteiliche Demokratie" am rechten Rand, in: Vorgänge 31 (1992), H. 116, S. 100-110, hier S. 108 f.

wird. Von daher fällt es den REP wie auch einigen anderen rechtsextremen Parteien in Europa politisch nicht schwer, auf "Legalitätskurs" zu steuern.

Insofern kann aber auch das offizielle Bekenntnis zum Grundgesetz und der freiheitlich-demokratischen Grundordnung der Bundesrepublik Deutschland, wie es in geradezu inflationärer Weise im 1990er Programm der REP erfolgte, nicht als glaubwürdig angesehen werden. Schönhuber hat immer wieder mit Berechtigung darauf hingewiesen, daß es für die Partei von Bedeutung ist, nicht im Verfassungsschutzbericht zu stehen, und dahingehend auch das offizielle Bild der REP verändert. Wenn zu Recht das Bekenntnis zum Grundgesetz bei rechtsextremen Parteien wie der DVU oder der NPD als "bloßes Lippenbekenntnis" bezeichnet wird, dann ist zunächst nicht einsehbar, warum dies nicht auch für die REP gelten soll. Darüber hinaus ist der behauptete politische Wandel hin zu demokratischen Positionen, der sich im 1990er Programm manifestieren sollte, kaum als glaubwürdig anzusehen. Beachtet man die Entwicklung der REP in dieser Zeit, so ist nicht feststellbar, wann, wo und wie eine parteiinterne Auseinandersetzung über bisherige Positionen stattfand, welche inhaltlichen Gründe eine Neufassung des Programms erforderlich machten und was einen Lernprozeß dahingehend motiviert haben soll. Vielmehr wurde der Entwurf für das Programm in einer im Grunde genommen nicht-(partei)-öffentlichen Arbeitsgruppe vorbereitet und an dem Parteitag in die Delegierten entmündigender Weise verabschiedet. Hinzu kommt, daß das 1990er Programm auch von der Gruppe um Neubauer mitgetragen wurde, also einem Personenkreis den Schönhuber selbst einige Monate später als extremistisch bezeichnete. Der Austritt bzw. Ausschluß dieser dem traditionellen Rechtsextremismus zuzurechnenden Gruppe kann ebenfalls nicht als Indiz für eine demokratische Läuterung angesehen werden: Derartige Abspaltungen und Trennungen sind für den deutschen Rechtsextremismus in nahezu allen Bereichen und Ebenen typisch, und in der kurzen Geschichte der REP hat es Entsprechendes sogar in überdurchschnittlichem Maße gegeben. In der Regel waren und sind solche Abspaltungen mehr Resultat innerorganisatorischer Machtkämpfe, persönlicher Animositäten und strategischer Unterschiede, denn inhaltlicher Art. Bestärkt wird ein solcher Eindruck noch wenn man sich vergegenwärtigt, daß Schönhuber seine engen Mitarbeiter um Neubauer zuvor hinsichtlich ihrer rechtsextremen Vergangenheit immer wieder in Schutz genommen hatte und von daher eine inhaltliche Distanzierung von diesen nicht besonders glaubwürdig sein kann.

Berücksichtigt man all die genannten Argumente zur Beurteilung der REP, kommt man hier aus der Sicht einer politikwissenschaftlichen Extremismusforschung zu dem Ergebnis, daß die Partei als rechtsextrem im Sinne eines antidemokratischen Konservativismus mit (national-)populistischen Zügen eingeschätzt werden kann. Da die REP sich aus taktischen Gründen ein gemäßigtes Image geben und diesbezügliche Veränderungen in ihrem Erscheinungsbild vorgenommen haben, fällt es einer rein rechtlichen Sicht von politischem Extremismus schwer, zu einer entsprechenden Einschätzung zu kommen. Dies dürfte auch erklären, warum die REP vom Bundesamt für Verfassungsschutz lange Zeit nicht als rechtsextrem eingeschätzt wurden. Erst Mitte Dezember 1992 kam es zu einer Änderung dieser Auffassung.[48]

2. "Deutsche Volksunion" (DVU)

Nimmt man die Wahlerfolge als Kriterium für die Bedeutung von politischen Parteien, so muß seit 1987 die "Deutsche Volksunion" (DVU)[49] als die zweitwichtigste rechtsextreme

---

[48] Vgl. "Republikaner" werden observiert, in: Die Tageszeitung v. 17. Dezember 1992; zum extremistischen Hintergrund im NRW-Landesverband siehe auch Roland Kirbach, Hetze hinter den Kulissen, in: Die Zeit v. 15. Januar 1993.

[49] Vgl. zur DVU Hans-Jürgen Doll, Die Entwicklung der "Deutschen Volksunion-Liste D" (DVU-Liste D), in: Bundesminister des Inneren (Hrsg.), Aktuelle Fragen des Extremismus, Bonn 1989, S. 99-107; Heinrich Sippel, NPD und DVU - Bilanz einer schwierigen

Partei in der Bundesrepublik Deutschland angesehen werden. Dieser Tatbestand verwundert angesichts des vergleichsweise schwachen Parteiapparats, der nicht nur für die rechtsextremen Parteien, sondern ganz allgemein für das Parteiensystem ungewöhnlich ist. Diese Besonderheit hängt eng damit zusammen, daß sich die DVU als Partei aus einem politischen Verein entwickelte, der zunächst wenig mehr als die Organisation der Leserschaft bestimmter Publikationen war.

Politische Biographie des Organisations- bzw. Parteivorsitzenden

In noch weit höherem Maße als die REP auf Schönhuber ist die DVU auf die Person ihres Vorsitzenden Gerhard Frey fixiert: Nahezu jede wichtige Entscheidung wurde und wird zentral von ihm getroffen, enge Mitarbeiter haben lediglich eine Anweisungen ausführende Funktion, eine innerorganisatorische Kritik kam niemals auf und hätte innerhalb der DVU wohl auch keine Chance, weil Frey nicht nur als Bundesvorsitzender über entscheidende organisatorische Kompetenzen verfügt, sondern auch die der Organisation zuzurechnende Presse kontrolliert und allein über den Faktor verfügt, der die DVU erst handlungsfähig macht: Kapital.

Geboren wurde Gerhard Frey[50] 1933 als Sohn einer national-konservativen Kaufmannsfamilie in Cham (Oberpfalz). Er studierte Rechts- und Staatswissenschaften und promovierte zum Dr. rer pol. In den fünfziger Jahren betätigte sich Frey zunächst als freier Mitarbeiter bei dem Vorläufer der späteren "Nationalzeitung", der "Deutschen Soldatenzeitung", die aber bald in finanzielle Schwierigkeiten geriet. Der von Haus aus vermögende Frey kaufte sich zunächst in das Unternehmen ein und konnte es bald ganz übernehmen. Er benannte die

---

Beziehung, in: Uwe Backes/Eckhard Jesse (Hrsg.), Jahrbuch Extremismus und Demokratie 1, Bonn 1989, S. 174-184.

[50] Vgl. Uwe Backes/Eckhard Jesse, Politischer Extremismus in der Bundesrepublik Deutschland. Bd. III: Dokumentation, Köln 1989, S. 290-292

Zeitung Anfang der sechziger Jahre in "Deutsche National- und Soldatenzeitung" und später in "Deutsche Nationalzeitung" um, weitete das Themenangebot aus und konnte die Auflage des nun als Wochenzeitung erscheinenden Blattes erhöhen. Inhaltlich steuerte Frey die Zeitung auf einen politischen Kurs, dem es zentral um eine Relativierung und Verharmlosung der NS-Zeit, insbesondere der Ereignisse im Zweiten Weltkrieg ging. In recht platter, an die Boulevard-Presse erinnernder Weise sollte insbesondere das Bild vom "deutschen Soldaten" in einem positiveren Licht erscheinen. Parallel zur "Nationalzeitung" konnte Frey noch andere "nationale" Blätter bzw. Anteile anderer Publikationsorgane erwerben und sich so ein Zeitungsimperium im rechtsextremen Spektrum aufbauen: Dazu gehörten die inhaltlich mit der "Nationalzeitung" teilweise deckungsgleiche Wochenzeitung "Deutscher Anzeiger" und die "Deutsche Wochenzeitung". Um diese Publikationsorgane herum betrieb Frey noch einen Buchdienst und -verlag.

Trotz zeitweiliger Annäherungen an die NPD zeigte sich Frey parteipolitisch bis Mitte der achtziger Jahre enthaltsam. Die 1971 gegründete DVU war über lange Jahre hinweg nicht parteiförmig ausgerichtet. Gleiches gilt für eine Reihe von in den siebziger und Anfang der achtziger Jahre von Frey gegründeter "Aktionsgemeinschaften" wie etwa die "Volksbewegung für Generalamnestie", die "Initiative für Ausländerbegrenzung", den "Ehrenbund Rudel - Gemeinschaft zum Schutz der Frontsoldaten" oder den "Schutzbund für Volk und Kultur". Hierbei handelte es sich um auf spezifische Zielgruppen zugeschnittene Vorfeldorganisation der DVU, die die Mitglieder auf diese zentrale Organisation hin orientieren sollten, ohne daß die "Aktionsgemeinschaften" eigenständige Aktivitäten entfalteten. Parteipolitisch betätigte sich Frey erst Mitte der siebziger Jahre: 1975 näherte er sich der NPD an, wurde Mitglied und kandidierte für das Amt des Stellvertretenden Parteivorsitzenden. Allerdings scheiterte Frey am Widerstand der Parteimehrheit und trat nach vergeblichen Bemühungen, innerhalb der NPD zu Einfluß zu gelangen, wieder aus der Partei aus. Bei den Bundestagswahlen forderte er meist dazu auf, CDU/CSU als "kleineres Übel" zu wählen, weil die Stimmen für die NPD verschenkt seien. Dadurch machte sich Frey bei den anderen Rechtsextremisten noch unbeliebter. Hinzu kamen Unterschiede in bestimmten Fragen, so befürwortete Frey etwa eine "Stärkung" der westlichen Allianz, während die NPD einen "Dritten Weg" hin zu einem neutralen wiedervereinigten Deutschland propagierte. Ein allerdings viel wichtigerer, immer wieder gegen Frey, auch von rechtsextremer Seite, vorgebrachter Vorwurf bezieht sich auf seine materiellen Interessen im Zusammenhang mit Buch- und Münzverkäufen, Organisationen und Zeitungen. Hierin dürfte in der Tat kein unwichtiger Aspekt seiner politischen Identität zu sehen sein. Innerhalb der extremen Rechten steht Frey politisch-ideologisch für einen traditionellen Deutsch-Nationalismus. Trotz der in seinen Zeitungen zum Ausdruck kommenden Verharmlosung der NS-Zeit und offensichtlich vorhandenen Kontakte in das neonationalsozialistische Lager hinein kann Frey aber nicht dem Neonationalsozialismus zugeordnet werden; dazu bestehen hinsichtlich der Haltung zum politischen System oder der außenpolitischen Orientierung zu große Unterschiede.

Organisationsgründung und Entwicklung zur Partei

Die Gründung der DVU fiel in die Zeit einer Krisensituation im rechtsextremen Lager: Die NPD hatte in der zweiten Hälfte der sechziger Jahre nach einer ganzen Reihe von Wahlerfolgen ihr wichtigstes Ziel, den Einzug in den Bundestag, nur knapp verfehlt. Bei den folgenden Wahlen scheiterte sie; innerparteilich kam es zu Auseinandersetzungen über den Niedergang und eine ganze Reihe von Aktivisten und Mitgliedern trat enttäuscht aus der NPD aus. Die Proteste gegen die Ostpolitik der sozial-liberalen Bundesregierung zeigten keine Erfolge, und der Zerfall der sie von rechtsextremer Seite tragenden "Aktion Widerstand" zeichnete sich ab. In dieser Situation gründete Frey 1971 am hundertsten Jahrestag der Bismarckschen Reichsgründung die DVU, die sich als überparteiliches Sammel- und Auffangbekken für die zerfallende extreme Rechte anbot. Ein klares politisches Profil wies die Neugründung nicht auf; innerhalb des Rechtsextremismus schwankte man zwischen deutsch-nationalen und national-konservativen Orientierungen und wollte so offensichtlich auch lediglich Mitglieder anziehen. Allerdings entwickelte sich aus der DVU keine aktive politische Organisation, wie man es in dieser Situation eigentlich erwartet hätte. Vielmehr beschränkte sich Frey darauf, die Leserschaft seiner Publikationen in einer aus inaktiven Mitgliedern ("Karteileichen") bestehenden Sammlungsorganisation zu bündeln und um diese ein Netzwerk mit den oben genannten auf bestimmte Zielgruppen zugeschnittenen "Aktionsgemeinschaften" zu entwickeln. In den siebziger und in den achtziger Jahren gelang es Frey dann sogar, hinsichtlich der Mitgliederzahl die NPD zu überflügeln. Folgt man den Angaben des Bundesamtes für Verfassungsschutz, so stieg die Zahl der Mitglieder von 1976 knapp 5.000 1980 auf über 10.000, von 1985 über 12.000 1990 auf 22.000.[51] Damit wurde die DVU in diesem Zeitraum zu der mit Abstand mitgliedsstärksten rechtsextremen Organisation. Allerdings dürfen diese relativ hohen Zahlen aufgrund der besonderen Struktur der DVU und der Funktion ihrer Mitglieder nicht überschätzt werden, weil diese mehrheitlich passiv blieben. Ihre Aktivität beschränkte sich weitgehend auf das Lesen der Zeitungen Freys und den Besuch der jährlichen "Großkundgebung" in Passau.

Parteipolitische Aktivitäten der DVU hatte Frey lange Zeit ausgeschlossen; er beschränkte sich in der Regel auf seine verlegerischen und anderen wirtschaftlichen Aktivitäten. Erst Mitte der achtziger Jahre kam es zu einer Umorientierung, die sich bei Freys Wahlempfehlung zu den bayerischen Landtagswahlen 1986 und den Bundestagswahlen 1987 andeutete:

---

[51] Vgl. Bundesminister des Inneren (Hrsg.), Verfassungsschutz 1976, Bonn 1977 (im folgenden: VSB 1976), S. 32; VSB 1980., S. 34; VSB 1985, S. 166; VSB 1990, S. 108.

Entgegen der gewohnten Praxis, für die Wahl der Unionsparteien als "kleineres Übel" zu plädieren, wurde in Freys Zeitungen nun zur Wahl der NPD aufgerufen. Fortan zeichnete sich eine Annäherung beider Organisationen bei bleibenden Unterschieden in bestimmten Detailfragen ab. Gleichzeitig drohten die aufkommenden REP als modernisierte Kraft die Hegemonie von DVU und NPD im rechtsextremen Lager und allgemein bei Wahlen aufzuheben. In dieser Situation rückte Frey vom "überparteilichen" Charakter der DVU ab und gründete Anfang März 1987 die "Deutsche Volksunion - Liste D" (D=Deutschland) als Partei und eingeschriebene Wahlorganisation mit maßgeblicher Unterstützung von NPD-Funktionären. Mitglieder der DVU wurden nach einer Satzungsänderung im Dezember 1988 direkt in die "DVU - Liste D" übernommen, sofern sie dem nicht ausdrücklich widersprachen. Mit der NPD entwickelte man ein Kooperationskonzept, wonach abwechselnd bei Wahlen die NPD mit Unterstützung der DVU oder die DVU mit Unterstützung der NPD antreten sollte.[52] Arbeitsteilig lieferte dabei die NPD Organisationsstruktur und Aktivisten und die DVU die finanziellen Mittel sowie über den Frey-Verlag Wahlkampf- und Werbematerial. Innerhalb der NPD war diese Zusammenarbeit allerdings aufgrund der gegen Frey bestehenden Abneigungen keineswegs unumstritten. Dem damaligen Parteivorsitzenden Martin Mußgnug gelang es aber, diesen Kurs der Zusammenarbeit durchzusetzen.

Politisches Programm, organisatorische Entwicklung und Struktur

Zwar gab sich die DVU als wählbare Partei ein Programm[53]; dessen Bedeutung dürfte aber inner- wie außerparteilich nicht besonders groß sein. Es handelt sich dabei lediglich um ein

---

52 Vgl. Wahlabsprachen zwischen NPD und DVU-Liste D, in: Innere Sicherheit, Nr. 2/1988, S. 7

53 Deutsche Volksunion-Liste D (Hrsg.), Programm der Deutschen Volksunion-Liste D, München o. J.

beidseitig eng bedrucktes DIN-A-4-Papier mit insgesamt zwölf Programmpunkten und einem Antragsformular zur Mitgliedschaft in der DVU als Partei oder Organisation sowie einem Bestellschein zum Abonnieren der von Frey herausgebenen Zeitungen. Relativ allgemein gehalten und im Unterschied zu sonstigen Äußerungen aus der Frey-Presse zurückhaltend formuliert, findet man in dem Programm Forderungen folgender Art: "Deutschland soll deutsch bleiben" und "Deutschland zuerst", womit die "nationale Identität" beschworen und eine verschärfte Politik gegen Ausländer gefordert wird, "Gleichberechtigung für Deutschland", womit man sich gegen eine angeblich "einseitige Vergangenheitsbewältigung allein zu Lasten der Besiegten des Zweiten Weltkriegs mit der Zuweisung von Kollektivschuld" wendet, und eine Reihe sehr allgemeiner Forderungen zur Schaffung von Arbeitsplätzen, Sicherung der Renten, Schutz vor Kriminellen, Hilfe für den deutschen Mittelstand und die deutschen Bauern, zu verstärktem Umwelt- und Tierschutz sowie zu mehr "direkter Demokratie für deutsche Bürger", wobei Volksbegehren und die Herabsetzung der Fünf-Prozent-Klausel angesprochen werden. Im Zentrum dieses Programms stehen nicht die Menschen- und Bürgerrechte, sondern das "Deutsch-sein" bzw. das "Deutsche", was immer auch damit gemeint ist.

Für das Bundesamt für Verfassungsschutz ergibt sich aber die verfassungsfeindliche Zielsetzung der DVU-Liste D "nicht aus Programm und Satzung der Partei (...), sondern aus den hinter ihr stehenden rechtsextremistischen Organisationen NPD und DVU sowie im wesentlichen aus der publizistischen Agitation in den Wochenzeitungen Dr. Freys".[54] Die verfassungsfeindlichen Ziele der NPD seien nach ständiger Rechtsprechung in der Diffamierung der demokratischen Parteien und der Mißachtung oberster Verfassungsgrundsätze zu sehen. Frey leiste in seinen Presseorganen dem Antisemitismus Vorschub, schüre über eine bestimmte Schlagzeilentechnik Ausländerfeindlichkeit, manipuliere die historische

[54] Doll (Anm. 49), S. 100.

Wahrheit über den Nationalsozialismus, verherrliche die Führungspersonen des NS-Systems und diffamiere die Repräsentanten der demokratischen Parteien. Von daher wird auch die DVU als rechtsextrem eingestuft. Bekenntnisse zur "freiheitlichen demokratischen Grundordnung der Bundesrepublik Deutschland erfolgen aus taktischen Erwägungen" und seien nur "Lippenbekenntnisse".[55]

Die Entwicklung der Parteiorganisation verlief eher schleppend. Im Gründungsjahr 1987 wurde lediglich in Bremen zur Kandidatur bei den anstehenden Bürgerschaftswahlen ein Landesverband gegründet. Erst nach dem dortigen Wahlerfolg und der im Januar 1988 erfolgten Ankündigung Freys, mit der DVU-Liste D zu den Europa-Wahlen im Juni 1989 anzutreten, gründete man auch in allen anderen Bundesländern Landesverbände und eine Reihe von Bezirks- und Kreisverbänden. In den neuen Bundesländern bildeten sich, nimmt man die Entwicklung der REP oder NPD als Vergleich, relativ spät feste Strukturen heraus: Erst im März 1991 entstand ein Landesverband Berlin-Brandenburg und danach andere Landesverbände. Genauere Zahlen zur dortigen Mitgliederentwicklung liegen nicht vor; dahingehende Angaben aus der Frey-Presse dürften stark übertrieben sein.[56] Das Bundesamt für Verfassungsschutz schätzt für 1991 die Zahl der Mitglieder auf bundesweit 24.000.[57]

An einer innerparteilichen Demokratie mangelt es bei der DVU selbst auf rein formaler Ebene. So werden etwa Kandidaten meist nicht durch Parteigremien nominiert, sondern nach Gutdünken eingesetzt.[58] Dabei handelt es sich neben den NPD-Kandidaten in der Regel um eine Minderheit enger Gefolgsleute Freys, die die Entscheidungen dann jeweils in die Hand nehmen, und mehrheitlich um recht unbedarfte, politisch meist unerfahrene ältere Sympathisanten mit eher diffu-

---

[55] Vgl. "Nur Lippenbekenntnisse zur Demokratie", in: Frankfurter Allgemeine Zeitung v. 8. April 1992.

[56] Vgl. Rechtsextremismus in den neuen Ländern, in: Innere Sicherheit, Nr. 4/1991, S. 9.

[57] Vgl. VSB 1991, S. 110.

[58] Vgl. Deiters (Anm. 47), S. 104f.

sen Vorstellungen von Politik.[59] Konzipiert, finanziert und gelenkt wird die DVU-Politik auch nicht von den einzelnen Landesverbänden oder den Fraktionen in den Parlamenten, sondern von dem Parteivorsitzenden Gerhard Frey bzw. der Münchener Zentrale. Selbst Anträge für Parlamentsabgeordnete entwirft man dort und versendet sie mit entsprechenden Anweisungen an Mandatsträger.[60] Exemplarisch belegen läßt sich diese besondere Parteistruktur anhand der Arbeit der DVU-Fraktion in der Bremischen Bürgerschaft: Sie beschränkt sich auf relativ niveaulose und platt-propagandistische Parlamentsreden, deren Texte direkt oder indirekt aus den Zeitungen des Frey-Konzerns übernommen werden, in den Ausschüssen sind die DVU-Parlamentarier entweder nicht anwesend oder inaktiv, und die Antragsserie zur Haushaltsdebatte wurde von München aus per Fax in die Bürgerschaft geschickt, ohne daß alle Fraktionsmitglieder zuvor über deren Inhalt informiert wurden. An inhaltlicher und konstruktiver Arbeit besteht offenbar kein Interesse, was sich allein daran zeigt, daß die DVU zunächst gar kein Fraktionsbüro mit einem funktionierenden Apparat aufbaute. Und schließlich besteht auch kein Parteileben im engeren Sinne: Kontakte zur sozialen Basis existieren nicht, es gibt keine organisierten Kontakte zwischen Partei und Wählerschaft, und Versammlungen finden nicht statt.[61]

Wahlbeteiligungen und Ergebnisse

Erstmals trat die DVU-Liste D bei den Wahlen zur Bremer Bürgerschaft im September 1987, also gut sechs Monate nach

[59] Vgl. dazu bspw. die Interviews mit den DVU-Abgeordneten Renate Köhler, Manfred Clasen und Karin Voss in der ARD-Fernsehsendung: Panorama v. 13. April 1992.

[60] So äußerte sich der ehemalige Bremer DVU-Abgeordnete Hans Altermann in einem Interview, ebda.

[61] Vgl. Jochen Grabler, Mißbrauch des Parlaments. Ein Jahr DVU-Fraktion in der Bremischen Bürgerschaft. Studie im Auftrag der Bürgerschaftsfraktion Die Grünen (Pressedienst), Bremen 1992.

ihrer Gründung, an. Man erzielte auf Anhieb 3,4 Prozent der Stimmen und konnte aufgrund bestimmter Besonderheiten bei der Zusammensetzung der Bürgerschaft einen Abgeordneten entsenden, weil die DVU in Bremerhaven 5,4 Prozent der Stimmen erhalten hatte. Möglich geworden war dieser Wahlerfolg durch den massiven Werbeeinsatz für die Partei im Wahlkampf. Laut Angaben eines NPD-Funktionärs beabsichtigte Frey, bis zu zwei Millionen Mark dafür auszugeben. Damit verfügte erstmals eine rechtsextreme Partei in der Geschichte der Landtagswahlkämpfe über einen höheren Etat als die Volksparteien CDU und SPD zusammen.[62] Zwei Flugzeuge kreisten an den Wochenenden mit dem DVU-Banner im Schlepp über der Stadt; ein halbes Dutzend Postwurfsendungen sowie eine eigene Wahlkampfzeitung wurden in hoher Auflage verteilt, regelmäßige Anzeigenschaltungen erfolgten in Tageszeitungen und Anzeigenblättern, und auf Groß-Werbeflächen warb man überall. Möglich war dies alles nur durch das große Vermögen Freys, das von seinem ehemaligen Mitarbeiter Harald Neubauer auf 400 oder 500 Millionen Mark beziffert wird[63]. Neben den Einkünften aus Verlag und Buchdienst stammt dieses Vermögen vor allem aus umstrittenen Immobiliengeschäften.[64] Die Partei als solche betätigte sich in dem Wahlkampf gar nicht, was mit der beschriebenen Struktur und Organisation zusammenhängt.

Einen ähnlichen Wahlerfolg strebte die DVU für die Europa-Wahlen 1989 an. Anlaß für Optimismus gab es durchaus: Zwischenzeitlich hatte ihr Kooperationspartner NPD bei Landtags- und Kommunalwahlen einige Achtungserfolge erzielt. Allerdings kandidierten auch die REP als Konkurrenzpartei. Auch in diesem Wahlkampf investierte Frey große finanzielle Mittel, um die breite Öffentlichkeit anzusprechen. Anfang des Jahres wurden zwei Wurfsendungen an

---

[62] Vgl. "Dieses Altersheim auf Rädern", in: Der Spiegel 41 (1987), H. 31, S. 33-38.

[63] Vgl. das Interview mit Harald Neubauer in der ARD-Fernsehsendung: Panorama v. 13. April 1992.

[64] Vgl. den ARD-Fernsehbericht: Rechtsradikaler Geschäftemacher mit der Wohnungsnot, in: Kontraste v. 4. Mai 1992.

rund 27 Millionen Haushalte verschickt, mit gesonderten Briefen und Werbesendungen versuchte man bestimmte Personen- und Berufsgruppen anzusprechen, und im Unterschied zum Bremer Wahlkampf führte die DVU jetzt auch zahlreiche öffentliche Großveranstaltungen und sonstige Wahlkundgebungen durch. Neben den gewohnten Themen wie "Deutschland zuerst" und dem Appell an ausländerfeindliche Ressentiments stand in diesem Wahlkampf auch die Ablehnung der EG-Politik der Bundesregierung im Vordergrund. Trotz des betriebenen Aufwandes konnte die DVU lediglich 1,6 Prozent der Stimmen erlangen. Zwar verbesserte man damit das 0,8- Prozent-Ergebnis der NPD bei den Europa-Wahlen von 1984, aber die hohen Erwartungen wurden nicht erfüllt. Hinzu kam, daß die REP eindeutig die größere Akzeptanz gefunden hatten und somit die längere Zeit bei Wahlen noch bestehende Dominanz von NPD bzw. DVU über diese schwand. Als Reaktion auf das Scheitern bei den Europa-Wahlen dürfte auch die sich danach abzeichnende Aufhebung der Kooperation von beiden Parteien zu sehen sein.

Für die DVU entwickelte sich bei den folgenden Wahlen überraschend Norddeutschland als Hochburg: Ende September 1991 konnte man an den Bremer Wahlerfolg von 1987 anknüpfen und erhielt 6,6 Prozent der Stimmen, sechs Sitze in der Bürgerschaft, und überflügelte die REP, die nur 1,5 Prozent der Stimmen erhielten. Wiederum mit einem großen finanziellen Einsatz im Wahlkampf gelang der DVU im April 1992 erstmals sogar ein landesweiter Durchbruch bei Wahlen: In Schleswig-Holstein erhielt sie bei den Landtagswahlen 6,6 Prozent der Stimmen, was ihr sechs Abgeordnetenmandate einbrachte. Erreicht wurde auch dieses Ergebnis ohne funktionierenden organisatorischen Unterbau im Land. Es existierte nicht einmal eine Geschäftsstelle, sondern nur eine Postfachadresse. Plakatierungen wurden in der Regel von Werbefirmen und nicht von Parteiaktivisten durchgeführt. Auch bei dieser Wahl übertraf die DVU bei weitem das Wahlergebnis der REP, die lediglich 1,2 Prozent der Stimmen erhielten, am gleichen Tag aber bei den Landtagswahlen in Baden-Württemberg mit 10,9 Prozent einen eindrucksvollen Erfolg verbuchen konnten, so daß die REP auch hier wieder die zentrale Aufmerksamkeit auf sich zogen. Diese Konkurrenz-Situation, die geringere Attraktivität der DVU gegenüber den REP und der mangelnde organisatorische Unterbau der Partei, der deren Funktionsfähigkeit stark einschränkt, dürften in Zukunft trotz der finanziellen Mittel ihres Parteivorsitzenden deren Attraktivität bei Wahlen - mit einer gewissen Zeitverzögerung auch im Norden - eher schwinden lassen.

3. "Nationaldemokratische Partei Deutschlands" (NPD)

Parteientwicklung bis Ende der siebziger Jahre

Die "Nationaldemokratische Partei Deutschlands" (NPD) ist die älteste rechtsextreme Partei in Deutschland und blickt auf eine jahrzehntelange Existenz mit politischen Höhen und Tiefen zurück.[65] Gegründet wurde die NPD Ende November 1964 als Sammelorganisation für die zersplitterte und isolierte extreme Rechte. Insbesondere führende Funktionäre der bei den Wahlen gescheiterten "Deutschen Reichspartei" (DRP)[66] bemühten sich um eine Sammlung politischer Kräfte, die einerseits nicht direkt als nationalsozialistisch verdächtigt werden und andererseits auch für breite Wählerschichten attraktiv wirken konnten. Aus damit zusammenhängenden taktischen Gründen sollte der Eindruck einer zu starken Konti-

---

65 Vgl. Peter Dudek/Hans-Gerd Jaschke, Entstehung und Entwicklung des Rechtsextremismus in der Bundesrepublik. Zur Tradition einer besonderen politischen Kultur. Bd. 1, Opladen 1984, S. 280-355; Reinhard Kühnl/Rainer Rilling/Christine Sager, Die NPD. Struktur, Ideologie und Funktion einer neofaschistischen Partei, Frankfurt/M. 1969; Lutz Niethammer, Angepaßter Faschismus. Politische Praxis der NPD., Frankfurt/M. 1969; Horst W. Schmollinger, Nationaldemokratische Partei Deutschlands, in: Richard Stöss (Hrsg.), Parteien-Handbuch. Die Parteien der Bundesrepublik Deutschland 1945-1980, Bd. 2, Opladen 1983, S. 1922 -1994.

66 Vgl. Horst W. Schmollinger, Deutsche Reichspartei, in: Stöss (Anm. 65), Bd. 1, S. 1112-1191.

nuität zur DRP vermieden werden und somit wurde auch nicht deren ehemaliger Vorsitzender Adolf von Thadden[67], sondern der als gemäßigt geltende Friedrich Thielen erster NPD-Parteivorsitzender. Der starke Einfluß der DRP ließ sich aber nicht leugnen, im Grunde genommen handelte es sich bei der Neugründung um eine Nachfolgeorganisation, die auch andere politische Gruppen aufnahm. Dies veranschaulicht nicht nur die personelle Zusammensetzung des Gründungsvorstandes, sondern in noch weit größerem Maße die organisatorische Kontinuität. Trotzdem ging die wohl vor allem von v. Thadden favorisierte Taktik bei Wahlen auf. Zwischen 1966 und 1969 erzielte die NPD einen Erfolg nach dem anderen: Mit Wahlergebnissen zwischen 5,8 und 9,8 Prozent zog man in sieben Landesparlamente ein und verfehlte 1969 mit 4,3 Prozent der Stimmen nur knapp den Einzug in den Bundestag.

Parallel zu diesen Wahlerfolgen zeichnete sich innerparteilich eine heftige Kontroverse um die politische Orientierung der NPD ab. Dem für das gemäßigte Image und den "legalistischen" Kurs der Partei stehenden Vorsitzenden Thielen stand in den Führungsgremien eine dominante Gruppe von Funktionären gegenüber, die der NPD im Sinne der DRP eine noch schärfere rechtsextreme Note geben wollten. Im Gefolge der damit zusammenhängenden innerparteilichen Auseinandersetzungen wurde Thielen von v. Thadden als Parteivorsitzender 1967 abgelöst. Zwar gab es zahlreiche Übereinstimmungen zu NS-Ideologieelementen[68], sie sollten aber mehr als gemeinsame Merkmale von Rechtsextremismus, denn als Nachweis einer politischen Identität von NSDAP und NPD aufgefaßt werden. Denn weder zu diesem noch zu einem späteren Zeitpunkt konnte die NPD als neonationalsozialistisch eingeschätzt werden. Vielmehr orientierte

---

67 Vgl. Eckhard Jesse, Biographisches Portrait: Adolf von Thadden, in: Uwe Backes/Ders. (Hrsg.), Jahrbuch Extremismus & Demokratie 2, Bonn 1990, S. 228-238.

68 Wolfgang Ebert, NPD - In guter Verfassung oder fassungslos, in: Das Urteil von Mannheim: NPD nicht verfassungsfeindlich? Eine Dokumentation, München 1978, S. 5-39, hier S. 7-12.

sie sich an der Traditionslinie des Deutsch-Nationalismus[69] in einem eindeutig rechtsextremen Sinne. Belege dafür waren neben der organisatorischen Kontinuität zur DRP die nationalistischen, antidemokratischen und die NS-Vergangenheit verharmlosenden Äußerungen von Parteifunktionären, der Parteipresse und eines Parteilexikons sowie die undemokratische Parteistruktur und ein militant agierenden Ordnerdienst.

Das angesichts durchaus berechtigter Hoffnungen auf einen Einzug in den Bundestag als bittere Niederlage empfundene relativ knappe Scheitern bei den Bundestagswahlen von 1969 stürzte die NPD in eine tiefe Krise: In den folgenden Landtagswahlen blieb man unter der Fünf-Prozent-Klausel und verlor somit auch alle gewonnenen Mandate wieder. Die Wahlergebnisse pendelten fortan um die ein Prozent der Stimmen, meist sogar noch darunter. Mitglieder verließen scharenweise die Partei, von 28.000 im Jahr 1969 blieben 1972 noch 14.500 und 1978 noch 8.500 übrig. Ein Parteiflügel, der den legalistischen Kurs nicht mehr mittragen wollte, spaltete sich ab. Aus diesem rekrutierten sich später auch militante Gruppen der extremen Rechten. Aufgrund der heftigen innerparteilichen Auseinandersetzungen trat 1971 v. Thadden von seinem Amt als Parteivorsitzender zurück, das fortan der Rechtsanwalt Martin Mußgnug[70] lange Jahre innehaben sollte. Dieser führte zwar die politische Linie v. Thaddens fort, verfügte aber nicht annähernd über so viel politisches Geschick wie dieser und vermochte auch die NPD nicht aus ihrer Krise herauszuführen. Nach ihrem rapiden Aufstieg in der zweiten Hälfte der sechziger Jahre verfiel die Partei in den siebziger Jahren zunehmend und die ständige Erfolglosigkeit bei Wahlen führte zu Resignation und lähmte die Aktivität der Parteibasis. Hinzu kam, daß die NPD auch ihren Status als mitgliederstärkste rechtsextreme Vereinigung verlor und von der DVU in diesem Punkt überflügelt wurde.

[69] Vgl. Dudek/Jaschke (Anm. 65), S. 349-351.
[70] Vgl. Backes/Jesse (Anm. 50), S. 309.

Politische Veränderungen und Renaissance in den achtziger Jahren

Bereits Ende der siebziger Jahre nahm sich die NPD in ihrer öffentlichen Agitation verstärkt einem nicht mehr vergangenheitsbezogenen Thematik an, die erst später zu dem wichtigsten Mobilisierungsthema der extremen Rechten werden sollte: der Ausländerfeindlichkeit. Bereits bei den Bundestagswahlen von 1980 war die zentrale Wahlkampfparole der Partei "Ausländerstop - Deutschland den Deutschen". Hinter dieser Neuorientierung stand der Stellvertretende Parteivorsitzende und Oberstudienrat Günter Deckert, der von 1973 - 75 Bundesvorsitzender der NPD-Jugendorganisation "Junge Nationaldemokraten" (JN) gewesen war und als solcher vergeblich versucht hatte, der Partei eine mehr nationalrevolutionäre Orientierung zu geben. Auch im Dezember 1979 scheiterte Deckert beim Versuch, die NPD auf seine Person und Linie einzuschwören, als er bei einer Kampfabstimmung um das Amt des Parteivorsitzenden gegen Mußgnug verlor. Die von Deckert favorisierte und in einer Buchveröffentlichung[71] besonders gewürdigte Konzentration auf die "Ausländerstop"-Parole setzte sich indessen nicht nur auf der Ebene der Propagierung von gegen Ausländer gerichteter Schlagworte durch, sondern darüber hinaus auch auf bündnispolitischer und taktischer Ebene. Man gründete bzw. unterstützte Gruppen aus dem Umfeld der NPD, die als Bürgerinitiativen für "Ausländerstopp" oder "Ausländerbegrenzung" agierten, wie etwa die "Bürgerinitiative 'Ausländerstopp'" (Bochum), und zum Teil auch zu Wahlen antraten, wie etwa die "Kieler Liste zur Ausländerbegrenzung". Für die NPD wirkte sich dies zunächst nicht positiv bei Wahlen aus: 1980 erhielt man bei den Bundestagswahlen nur 0,2 Prozent der Stimmen, das schlechteste Ergebnis seit Bestehen der Partei. Dies änderte sich allerdings im Laufe der achtziger Jahre, etwa bei der Europa-Wahl von 1984: Hier

---

[71] Günter Deckert, Ausländerstop. Handbuch gegen Überfremdung, Kiel 1981.

gelang ein relativer Erfolg auf niedriger Ebene. Die NPD erhielt 0,8 Prozent der Stimmen, kam in den Genuß der Wahlkampfkostenerstattung und konnte so auch die sich zwischenzeitlich angehäuften Schulden abtragen.

Dieser bescheidene Erfolg machte die NPD innerhalb des rechtsextremen Spektrums auch wieder als Bündnispartner attraktiv. Die Zusammenarbeit mit der DVU kam zustande und machte sich Ende der achtziger Jahre bei Wahlen bezahlt. Bei den Landtagswahlen im März 1988 erreichte die NPD in Baden-Württemberg 2,1 Prozent und im Mai des gleichen Jahres in Schleswig-Holstein 1,2 Prozent der Stimmen, was, im Vergleich zu den Ergebnissen mit den bisherigen, als Erfolg auch und vor allem hinsichtlich der Wahlkampfkostenerstattung angesehen werden konnte. Darüber hinaus gelang es bei beiden Wahlen, die Konkurrenzpartei im innerrechtsextremen Lager, die REP, hinsichtlich der gewonnenen Stimmen zu übertreffen. Ein noch größerer Erfolg gelang bei den hessischen Kommunalwahlen im März 1989, wo man neben einigen anderen punktuellen Erfolgen in Frankfurt am Main ein überraschend hohes Ergebnis von 6,6 Prozent der Stimmen verbuchen konnte. Allerdings dürfte dies weniger mit der NPD als Partei, sondern mehr mit der allgemein günstigen Stimmung für rechtsextreme Kräfte nach dem Berliner Wahlerfolg der REP zusammenhängen. Andere punktuelle Erfolge bei Kommunalwahlen sind demgegenüber mehr durch die Existenz traditioneller Hochburgen zu erklären.

Parallel zu der themenbezogenen Veränderung der NPD-Agitation und einer gewissen Renaissance bei Wahlen entwickelte sich in der zweiten Hälfte der achtziger Jahre auch das Bedürfnis nach einem Wandel der Außenwirkung der Partei. Um die Stigmatisierung der NPD als Kraft der "Ewig-Gestrigen" zu überwinden, gab man sich im November 1987 ein neues Programm.[72] Darin beteuerte die NPD nach außen hin ihre Verfassungstreue, ersetzte leicht als offen rechtsextrem erkennbare Äußerungen durch vage oder inhaltsarme

---

[72] NPD (Hrsg.), Nationaldemokratische Gedankengänge für eine lebenswerte Zukunft, Stuttgart 1987.

Formulierungen, die den Eindruck einer gemäßigten Orientierung erwecken sollten. Die traditionellen rechtsextremen Positionen wurden aber weiterhin propagiert, wie ein Blick in andere Publikationen der NPD, etwa in die Parteizeitung "Deutsche Stimme" (Auflage: 10.000) zeigt. Darin findet man in gewohnter Weise gegen Ausländer und Asylbewerber gerichtete Agitation, Verleumdungen gegen Repräsentanten und Institutionen des demokratischen Verfassungsstaates und die NS-Zeit verharmlosende Äußerungen. Parallel zu der verbalen Mäßigung im Text des Programms wurden in dieses aber auch nationalrevolutionäre Positionen aufgenommen, so trat man etwa für Blockfreiheit und Neutralität, einen Weg zwischen Kapitalismus und Kommunismus und für "Ethnopluralismus", eine Abwandlung und Modernisierung traditioneller nationalistisch-biologistischer Ideologieelemente, ein.[73] Hierbei zeigte sich auch bei einer dem traditionellen Rechtsextremismus zuzurechnenden Partei der Einfluß der intellektuellen Neuen Rechten.

Situation der Partei Anfang der neunziger Jahre

Noch 1989 konnte man annehmen, daß sich die NPD stabilisiert hatte und sogar ein gewisser Aufwärtstrend zu verzeichnen war. Der Mitgliederbestand nahm stärker zu als in den beiden letzten Jahren; er stieg von 6.400 auf 7.000 an. Ähnliches ließ sich bei den JN beobachten, wo es zu einem Zuwachs von 800 auf 900 Mitglieder kam. Auch bei den Wahlen von 1989, insbesondere den Kommunalwahlen, konnte die NPD punktuelle Erfolge erzielen, mit dem Ergebnis von Frankfurt am Main sogar einen bundesweit beachteten Erfolg verzeichnen.[74] Allerdings sank bereits im nächsten Jahr wieder die Zahl der Mitglieder von 7.000 auf 6.500 ab und bei Wahlen konnte man auch nicht mehr an die Teiler-

---

[73] Vgl. Siegfried Jäger, Die neue Qualität der NPD, Dortmund 1989; Andreas P. Zaleshoff, Der zweite Frühling der NPD, Hannover 1989 (zwei neuere, allerdings eher oberflächliche Darstellungen).

[74] Vgl. VSB 1989, S. 128-132.

folge des letzten Jahres anschließen. So erhielt die NPD etwa bei der Bundestagswahl im Dezember 1990 lediglich 0,3 Prozent der Stimmen, während man 1987 immerhin noch 0,6 Prozent erlangen konnte. Auch bei den Landtagswahlen blieb man bei durchschnittlich 0,2 Prozent der Stimmen. Als Reaktion auf das schlechte Abschneiden der NPD bei den Bundestagswahlen trat im Dezember 1990 auch der Vorsitzende Martin Mußgnug von seinem Amt zurück.[75] Nach Ablauf der zeitlich bis zur Bundestagswahl im Dezember 1990 befristeten Wahlabsprache mit der DVU beendete Frey die bisherige Zusammenarbeit mit der NPD.[76] Allerdings gelangten im September 1991 bei den Bremer Bürgerschaftswahlen noch zwei NPD-Funktionäre über die DVU-Liste zu Abgeordneten-Mandaten. Im Juni 1991 kam es auf einem Bundesparteitag zu heftigen Kontroversen um die politische Zukunft der Partei. Mußgnug und der Stellvertretende Parteivorsitzende Jürgen Schützinger vertraten die Auffassung, die NPD habe abgewirtschaftet und sollte sich besser der zwischenzeitlich gegründeten Sammlungsbewegung "Deutsche Allianz - Vereinigte Rechte" anschließen. Demgegenüber pochten Deckert und seine Anhänger auf die Eigenständigkeit der NPD und verwiesen auf die in den neuen Bundesländern entstehenden Möglichkeiten. In einer Kampfabstimmung um das Amt des neuen Vorsitzenden konnte sich Deckert durchsetzen. Mußgnug und Schützinger traten später aus und wechselten zur "Deutschen Liga".[77]

In der Tat hatten sich die NPD in der ehemaligen DDR bzw. den neuen Bundesländern seit Anfang 1990 betätigt, allerdings ohne zu greifbaren Erfolgen zu kommen. Auch sie nutzte die Situation nach der Maueröffnung aus und verbreiteten an den Grenzübergängen und auf den Leipziger Montagsdemonstrationen Propagandamaterial. Beim organisatorischen Aufbau bemühte sich die NPD um Kontakte zur ehema-

---

[75] Vgl. VSB 1990, S. 109-112.

[76] Vgl. DVU und NPD-Das Ende einer politischen Allianz, in: Innere Sicherheit, Nr. 1/1991, S. 4.

[77] Vgl. NPD wählt neuen Parteivorsitzenden auf Bundesparteitag, in: Innere Sicherheit, Nr. 4/1991, S. 9f.

ligen Blockpartei "National-Demokratische Partei Deutschlands" (NDPD). Eine Zusammenarbeit oder gar Einigung kam allerdings nicht zustande, so daß man sich von seiten der NPD zu einer Neugründung entschloß. Im Januar 1990 wurden in Leipzig die "Mitteldeutschen Nationaldemokraten" (MND) gegründet, die sich kurz vor der Wahlregistrierung im August in NPD umbenannten und sich Anfang Oktober mit der NPD der bisherigen Bundesrepublik zusammenschlossen.[78] Bei den Landtags- und den Bundestagswahlen 1990 erreichte man im Osten Deutschlands lediglich Ergebnisse zwischen 0,1 und 0,7 Prozent der Stimmen. Landesverbände entstanden im Laufe der Zeit in allen neuen Bundesländern.

Angesichts dieser Rahmenbedingungen steht die NPD als älteste rechtsextreme Partei der Bundesrepublik Deutschland Anfang der neunziger Jahre trotz eines kurzen und kleinen Zwischenhochs in der zweiten Hälfte der achtziger Jahre perspektivlos da: Mitglieder, auch ehemals hohe Funktionäre, liefen ihr davon, vor allem zur "Deutschen Liga". Bei Wahlen konnte man zuletzt nur Niederlagen verzeichnen. Die Zusammenarbeit mit der DVU ist beendet, und mit den REP besteht eine wesentlich attraktivere rechtsextreme Wahlpartei. Hinzu kommt, daß sich mit der Wahl Deckerts zum Parteivorsitzenden auch eine programmatische Neuorientierung abzeichnete, die sich im wesentlichen in einer Konzentration auf das Thema "Revisionismus" und fortgesetzter ausländerfeindlicher Agitation äußert. "Mit ihren 'neuen' programmatischen Schwerpunkten hat (...) sich" die NPD, so der Politikwissenschaftler Peter M. Wagner, "zudem auf ihren ideologischen Stand der 70er Jahre zurückbewegt - und damit noch weiter weg von der Möglichkeit, als 'moderne Rechtspartei' Ausgangspunkt einer rechtsextremen Sammlung zu werden."[79] Zwar dürfte sich die NPD allein schon auf-

---

[78] Vgl. die Meldungen in Nation Europa 40 (1990), H. 1, S. 52, H. 2, S. 7O, H. 10, S. 46.

[79] Peter M. Wagner, Die NPD nach der Spaltung, in: Uwe Backes/ Eckhard Jesse (Hrsg.), Jahrbuch Extremismus und Demokratie 4, Bonn 1992, S. 157-167.

grund ihrer langen Existenz nicht einfach so auflösen, aber auch in der zukünftigen politischen Entwicklung keine größere Bedeutung - selbst für das rechtsextreme Lager - mehr haben. Diese Einschätzung schließt nicht ihre weitere Randexistenz und punktuelle Erfolge, etwa bei Kommunalwahlen[80], aus.

4. "Deutsche Liga für Volk und Heimat" (DL)

Während es sich bei der NPD um die älteste rechtsextreme Partei Deutschlands handelt, ist die "Deutschen Liga für Volk und Heimat" ("Deutsche Liga" oder DL)[81] die jüngste diesem politischen Lager zuzuordnende Partei. Gegründet wurde die DL als Partei offiziell Anfang Oktober 1991. Sie entstand aus einem bereits zuvor existierenden politischen Verein, "Deutsche Allianz - Vereinigte Rechte" (DA/VR), der sich angesichts der Wahlniederlagen der zersplitterten extreme Rechten als Sammlungsvereinigung verstand. Beteiligt waren an dessen Gründung im Januar 1991 in erster Linie der ehemalige NPD-Vorsitzende Martin Mußgnug, der damals noch Stellvertretende NPD-Vorsitzende Jürgen Schützinger und der ehemalige REP-Bundesgeschäftsführer und Europa-Parlamentarier Harald Neubauer. Zwar traten eine Reihe von REP- und NPD-Kommunalparlamentarier dieser Vereinigung kurz nach der Gründung bei, so daß sie, ohne bei Wahlen kandidiert zu haben, bereits über Mandate verfügte. Die bereits bestehenden rechtsextremen Parteien distanzierten sich indessen von dem als Konkurrenz verstandenen neuen politischen Projekt. Obwohl bis Mai 1991 noch keine programmatischen Erklärungen, sondern lediglich einige Flugblätter und Beiträge in der dem Verein nahestehenden Monatszeitung "Deutsche Rundschau" vorlagen, schätzte das Bundesamt für Verfassungsschutz die DA/VR schon zu diesem Zeitpunkt als

---

[80] Vgl. Peter M. Wagner, Die NPD in der Kommunalpolitik. Ursachen der Erfolge einer rechtsextremistischen Partei in Villingen-Schwenningen, Freiburg 1992.
[81] Vgl. VSB 1991, S. 114-116.

rechtsextrem ein. Begründet wurde dies mit dem Verweis auf deren "sprachliche und ideologische Übereinstimmungen mit der unpräzisen völkisch-kollektivistischen Ideologie der NPD"[82] sowie den politischen Hintergrund seiner wichtigsten Aktivisten, die alle zuvor in anderen rechtsextremen Parteien aktiv waren. In die Schlagzeilen kam die DA/VR einige Wochen nach ihrer Gründung durch die Klage eines Versicherungskonzerns, der offenbar Nachteile aufgrund von Namensgleichheit befürchtete.[83] Nach einer dahingehenden juristischen Entscheidung nannte sich die DA/VR 1991 in "Deutsche Liga für Volk und Heimat" um.

Unter diesem Namen gründete man sich dann auch als politische Partei. Die Delegierten des ersten Kongresses wählten neben Neubauer und Schützinger den ehemaligen Berliner Schatzmeister der REP, Rudolf Kendzia, zu gleichberechtigten Parteivorsitzenden. In einem auch als "Gründungsmanifest" bezeichneten Parteiprogramm wird in bekannter antipluralistischer Weise die staatliche "Verantwortung für das Ganze" als durch den "Gruppenegoismus der Parteien und Verbände" überlagert gesehen, an ausländerfeindliche Ressentiments appelliert und eine auf die Relativierung der NS-Verbrechen hinauslaufende Revidierung der Geschichtsschreibung gefordert.[84] Der Organisationsaufbau der DL verlief eher schleppend, da lediglich Landes- und einige Kreisverbände in Baden-Württemberg, Nordrhein-Westfalen und Bayern politisch arbeiten. Auch die Wahlergebnisse blieben bislang enttäuschend: Bei den Landtagswahlen in Baden-Württemberg im April 1992 erhielt man lediglich 0,5 Prozent der Stimmen.

Im Unterschied zu den anderen Parteien grenzt sich die DL nicht von den REP, der DVU und der NPD ab, sondern dul-

---

[82] "Deutsche Allianz - Vereinigte Rechte", in: Innere Sicherheit, Nr. 2/1991, S. 6.

[83] Vgl. Große Schlacht, in: Der Spiegel 45 (1991), H. 30, S. 60.

[84] Vgl. Deutsche Liga für Volk und Heimat (Hrsg.), Gründungsmanifest, Villingen-Schwenningen 1991; Neue rechtsextremstische Partei "Deutsche Liga für Volk und Heimat" (Deutsche Liga), in: Innere Sicherheit, Nr. 1/1992, S. 3.

det sogar doppelte Mitgliedschaften. Diese Besonderheit ist Ausdruck der Einsicht in ein wichtiges Problem der extremen Rechten in der Bundesrepublik Deutschland: ihre Zersplitterung und damit auch ihre politische Lähmung. Von daher hätte das Projekt DA/VR bzw. dann der DL innerhalb des Rechtsextremismus durchaus erfolgreich sein können. Eine Reihe anderer prominenter Angehöriger dieses politischen Lagers engagierten sich auch für das Bündnisprojekt, so etwa der ehemalige NPD-Vorsitzende Adolf von Thadden, der Herausgeber der Zeitschrift "Nation und Europa", Peter Dehoust, und der Osteuropa-Publizist Wolfgang Strauss. Indessen sprachen die eigentlichen Adressaten der DL, REP, DVU und NPD, nicht auf deren Forderungen zum Zusammenschluß an, so daß das rechtsextreme Parteienspektrum statt durch die DL gebündelt, da noch mehr zersplittert, eher geschwächt wird. Für die REP hatte die DL bezogen auf die innerparteiliche Konsolidierung sogar einen positiven Effekt, weil sich aus taktischen Gründen nicht mehr erwünschte Parteimitglieder in einem anderen Zusammenhang organisierten.

5. "Freiheitliche Deutsche Arbeiterpartei" (FAP)

Alle bisher vorgestellten Parteien wurden als rechtsextremistisch eingeschätzt, allerdings im Sinne eines antidemokratischen Konservativismus oder eines traditionellen Deutsch-Nationalismus und/oder National-Konservativismus, nicht jedoch im Sinne des Neonationalsozialismus. Als einzige derartige, auch bei überregionalen Wahlen kandidierende Partei ist die "Freiheitliche Deutsche Arbeiterpartei" (FAP)[85] anzusehen.

---

[85] Vgl. Georg Christians, "Die Reihen fest geschlossen". Die FAP- Zu Anatomie und Umfeld einer militant-neofaschistischen Partei in den 80er Jahren, Marburg 1990 (eine materialreiche, die Bedeutung der FAP allerdings überschätzende Darstellung).

Gegründet wurde die FAP 1979 von dem arbeitslosen Kaufmann und Lehrer Martin Pape, der zwar bereits seit Mitte der siebziger Jahre Kontakte zu neonationalsozialistischen Kreisen unterhalten hatte, aber seine Partei zunächst nicht neonationalsozialistisch ausrichtete. Vielmehr herrschte eine zwar durchaus rechtsextreme, aber eher diffuse national-konservative Orientierung mit neonationalsozialistischen Einsprengseln vor. Als eine solche Partei spielte die FAP zunächst keine Rolle, organisatorisch war sie kaum entwickelt, und die Mitgliedschaft ging quantitativ nicht über den politischen Bekanntenkreis Papes hinaus. Selbst ihre Existenz wurde kaum registriert. Dies änderte sich, nachdem im Dezember 1983 das Bundesinnenministerium die Organisation "Aktionsfront Nationaler Sozialisten/Nationale Aktivisten" (ANS/NA) des bekannten Neonationalsozialisten Michael Kühnen verboten hatte. Deren Anhänger und Mitglieder infiltrierten die FAP, indem sie nahezu geschlossen der Partei beitraten und neue Landes- und Kreisverbände gründeten.[86] Pape selbst schloß zwar einige bekanntere Neonationalsozialisten, die die legale Existenz der Partei hätten gefährden können, aus der FAP aus und beklagte sich öffentlich über die Unterwanderung[87], allerdings unterband er den Zustrom der Neonationalsozialisten nicht wirkungsvoll. Sieht man von einigen aus taktischen Gründen bzw. machtpolitischen Rivalitäten entstandenen Unstimmigkeiten innerhalb der FAP ab, so verlief der Eintritt der Neonationalsozialisten in die Partei relativ reibungslos, was angesichts ihrer ohnehin rechtsextremen Ausrichtung nicht verwundern kann. Kühnen selbst trat der Partei offiziell nicht bei, dies hätte auch den Charakter der FAP als ANS/NA-Nachfolgeorganisation allzu deutlich werden lassen.

Die Mitgliederzahl der FAP stieg durch den Zulauf der

---

[86] Vgl. Anne-Katrin Henkel, Die neonazistische Unterwanderung der FAP, in: Vorgänge 26 (1987), H. 90, S. 20-27.

[87] Vgl. "Die laufen jeder Trommel nach", in: Der Spiegel 40 (1986), H. 25, S. 72-79.

Neonationalsozialisten stark an: Nach Angaben des Bundesamtes für Verfassungsschutz betrug sie 1985 über 300, 1987 etwa 500 und nach den noch zu schildernden innerparteilichen Auseinandersetzungen 1988 noch 450 und 1991 rund 150.[88] Die Mitgliedschaft setzte sich überwiegend aus jüngeren Männern aus den unteren sozialen Schichten meist ohne geregeltes Einkommen zusammen. Überall dort, wo die ANS/NA über Anhänger und Sympathisanten verfügt hatte, entstanden eine Reihe von Landes- (FAP-Jargon "Gaue"), Kreis- und Ortsverbände sowie Untergliederungen wie die "Freie Betriebszellenorganisation" (FBO), die "Deutsche Frauenfront" (DFF) und der FAP nahestehende Organisationen wie das "Komitee zur Vorbereitung der Feierlichkeiten zum 100. Geburtstag von Adolf Hitler" (KAH), die "Bürgerinititative Deutsche Arbeiterpartei" (BDAP) oder die "Aktion Lebensschutz" (AL). Allerdings gingen von dieser durchaus beeindruckenden Zahl von Untergliederungen kaum Aktivitäten aus. Bei Wahlen konnte die FAP keine nennenswerten Erfolge verzeichnen, meist blieb man nicht nur unter einem Prozent der Stimmen, sondern auch unter der O,2 Prozent-Ebene, so etwa bei den Europa-Wahlen 1989, wo die FAP O,1 Prozent erhielt, was 19.151 Stimmen entsprach. Nach außen wirkte die FAP vor allem durch Schmier-, Klebe-, Plakat-, und Flugblatttaktionen sowie durch provozierende Aufmärsche. Zahlreiche Mitglieder verübten darüber hinaus auch Gewalttaten wie Brandanschläge, Überfälle, Körperverletzungen, Sachbeschädigungen usw., die sich gegen Ausländer oder politische Gegner richteten.

Politischer Standort und innerparteiliche Auseinandersetzungen

Programmatisch fordert man den "Deutschen Sozialismus für

---

[88] Vgl. VSB 1985, S. 152; VSB 1987, S.101; VSB 1989, S. 116; VSB 1991, S. 97.

die 90er Jahre"[89], womit recht allgemein gehaltene Forderungen verbunden werden, deren politischer Kern in einer Mischung nationalistischer und ausländerfeindlicher, antipluralistischer und "volksgemeinschaftlicher" Ideologieelemente mit deutschland-, sozial- und wirtschaftspolitischen Allgemeinplätzen besteht. Es wird die "Neuvereinigung Gesamtdeutschlands" und deren Neutralität und Blockfreiheit, "Ausländerrückführung" und "strengster Einwanderungsstop", "Deutsche Arbeitsplätze für deutsche Arbeiter" und "Gemeinschaftssinn statt Klassenkampf" gefordert. Für all dies will man "kämpferisch", "militant" und "radikal" eintreten. Während die Orientierung am Nationalsozialismus hier nur indirekt anklingt, findet man dahingehend deutlichere Formulierungen in der Parteipresse, wie folgendes Zitat aus dem Organ "FAP-Intern" verdeutlicht: "Nationale Idee und Sozialismus gehören für uns von der FAP zusammen. Sie bilden eine untrennbare Einheit auf dem Weg der völligen Neugestaltung unseres Landes nach dem Vorbild einer Ordnung, die ihre Effektivität bereits bewiesen hat (...)".[90] Das Titelblatt der Ausgabe vom April 1989 zierte ein Kranz mit der Zahl "100" und den Worten "Der Geburtstag", womit dem hundertsten Geburtstag Adolf Hitlers gedacht wurde.[91] Innerhalb des nationalsozialistischen Spektrums scheint die FAP aber eher der Strasser- bzw. der Röhm-Linie folgen zu wollen.

Im Jahr 1986 spaltete sich die unter der Bezeichnung "Bewegung" bestehende ANS/NA-Nachfolgeorganisation in zwei zunächst etwa gleichstarke Flügel auf, ein Prozeß, der sich auch auf die von den Neonationalsozialisten unterwanderte und gesteuerte FAP auswirkte. Offizieller Anlaß für die Auseinandersetzung war die Frage, inwieweit Homosexualität unter (Neo-)Nationalsozialisten gestattet sei. Während der noch näher vorzustellende Michael Kühnen und

---

[89] Freiheitliche Deutsche Arbeiterpartei-Landesverband Nordrhein-Westfalen (Hrsg.), Deutscher Sozialismus für die 90er Jahre, Münster 1989.

[90] FAP-Intern. Inneres Organ der FAP, Nr. 1/1990, S. 14.

[91] FAP-Intern. Inneres Organ der FAP, April 1989.

seine Anhänger Homosexualität lediglich als eine Form anderer Sexualität und als Frage privater Moral verstanden, lehnte der Flügel um Jürgen Mosler diese als Ausdruck einer lebensfeindlichen und krankhaften Abnormalität strikt ab. Es kam über diese Frage zu heftigen partei- und organisationsinternen Auseinandersetzungen und schließlich zur Spaltung. Einzelne Landesverbände schlossen sich den jeweiligen Flügeln an. Der Bundesvorstand blieb indessen zunächst noch paritätisch mit Vertretern beider Flügel besetzt. Pape spielte als Vorsitzender lediglich die Rolle eines "Aushängeschildes" und verfügte kaum noch über Einfluß, da 1987 nahezu alle früheren FAP-Anhänger die Partei verlassen hatten. Die Ursachen für die Spaltung in zwei Flügel sind indessen keineswegs nur in der Homosexuellen-Frage zu sehen, andere, wahrscheinlich sogar entscheidendere Gründe dürften machtpolitische Rivalitäten und ideologische Differenzen gewesen sein. Mosler wollte offenbar die Situation, in der der bislang unangefochten als Führungsfigur angesehene Kühnen eine Haftstrafe verbüßte, nutzen, um eigene Machtansprüche innerhalb der FAP besser durchsetzen zu können. Darüber hinaus bestanden Unterschiede hinsichtlich des Verständnisses von Nationalsozialismus: Während Kühnen sich mehr an den Vorstellungen der Röhm-SA orientierte, sah sich Mosler mehr in der Tradition der SS. Alle Bemühungen um eine Einigung der beiden Flügel fruchteten nicht, so daß die Spaltung noch vertieft wurde. Einige Anhänger Kühnens wechselten später auch zu Mosler über, und der bekannteste deutsche Neonationalsozialist begann sich in seinem eigenen politischen Lager immer mehr zu isolieren.[92] Ende 1989 verfügte die Gruppe um Mosler über rund 350 Mitglieder, die um Kühnen über etwa 130 Mitglieder.[93] Letztgenannte hatte man schon 1989 aus der FAP ausgegrenzt, im Jahr 1990 verließ aber auch der Flügel um Mosler die Partei, nachdem deren Wortführer im innerparteilichen Machtkampf gegen

---

[92] Vgl. zu den innerparteilichen Auseinandersetzungen Christians (Anm. 85), S. 115-133.
[93] Vgl. VSB 1989, S. 112.

den 1988 neu gewählten Vorsitzenden Friedhelm Busse, ehemals Leiter der neonationalsozialistischen "Volkssozialistischen Bewegung Deutschlands/Partei der Arbeit" (VSBD/PdA), eine Niederlage hinnehmen mußte. In der Folge dieser Ereignisse verlor die FAP weitere Mitglieder und damit auch an politischer Bedeutung im neonationalsozialistischen Lager. Nach den Ende 1992 erfolgten Verboten verschiedener Aktivistengruppe aus diesem hofft man aber wieder auf einen Aufschwung der FAP als Sammelorganisation für deren ehemalige Mitglieder.

III. Rechtsextreme Gruppen, Organisationen, Verlage und Publikationsorgane

Rechtsextremismus in organisierter Form gibt es nicht nur auf der Ebene von Parteien oder bei an Parteien angelehnten Organisationen, wie etwa deren Jugendverbänden, sondern auch in Form von politischen Gruppen, Verbänden, Verlagen und Publikationsorganen, die im engeren Sinne nicht an Parteien gebunden sind.

1. Neonationalsozialistische Gruppen

Neonationalsozialistische Orientierungen sind im rechtsextremen Lager nur eine von zahlreichen ideologischen Ausdrucksformen. Politisches Ziel der Neonationalsozialisten ist die Errichtung eines "Vierten Reiches" basierend auf den programmatischen Forderungen der historischen NSDAP von 1920. Dazu gehört die Bildung einer "Volksgemeinschaft", die auf der Vorstellung von der Höherwertigkeit der eigenen "Rasse" und der Minderwertigkeit und dem Ausschluß anderer "Rassen" ausgeht. Außerdem soll der Parlamentarismus zugunsten eines autoritären Führerstaates abgeschafft und die ehemaligen deutschen Ostgebiete in ein neu zu bildendes "Großdeutsches Reich" eingegliedert werden.

Zur Person und Bedeutung von Michael Kühnen

Michael Kühnen[1], Jahrgang 1955, betätigte sich schon als Schüler im rechtsextremen Spektrum: Ende der sechziger

---

[1] Vgl. Uwe Backes/Eckhard Jesse, Politischer Extremismus in der Bundesrepublik Deutschland, Bd III: Dokumentation, Köln 1989, S. 298 f.; Hans-Gerd Jaschke, Biographisches Porträt: Michael Kühnen, in: Uwe Backes/Eckhard Jesse (Hrsg.), Jahrbuch Extremismus und Demokratie 4, Bonn 1992, S. 168-180; Giovanni di Lorenzo, Wer bitte ist Michael Kühnen? Beschreibung eines Phänomens, in: Wolfgang Benz (Hrsg.), Rechtsextremismus in der Bundesrepublik. Voraussetzungen, Zusammenhänge, Wirkungen, Frankfurt/M. 1989, S. 232-247.

Jahre arbeitete er bei der NPD und den JN mit und war als Abiturient nationaldemokratischer Schülersprecher. Danach engagierte er sich bei der "Aktion Neue Rechte", kurzzeitig sogar bei der maoistischen KPD und dann bei der "Aktionsgemeinschaft Vierte Partei". Ab 1976 verfestigten sich Kühnens Kontakte zum militanten, neonationalsozialistisch orientierten Spektrum des Rechtsextremismus. Ein Jahr später, 1977, wurde er wegen rechtsextremistischer Aktivitäten als Leutnant aus der Bundeswehr unehrenhaft entlassen. Seitdem betätigte sich Kühnen nur noch als neonationalsozialistischer Aktivist, zunächst in Hamburg bei dem "Freizeitverein Hansa" und dem "SA-Sturm 8. Mai", um danach im November 1977 eine eigene Organisation, die "Aktionsfront Nationaler Sozialisten" (ANS), zu gründen. Im Zusam-menhang mit derartigen Aktivitäten wurde er seit 1979 mehrmals wegen Aufstachelung zum Rassenhaß, Verherrlichung von Gewalt und Volksverhetzung zu Freiheitsstrafen verurteilt. In einem Fall floh Kühnen vor den Strafverfolgungsbehörden ins Ausland. 1983 schloß er die ANS mit einer Wehrsportgruppe und einer anderen neonationalsozialistischen Gruppe zur "Aktionsfront Nationaler Sozialisten/Nationale Aktivisten" (ANS/NA) zusammen, eine Organisation, die allerdings im Dezember des gleichen Jahres verboten wurde. Kühnen organisierte daraufhin seine Anhänger recht schnell in Ersatzorganisationen und ließ sie der FAP beitreten. Darüber hinaus betätigte er sich als Organisator für andere neonationalsozialistische Vereinigungen, hielt Kontakt zu ausländischen Vertretern dieses politischen Lagers der extremen Rechten und zog mit medienwirksamen Aktivitäten die Aufmerksamkeit auf sich. Längere Haftstrafen führten indessen immer wieder zur Abwesenheit von den politischen Entwicklungen innerhalb des neonationalsozialistischen Spektrums, so daß es machtpolitischen Konkurrenten innerhalb diesem gelang, ihn zeitweilig zu isolieren. Verstärkt wurde diese Marginalisierung noch nach der Auseinandersetzung um die Homosexualität innerhalb der FAP und Kühnens indirektes Eingeständnis, selbst homosexuell zu sein. In den neuen Bundesländern gelang Kühnen jedoch seit 1990 innerhalb der sich dort aktiv betätigenden neonationalsozialistischen Szene ein gewisses Comeback. Ende April 1991 verstarb er, offensichtlich an den Folgen einer AIDS-Infektion.[2]

Für das neonationalsozialistische Lager spielte Kühnen gleich in mehrfacher Hinsicht eine herausragende Rolle. Zunächst als Ideologe[3]: Bereits 1979 trat er in der programmatischen Schrift "Die zweite Revolution"[4] für ein an dem SA-Chef Ernst Röhm orientiertes Verständnis des Nationalsozialismus ein, womit eine gewisse Distanz zu dem Hitlerschen Kurs verbunden war. Darüber hinaus modernisierte Kühnen die NS-Ideologie auch in anderen Bereichen, so etwa hinsichtlich der Bedeutung ökologischer Fragen. Innerhalb des deutschen Neonationalsozialismus setzte sich eine derartige Orientierung seit Beginn der achtziger Jahre immer mehr durch. Auch als Organisator spielte Kühnen eine wichtige Rolle: Er gründete nicht nur neonationalsozialistische Gruppen und führte mit diesen öffentlichkeitswirksame Aktionen durch, sondern schuf auch immer wieder Ersatz- und Parallelorganisationen, zum Teil aus taktischen Gründen, zum Teil um strafrechtlichen Maßnahmen präventiv entgegen zu wirken. Darüber hinaus erwies sich Kühnen als wichtiger Propagandist, der insbesondere das Medieninteresse weidlich für sich ausnutzen konnte. So inszenierte er Aufmärsche, um seine Organisation bekannt zu machen, gab dem Fernsehen, Magazinen und Zeitungen Interviews, ließ sich medienwirksam verhaften oder organisierte öffentliche Treffen mit international bekannten anderen Neonationalsozialisten. Und schließlich konnte sich Kühnen aufgrund seiner Haftstrafen nach außen hin als Märtyrer darstellen. Trotz dieser für die

---

[2] Vgl. Neonazi Michael Kühnen verstorben, in: Innere Sicherheit, Nr. 3/1991, S. 9.

[3] Daß Kühnen gegenüber den anderen neonationalsozialistischen Aktivisten auch über ein vergleichsweise hohes intellektuelles Niveau verfügte, belegt ein aus seinem Nachlaß veröffentlichter Aufsatz: Michael Kühnen, Grundlagen des Heidentums, in: Staatsbriefe 3 (1992), H. 8-9, S. 23-26.

[4] Michael Kühnen, Die Zweite Revolution. Glaube und Kampf, unveröffentlichtes Manuskript 1979, veröffentlicht: Lincoln (USA) 1987.

neonationalsozialistische Szene wirklich herausragenden Eigenschaften gelang es indessen selbst Kühnen nicht, das eigene Lager zu einen.

"Die Bewegung" und die "Gesinnungsgemeinschaft der Neuen Front" (GdNF)

Zu dem neonationalsozialistischen Aktivistenkreis um Kühnen gehörte vor allem das Anhänger- und Sympathisantenspektrum der 1983 verbotenen ANS/NA, das sich 1985 als "Gesinnungsgemeinschaft" in der "Bewegung" organisierte. Dieser weitgehend strukturlose Zusammenschluß einzelner Aktivisten umfaßte in dem Zeitraum von 1986 bis 1989 nach Angaben des Bundesamtes für Verfassungsschutz um die 500 Mitglieder[5], die fast gleichzeitig der FAP angehörten und diese dominierten. Im Laufe des Jahres 1986 spaltete sich die "Bewegung" aufgrund der Auseinandersetzung um Homosexualität in zwei rivalisierende Flügel: Der eine bildete sich um den bis zum März 1988 inhaftierten Kühnen, seinen Stellvertreter Thomas Brehl und Christian Worch, der andere um Jürgen Mosler und Volker Heidel, alle bereits längere Zeit aktive Neonationalsozialisten. Äußeres Zeichen für diese Spaltung war das gleichzeitige Erscheinen konkurrierender Monatsschriften unter dem Titel "Die Neue Front" mit unterschiedlichem Inhalt. Im Laufe des Jahres 1988 verschärften sich die Auseinandersetzungen der beiden Flügel immer mehr und wurden durch martialische Erklärungen noch zusätzlich angeheizt. Kühnen selbst setzte seine Versuche programmatischer Erneuerung fort und gründete mit Anhängern eine regionale Ersatzorganisation, die "Nationale Sammlung" (NS), die allerdings im Februar 1989 verboten wurde.[6] Die endgül-

---

[5] Vgl. Bundesminister des Inneren (Hrsg.), Verfassungsschutz 1987, Bonn 1988 (im folgenden: VSB), S. 100; VSB 1988, S. 118.

[6] Vgl. Armin Pfahl-Traughber, Das Verbot der "Nationalen Sammlung" durch das Bundesinnenministerium Im Januar 1989, in: Uwe Backes/ Eckhard Jesse (Hrsg.), Extremismus & Demokratie 2, Bonn 1990, S. 218-227.

tige Spaltung der "Bewegung" erfolgte 1989: Mosler konnte sich bei den Anhängern der "Bewegung" durchsetzen; rund 350 Mitglieder rechnete man seinem Flügel, lediglich 150 dem Kühnen-Flügel zu. Aktionen zur Feier des 100. Geburtstages von Adolf Hitler wurden zwar von beiden Gruppen propagiert, aber getrennt durchgeführt. Zu gemeinsamen Aktionen kam es nur sporadisch, etwa anläßlich einer Demonstration im August 1989 zum Gedenken an den zweiten Todestag von Rudolf Heß, an der sich aber auch noch eine ganze Reihe anderer rechtsextremer Organisationen beteiligten. Der Mosler-Flügel konnzentrierte sich fortan darauf, die Führung der FAP in die Hand zu bekommen, während Kühnen seine Anhänger als "Gesinnungsgemeinschaft der Neuen Front" (GdNF)[7] neu formierte.[8]

Diese GdNF versteht sich als "Gesinnungsgemeinschaft von überzeugten und bekennenden Nationalsozialisten, die die Überwindung des NS-Verbots und die Neugründung der (...) NSDAP (...) als legale Partei erstrebt". Politisch sieht man sich "in der Tradition der SA und des revolutionären Flügels der historischen NSDAP" und erstrebt "eine nationalsozialistische 'Zweite Revolution'", sieht aber gleichzeitig in Hitler eine "Heilsgestalt der arischen Rasse".[9] Die im gleichzeitigen Bezug auf beide historische Vorbilder eigentlich deutlich werdenden Widersprüche wurden offensichtlich nicht problematisiert. Seit Ende 1989 verlagerte Kühnen seine Aktivitäten auf die ehemalige DDR und die Organisationen "Deutsche Alternative" (DA) und "Nationale Alternative" (NA), während seine Anhänger Christian Worch und Thomas Wulff sich mit der im März 1989 gegründeten "Nationalen Liste" (NL) in Hamburg betätigten. Darüber hinaus gründete Kühnen eine Reihe von "Vorfeldorganisationen", die zur Propaganda und zur Werbung von Anhänger dienen sollten. Diese von GdNF-Aktivisten geleiteten Gruppen trugen Na-

---

[7] Vgl. ID-Archiv im ISSG (Hrsg.), Drahtzieher im braunen Netz. Der Wiederaufbau der NSDAP. Ein Handbuch des antifaschistischen Autorenkollektivs Berlin, Berlin 1992, S. 37-64.

[8] Vgl. VSB 1989, S. 112-114.

[9] Die Neue Front, Nr. 73/1990, S. 2.

men wie "Initiative Volkswille", "Volksbund Rudolf Heß", "Freie Gewerkschaftsbewegung", "Aktion Lebensschutz", "Antikommunistische Aktion", "Antizionistische Aktion" oder "Kaderorganisation SA".[10] Die eindrucksvolle Zahl dieser Organisationen sollte aber nicht darüber hinwegtäuschen, daß sie kaum eigenständige Aktivitäten entfalteten und von den Mitgliedern her mit der GdNF weitgehend deckungsgleich waren. Deren Gründung erfolgte ganz im Sinne der erwähnten Taktik von Kühnen.

"Deutsche Alternative" (DA) und "Nationale Alternative" (NA)

Nach seiner Ausgrenzung aus der FAP veranlaßte Kühnen die Gründung bzw. Infiltration neuer Organisationen, u. a. auch die der "Deutschen Alternative" (DA) und der "Nationalen Alternative" (NA).[11] Die am 31. Januar 1990 in Ost-Berlin gegründete NA[12] setzte sich aus bereits seit Jahren in der rechtsextremen Szene der DDR aktiven Skinheads zusammen, die überwiegend aus geordneten und sozial abgesicherten Verhältnissen kamen. Ihre Mitglieder bedienten sich bei den ersten Aktivitäten bemerkenswerterweise bisher nur aus der politischen Linken bekannter Aktionsformen wie Hausbesetzungen und der Gründung von Sanierungsinitiativen. Die ge-

---

[10] Vgl. VSB 1990, S. 92-96.

[11] Vgl. zu beiden Organisationen und ihren Aktivitäten in der ehemaligen DDR: Bernd Siegler, "Auferstanden aus Ruinen ... Rechtsextremismus in der DDR, Berlin 1991, S. 45-60; "Die Fahne hoch, die Reihen fest geschlossen." Deutsch-Deutsche Neonazis proben die Einheitsfront, in: Die Andere v. 29. August 1990.

[12] Vgl. Laura Benedict, Die Nationale Alternative - Geschichte einer Rechtspartei, in: Rechtsextremismus und Neonazismus unter Jugendlichen Ostberlins. Beiträge zur Analyse und Einschätzung und Vorschläge zu Gegenmaßnahmen. Ein Berliner Projekt gefördert vom Bundesministerium für Jugend und Sport der Bundesrepublik Deutschland, kooordiniert von Rolf Richter, Berlin 1991, S. 152-170; Burkhard Schröder, Rechte Kerle. Skinheads, Faschos, Hooligans, Reinbek 1992, S. 170-179.

nutzten Häuser[13] wurden zu einem Aktions- und Organisationszentrum ausgebaut, in dem eine Reihe prominenter Wortführer der neonationalsozialistischen Szene Schulungen durchführten und Anweisungen für politische Aktionen gaben. Strategisch und konzeptionell wollte man zweigleisig vorgehen: Offiziell gab man sich moderat, um so die Registrierung als legale Partei zu erreichen; inoffiziell ging man mit Gewalt gegen Ausländer und linke Einrichtungen vor und führte Demonstrationen und Feiern zu Hitlers Geburtstag durch. Aufgrund dieser Vorkommnisse durchsuchte die Polizei die Häuser, beschlagnahmte diverses Propagandamaterial und verhaftete NA-Funktionäre. Fast das ganze Jahr 1990 über blieben die Aktivisten indessen in den Häusern wohnen; erst im November wurden sie zum Auszug aufgefordert. Daraufhin kam es zu Protestdemonstrationen, auf denen Parolen wie "Rotfront verrecke" und "Ausländer raus" skandiert wurden[14]. Nach längeren Auseinandersetzungen mit den zuständigen Behörden gaben die Neonationalsozialisten die Häuser freiwillig auf. Einige der Aktivisten verlagerten daraufhin ihre Tätigkeit nach Dresden.

Die DA[15] wurde bereits Anfang Mai 1989 in Bremen gegründet. Sie bot die Grundlage, um organisatorisch im östlichen Teil Deutschlands wirken zu können, und war zunächst personell weitgehend mit der NA identisch. Die parallele Existenz beider Organisationen gehörte zu Kühnens Verwirrspiel mit verschiedenen Organisationen, das dazu diente, für Verbotsfälle möglichst schnell eine Ersatzorganisation parat zu haben. Bereits im Dezember 1989 entstanden erste Ortsverbände in der damaligen DDR, und im März 1990 wurde in West-Berlin eine DA-Ost gegründet. Anfang Juli versammelten sich ca. 120 Neonationalsozialisten zu einem Parteitag in Cottbus, bei dem sich Kühnen medienwirksam von

---

13 Vgl. Hans Duisberg, Eine Festung der Gewalt, in: Deutsches Allgemeines Sonntagsblatt v. 20. Juli 1990.

14 Vgl. Burkhard Schröder, Neonazis müssen räumen, in: Die Tageszeitung v. 27. November 1990.

15 Vgl. VSB 1991, S. 95f.; ID-Archiv (Anm. 7), S. 67-74.

einer Polizeieinheit verhaften ließ.[16] Im Juli traf er sich mit dem Gründer der US-amerikanischen NSDAP-Aufbauorganisation Gary R. Lauck in Ost-Berlin, wo beide für eine "legale Neugründung der Nationalsozialistischen Arbeiterpartei" und die "Gründung eines vierten Reiches" eintraten.[17] Dies sind nur zwei von zahlreichen Beispielen für das bewußt auf die Wirkung in den Medien abzielende Vorgehen Kühnens.

Insgesamt verlagerten sich die Aktivitäten der Neonationalsozialisten im Osten Deutschlands seit dem Herbst 1990 von Ost-Berlin weg in andere Regionen, insbesondere in den Raum Dresden/Cottbus, wo ein besseres Arbeitsfeld für dieses Spektrum des Rechtsextremismus entstanden war. Mit der örtlichen Verlagerung von Aktivitäten nahm auch die Bedeutung der NA zugunsten der DA ab; letztere war nun die dominierende Kraft und begann von Dresden[18] aus auch in den anderen der neuen Bundesländern zu agitieren.[19] Zu diesem Zweck gründete die DA weitere Organisationen, die sich aus neonationalsozialistisch orientierten Skinheads zusammensetzten und insbesondere durch Gewaltaktionen gegen Ausländer und Kultureinrichtungen auffielen. Organisatorisch kam es im ostdeutschen Neonationalsozialismus nach dem Tod von Michael Kühnen und dem des ebenfalls bedeutsamen Funktionär Rainer Sonntag[20] zu heftigen Auseinandersetzungen um Führungspositonen und teilweise auch zu Spaltungstendenzen. In deren Verlauf eskalierten die Konflikte zwischen west- und ostdeutschen Neonationalsozialisten, was dazu führte, daß sich die DA eine rein ostdeutsche Führung gab. Mit rund 700 Mitgliedern entwickelte sie sich Anfang 1992 zur größten neonationalsozialistischen Organisation in

---

[16] Vgl. den ARD-Fernsehbericht: "Deutschland erwachte". Neo-Nazis in der DDR v. 9. August 1990.

[17] Vgl. Wolfgang Gast, Neonazi-Treffen in Ost-Berlin, in: Die Tageszeitung v. 23. Juli 1990.

[18] Vgl. Harald Biskup, Dresden - Die "Hauptstadt" der rechten Bewegung?, in: Allgemeine jüdische Wochenzeitung v. 27. Juni 1991.

[19] Vgl. Siegler (Anm. 11), S. 27-44.

[20] Vgl. Wer war Rainer Sonntag?, in: Die Andere v. 26. Juni 1991.

den neuen Bundesländern.[21]

Hauptsächlich wirkte die DA in Cottbus, wo sie sich mit mehr als 200 Mitglieder bereits zur drittstärksten Mitgliederpartei entwickelt hatte. DA-Vorsitzender war der gebürtige Cottbuser Frank Hübner, Jahrgang 1965, der 1985 nach einer mehrmonatigen Haftstrafe aufgrund brieflicher Kontaktaufnahme zu dem TV-Moderator Gerhard Löwenthal von der Bundesrepublik freigekauft wurde. Nach einem kurzen Zwischenspiel bei DVU und NPD schloß sich der gelernte Baumaschinenführer und Bürokaufmann 1988 dem Kreis um Kühnen an, kehrte 1990 nach Cottbus zurück und baute die dortige DA auf. Zulauf erhielt diese Organisation vor allem von von Schülern, zunehmend auch von Gymnasiasten.[22] Am 8. Dezember 1992 wurde die DA durch eine Verfügung des Bundesministers des Inneren verboten und aufgelöst.[23]

"Nationalsozialistische Deutsche Arbeiterpartei - Auslands- und Aufbauorganisation" (NSDAP/AO)

Enge Kontakte hatten die um Kühnen bestehenden Organisationen zur in Lincoln/Nebraska ansässigen "Nationalsozialistischen Deutschen Arbeiterpartei - Auslands- und Aufbauorganisation" (NSDAP/AO).[24] Es handelt sich dabei um eine von zahlreichen neonationalsozialistischen Organisationen in den USA, die schwerpunktmäßig mit der Herstellung und Verteilung von NS-Propagandamaterial beschäftigt ist und dafür eine wichtige Kontaktadresse darstellt. Der Vorsitzende Gary Rex (Gerhard) Lauck[25] nutzt die sich durch die

---

[21] Vgl. Burkhard Schröder, Alles Lüge, in: Freitag v. 21. Februar 1992.

[22] Vgl. Grüne Stadt mit brauner Jugend, in: Der Spiegel 46 (1992), H. 48, S. 43-49.

[23] Bundesminister des Inneren, Verfügung vom 8. Dezember 1992.

[24] Vgl. Georg Christians, "Die Reihen fest geschlossen". Die FAP - Zu Anatomie und Umfeld einer militant-neofaschistischen Partei in den 80er Jahren, Marburg 1990, S. 139-151.

[25] Vgl. Anti-Defamation League of B'nai B'rith (Hrsg.), Extremism on the Right. A Handbook, New York 1983, S.102 f.

besonderen juristischen Freiräume des Landes bietenden Möglichkeiten aus, um über eine Postfachadresse neonationalsozialistisches und antisemitisches Propagandamaterial nach Europa und vor allem nach Deutschland zu senden. Dazu gehören neben Faksimile- und Reprint-Drucken von NS-Literatur auch die Zeitschriften "New Order" und "NS-Kampfruf", Aufkleber, Handzettel, Flugblätter, Plakate usw. Da die Kontakte und Verbindungen in andere Länder bewußt konspirativ und verdeckt gehandhabt werden, können keine sicheren Angaben über Anhänger in der Bundesrepublik Deutschland gemacht werden. Laut Angaben des Verfassungsschutzes verfügt Laucks Organisation im Bundesgebiet über zahlreiche meist nur aus Einzelpersonen bestehende "Stützpunkte", die das Material wiederum an neonationalsozialistische Gruppen oder Organisationen weitergeben.[26] Zu diesen "Stützpunkten" dürften vor allem FAP-Mitglieder zählen.[27] Die engen Kontakte zwischen Kühnen und Lauck bzw. der NSDAP/AO sind leicht nachweisbar, und zwar nicht nur durch das bereits erwähnte gemeinsame Treffen beider in Ost-Berlin: So veröffentlichte Kühnen mehrere Artikel in dem zweimonatlich erscheinenden NSDAP/AO-Organ "NS-Kampfruf", und Lauck ließ die Manuskripte von Kühnens bereits erwähntem programmatischen Text "Die Zweite Revolution" als Buch drucken. Nach Kühnens Tod dürften die Kontakte über seine Anhänger weiterlaufen.

"Nationalistische Front" (NF)

Zu den zahlreichen neonationalsozialistischen Gruppen, die in den achtziger Jahren direkt oder indirekt unter dem Einfluß von Kühnen standen, gehörte auch die "Nationalistische Front" (NF)[28]. Die offiziell als Partei im November 1985 ge-

[26] Vgl. VSB 1991, S. 103.

[27] Vgl. bspw. den Bericht über die juristischen Hintergründe des Vertriebs von NSDAP/AO-Propagandamaterial durch FAP-Aktivisten in dem Organ dieser Partei: Die Neue Front, Nr. 27/1985, S.9.

[28] Vgl. Antifaschistische Koordination (Hrsg.), Nationalistische

gründete Organisation wurde von Bernhard Pauli geleitet und hatte lediglich mehrere Dutzend Mitglieder. Diese bestanden neben ehemaligen Aktivisten der ANS Kühnens aus solchen der 1982 verbotenen neonationalsozialistischen "Volkssozialistischen Bewegung Deutschlands/Partei der Arbeit" (VSBD/PdA)[29] und deren 1983 gegründete Nachfolgeorganisation "Nationale Front/Bund Sozialrevolutionärer Nationalisten", die sich wiederum 1984 in "Nationalistische Front" umbenannt hatte.[30] Kurz nach der Gründung der NF kam es zu Auseinandersetzungen in deren Folge Pauli und eine Münchener Gruppe im Sommer 1986 aus der NF austraten. Bei den innerorganisatorischen Machtkämpfen setzte sich mit der Zeit der Generalsekretär Meinolf Schönborn, ein ehemaliger NPD-Aktivist, Leiter der einflußreichen Bielefelder Gruppe und ab Dezember 1987 auch der Gesamtorganisation, durch.[31] Ihm gelang es allerdings nicht, die angestrebte organisatorische Verbreitung der NF voranzubringen: Ihre Aktivitäten blieben regional beschränkt: Ortsgruppen existierten nur in Bremen, Berlin und Bielefeld; Aktivitäten gingen im wesentlichen von zwei Zentren bildende Anwesen in Bielefeld und Detmold-Pivitsheide aus, die häufig Schauplatz von Gegendemonstrationen und gewaltätigen Auseinandersetzungen zwischen NF-Aktivsten, politischen Gegnern und der Polizei wurden.

Die Mitgliederzahl bewegte sich nach Angaben des Bundesamtes für Verfassungsschutz unter 100, meist um die 80 Personen.[32] Im Jahre 1991 erhöhte sich diese indessen auf 130, was auch mit einer Ausdehnung der Aktivitäten in die neuen Bundesländer zusammenhing, wo in Brandenburg, Sachsen

---

Front. Dokumentation, Bielefeld, 3., ergänzte Auflage 1989 (eine die Bedeutung der NF allerdings überschätzende Darstellung); Christians (Anm. 24), S. 174-184.

[29] Vgl. Die Volkssozialistische Bewegung Deutschlands - Sammelbecken militanter Rechtsradikaler, München 1981.

[30] Vgl. VSB 1985, S. 155.

[31] Vgl. Antifaschistische Koordination (Anm. 28), Aktualisierung der Dokumentation, S. VIII.

[32] Vgl. VSB 1987, S. 105, VSB 1990, S. 101.

und Thüringen einige Ortsgruppen bzw. Stützpunkte gebildet wurden.[33] Die NF-Aktivisten betätigten sich propagandistisch mit neonationalsozialistischem Material, führten Feierlichkeiten zu Hitlers Geburtstag und gewalttätige Überfälle auf ihnen kritisch gegenüberstehende Personen und Einrichtungen durch. Eine Besonderheit der NF als neonationalsozialistische Gruppe kann in ihrer besonderen ideologischen Orientierung im Nationalsozialismus gesehen werden: Man bezog sich auf die Traditionslinie des Strasser-Flügels in der historischen NSDAP und gab sich ein befreiungsnationalistisches und sozialrevolutionäres Image. Dieses behinderte indessen nicht Kontakte zu und gemeinsame Aktionen mit anderen neonationalsozialistischen Organisationen. Ihre politischen Forderungen und Positionen propagierte die NF zum einen über Flugblätter, Plakate und Schmieraktionen und zum anderen über ihre Publikationsorgane "Aufbruch", "Hetzer" und "Klartext".[34] Seit Herbst 1991 rief der NF-Vorsitzende Schönborn zur Bildung eines "Nationalen Einsatzkommandos" (NEK) auf, womit offenbar die Gründung bewaffneter und militant vorgehender Kadergruppen beabsichtigt war. Diese Annahme wird auch dadurch bestätigt, daß im Sommer 1992 im Rahmen von Durchsuchungsaktionen bei NF-Aktivsten Waffen und Sprengsätze gefunden wurden. Da damit die Möglichkeit eines Verbots der Organisation real gegeben war und es obendrein noch zu internen Machtkämpfen kam, wurde Schönborn im Mai 1992 von seinem Amt als Vorsitzendem enthoben und eine neue NF-Führung gebildet.[35] Am 26. November 1992 verbot indessen Bundesinnenminister Seiters die Organisation, weil sich diese aktiv kämpferisch gegen die verfassungsmäßige Ordnung richte.[36]

---

[33] Vgl. VSB 1991, S. 100-102.

[34] Vgl. Margret Jäger, Lernziel: Gewalt. Die Jugendzeitschrift Klartext, in: Siegfried Jäger (Hrsg.), Rechtsdruck. Die Presse der Neuen Rechten, Bonn 1988, S. 195-219.

[35] Vgl. Sönke Braasch/Anton Maegerle, "Nationalistische Front" mit neuer Führung, in: Blick nach rechts, Nr. 24/1992, S. 2 f.

[36] Bundesminister des Innern, Verfügung vom 26. November 1992.

Ältere neonationalsozialistische Organisationen

Neben den bislang beschriebenen neonationalsozialistischen Organisationen, die in den achtziger Jahren entstanden, existieren bereits seit längerer Zeit ältere Organisationen, die ebenfalls diesem politischen Spektrum des Rechtsextremismus zugerechnet werden können. Es handelt sich dabei im einzelnen um die "Bürger- und Bauerninitiative", die "Deutsche Bürgerinitiative", "Die Deutsche Freiheitsbewegung" und die "Hilfsorganisation für nationale politische Gefangene und deren Angehörige".

Die "Bürger- und Bauerninitiative" (BBI) wurde im November 1971 durch den Agrarjournalisten Thies Christophersen[37] gegründet. Dieser war während des Zweiten Weltkriegs u. a. für die SS im Konzentrationslager Auschwitz als Gärnter tätig und arbeitete Ende der sechziger Jahre zeitweilig als Schriftleiter im Verlag von Gerhard Frey. Nach seiner Entlassung wegen redaktioneller Unstimmigkeiten gründete Christophersen 1969 die von ihm auch redaktionell betreute Zeitschrift "Die Bauernschaft", 1971 die BBI und 1972 den Kritik-Verlag mit seiner Schriftenreihe. Vor allem auf publizistischer Ebene betätigte er sich im Sinne einer Rechtfertigung des NS-Systems und der NS-Ideologie. So erschienen im Laufe der Jahre in der "Kritik"-Schriftenreihe mehrere Bücher und Broschüren, die die Zeit des Nationalsozialismus verherrlichten, Kriegsschuld und Judenvernichtung bestritten oder den Rassismus propagierten. Dazu zählten etwa Christophersens in relativ hoher Auflage auch in andere Sprachen übersetzte Broschüre "Die Auschwitz-Lüge"[38], ein die Massenvernichtung von Juden leugnender persönlicher Erlebnisbericht, eine Schrift ähnlichen Inhalts wie des französischen "Revisionisten" Robert Faurisson "Ich suchte - und fand die Wahrheit"[39] oder wie die Rassismus propagierende Schrift "Ist Rassebewußtsein verwerflich?" des Schweizer Rechtsex-

---

[37] Vgl. Backes/Jesse (Anm. 1), S. 281.

[38] Thies Christophersen, Die Auswitz-Lüge, Mohrkirch 1973.

[39] Robert Faurisson, Ich suchte - und fand die Wahrheit, Mohrkirch 1982.

tremisten Gaston-Armand Amaudruz.[40] Derartige Veröffentlichungen brachten Christophersen mehrfach Verurteilungen wegen Volksverhetzung ein. Einige der Publikationen wurden beschlagnahmt, aber über das Ausland, insbesondere Dänemark und die Schweiz, weiter in der Bundesrepublik Deutschland vertrieben. Um sich nicht weiter den Folgen juristischer Verurteilungen auszusetzen, floh Christophersen 1987 vor den Strafverfolgungsbehörden nach Dänemark. Von dort aus wurde durch den neonationalsozialistischen Nordland-Forlag seitdem auch die Zeitschrift "Die Bauernschaft", ein vierteljährlich erscheinendes Organ mit einerseits agrarpolitischem und andererseits neonationalsozialistischem Inhalt, vertrieben. Die Aktivitäten der BBI gingen bedingt durch Christophersens Abwesenheit immer mehr zurück, "Freundestreffen" fanden etwa seit 1987 gar keine mehr statt.[41] Im Juni 1988 übernahm der dänische Neonationalsozialist Henry Krog Pedersen den Vorsitz der BBI, nachdem Christophersen zurückgetreten war.[42] Zwei Jahre später, im Juni 1990, wurde die BBI ganz aufgelöst, Christophersens Aktivitäten beschränkten sich fortan auf die Herausgabe der "Bauernschaft", Vorträge[43] und die Mitarbeit bei der Entwicklung eines neonationalsozialistischen Medienzentrums um den Nordland-Forlag, der in dieser Hinsicht auch mit der NSDAP/AO in den USA zusammenarbeitet.

Die "Deutsche Bürgerinitiative" (DBI) entstand ebenso wie die BBI im November 1971. Ihr Gründer war der in einem nationalsozialistischen Elternhaus und durch NS-Erziehungseinrichtungen sozialisierte Rechtsanwalt Manfred Roeder[44], der als CDU-Mitglied in der zweiten Hälfte der sechziger Jahre durch Kampagnen gegen die Liberalisierung des Sexualstrafrechts eine gewisse Bekanntheit erlangte. Seit Beginn der siebziger Jahre geriet Roeder immer mehr in Kontakt mit

---

[40] Gaston-Armand Amaudruz, Ist Rassebewußtsein verwerflich? Das sozialrassistische Manifest, Kälberhagen 1975.

[41] Vgl. VSB 1987, S. 108 f.

[42] Vgl. VSB 1988, S. 125.

[43] Vgl. VSB 1990, S. 102.

[44] Vgl. Backes/Jesse (Anm. 1), S. 312 f.

rechtsextremen Kreisen, u.a. auch mit Christophersen zu dessen Buch "Auschwitz-Lüge" er ein Vorwort beisteuerte. Von einem 1975 erworbenen Anwesen aus verschickte er Rundbriefe, organisierte Protestaktionen, etwa gegen moderne Kunst oder für die Freilassung von Rudolf Heß, und sammelte Anhänger um sich. Nach Verurteilungen wegen Volksverhetzung floh Roeder vor den Strafverfolgungsbehörden 1978 ins Ausland, kehrte aber 1979 heimlich wieder zurück, um sich anregend und planend an den Anschlägen der terroristischen "Deutschen Aktionsgruppen" zu beteiligen. Im September 1980 wurde er verhaftet und 1982 zu einer 13jährigen Freiheitsstrafe wegen "Mittäterschaft durch Unterlassen" bei tödlich ausgehenden Anschlägen verurteilt. In der Zeit seiner Inhaftierung leitete seine Ehefrau Gertraud Roeder die DBI, verschickte die in der Haft entstanden Rundbriefe ("Europäische Freiheitsbewegung-Brief") und organisierte Treffen von Anhängern. Roeder wurde aufgrund eines Beschlusses des Bundesgerichtshofes im Februar 1990 vorzeitig aus der Haft entlassen und propagierte seine politischen Auffassungen in der bekannten Form publizistisch weiter.[45]

Obwohl "Die Deutsche Freiheitsbewegung" (DDF)[46] erst 1983 gegründet wurde, ist diese Organisation aufgrund der Person ihres Gründers und langjährigen Vorsitzenden Otto-Ernst Remer[47] ebenfalls dem älteren Neonationalsozialismus zuzurechnen. Remer wurde 1944 bekannt, als er als Kommandeur eines Wachregiments eine wichtige Rolle bei der Niederschlagung des Umsturzversuchs vom 20. Juli spielte und daraufhin von Hitler befördert wurde. Nach Kriegsende und Gefangenschaft engagierte sich Remer in der rechtsextremen "Sozialistischen Reichspartei" (SRP), u. a. als deren Stellvertretender Vorsitzender. 1952 wurde Remer wegen Beleidigung von Widerstandskämpfern verurteilt und floh nach weiteren Gerichtsverfahren ins Ausland. Nach jahrelanger politischer Abstinenz gründete er 1983 die DFF, die ihre

---

[45] Vgl. VSB 1991, S. 103 f.
[46] Vgl. Christians (Anm. 24), S. 185-189.
[47] Vgl. Backes/Jesse (Anm. 1), S. 310 f.

Aktivitäten offensichtlich weitgehend auf den Vertrieb von Publikationen beschränkte, so etwa der Monatsschrift "Der Bismarck-Deutsche", später in "Recht und Wahrheit" umbenannt, und zahlreicher Flugblätter. In diesen Veröffentlichungen wurden in bekannter Manier Führungspersonen des Dritten Reiches glorifiziert, NS-Verbrechen geleugnet, die deutsche Kriegsschuld am Zweiten Weltkrieg bestritten und antisemitische Behauptungen verbreitet. Interessant ist eine bestimmte ideologische Besonderheit der DFF im neonationalsozialistischen Spektrum: Sie trat zwar ebenfalls für eine bewaffnete Neutralität Gesamtdeutschlands ein, aber war in diesem Sinne durchaus bereit sich zur Sowjetunion als Bündnispartner zu öffnen und an eine deutsch-russische Partnerschaft zu appellieren. Im Juli 1989 löste Georg Albert Bosse Remer in seinem Amt als Vorsitzender ab. Dieser blieb aber als Ehrenvorsitzender an der Spitze der DFF.[48]

Und schließlich muß hier noch als ältere neonationalsozialistische Organisation die "Hilfsorganisation für nationale politische Gefangene und deren Angehörige" (HNG)[49] genannt werden. Die im Juli 1979 gegründete HNG versteht sich zum einen als Sammelorganisation der neonationalsozialistischen Szene und andererseits als Initiative zur Betreuung der inhaftierten deutschen Neonationalsozialisten. Vor allem nach dem Verbot der ANS/NA strömten dieser Organisation zahlreiche Anhänger Kühnens zu, der beabsichtigte, sie auf seinen politischen Kurs festzulegen. Dies gelang, als sich im Februar 1984 die Kühnen-Vertraute Christa Goerth nach einer Kampfabstimmung den bisherigen Vorsitzenden Henry Beier in seinem Amt ablöste. Die HNG war fortan eine sich nach außen eher unpolitisch gebende, tatsächlich aber indirekt für die FAP Basisarbeit betreibende Organisation, die vor allem Schulungen von Aktivisten durchführte und von älteren (Neo-) Nationalsozialisten erfolgreich Spenden mobilisieren konnte. Während der Haftzeit von Kühnen führte die HNG dann auch Flugblatt- und Plakataktionen unter dem Motto

---

[48] Vgl. VSB 1989, S. 123 f.

[49] Vgl. Christians (Anm. 24), S. 164-174.

"Freiheit für Michael Kühnen" durch. Darüber hinaus setzte man sich aber auch finanziell und juristisch für andere Neonationalsozialisten wie etwa Roeder oder Remer ein. In der Zeit innerparteilichen Auseinandersetzung in der FAP blieb die HNG immer auf Kühnen-Linie, was etwa daran ablesbar ist, daß seine Vertraute Goerth Vorsitzende blieb oder der Kühnen-Kritiker Ernst Tag 1987 aus der HNG ausgeschlossen wurde. Erst 1991 trat Goerth nach organisationsinternen Konflikten zurück, Nachfolgerin im Amt der HNG-Vorsitzenden wurde Ursula Müller. Sie veranstaltete mit ihrem Mann Curt Müller schon seit vielen Jahren auf ihrem Hof Treffen von in- und ausländischen Neonationalsozialisten, bei denen sich auch die unterschiedlichen deutschen Gruppen aus diesem Lager der extremen Rechten trafen. Laut Angaben des Bundesamtes für Verfassungsschutz verfügt die HNG über eine Mitgliederzahl von knapp 200.[50] Bei diesen wie bei allen anderen Angaben zu den Mitgliedern der neonationalsozialistischen Organisationen gilt es aber zu berücksichtigen, daß diese häufig gleichzeitig auch anderen Organisationen dieses politischen Spektrums des Rechtsextremismus als Mitglieder angehören.

Neuere neonationalsozialistische Organisationen

Neben den älteren und den in den achtziger Jahren gegründeten neonationalsozialistischen Organisationen gibt es auch neuere, die erst zu Beginn der neunziger Jahre entstanden. Dabei handelt es sich zum Teil um Abspaltungen, zum Teil um regionale Gruppen, zum Teil aber auch um Neugründungen aus bestimmten taktischen Gründen. Gründungen und auch Auflösungen vollziehen sich dabei so schnell, daß man, was auch wohl beabsichtigt ist, leicht die Übersicht verliert. Von daher erhebt die folgende wie die vorstehende Auflistung dieser Organisationen keinen Anspruch auf Vollständigkeit insbesondere hinsichtlich kleinerer und regionaler Gruppen.

[50] Vgl. VSB 1991, S. 99 f. und 103.

Eine neonationalsozialistische Neugründung war die aus ehemaligen Aktivisten und Funktionären der FAP im Juli 1990 entstandene "Nationale Offensive" (NO), die sich als Sammelbecken enttäuschter FAP-Anhänger und Sympathisanten verstand[51] und Ende Dezember 1992 durch den Bundesinnenminister verboten wurde.[52] Im Sommer 1991 hatten Anhänger Kühnens verschiedene Regionalparteien gegründet, im Juni die Vereinigung "Deutsches Hessen" (DH) in Hessen, im Juli den "Nationalen Block" (NB) in Bayern und im August die "Sächsische Nationale Liste" (SNL) in Sachsen.[53] Nach dem Tod Kühnens im April 1991 übernahm der Österreicher Gottfried Küssel die Führungsrolle im deutschen Neonationalsozialismus und versuchte sich in ähnlicher Weise wie sein Vorgänger zu betätigen. Allerdings besitzt Küssel offensichtlich weder im organisatorischen noch im propagandistischen Bereich das Format Kühnens. Darüber hinaus warf man ihm aus den eigenen Reihen arrogantes Auftreten und Phrasendrescherei vor. Küssels politisches Wirken wurde schließlich noch durch ein gegen ihn im Mai 1991 von seiten des Bundesinnenministeriums verhängtes Einreiseverbot sowie durch seine Verhaftung wegen Wiederbetätigung im nationalsozialistischen Sinne Anfang Januar 1992 in Wien eingeschränkt.[54] Als neue Führungsfigur im neonationalsozialistischen Lager hat sich inzwischen der Hamburger Funktionär der NL Christian Worch, ein langjähriger Vertrauter Kühnens, durchgesetzt. Er war nicht nur treibende Kraft bei der Organisation überregionaler Veranstaltungen der Neonationalsozialisten; er scheint auch nach Informationen des Verfassungsschutzes Vereinigungsversuche innerhalb dieses politischen Lagers der extremen Rechten voranzubringen.[55]

---

[51] Vgl. ebda., S. 98f.

[52] Bundesminister des Inneren, Verfügung vom 22. Dezember 1992.

[53] Vgl. Neonazis gründen neue Parteien, in: Innere Sicherheit, Nr. 5/1991, S. 7.

[54] Vgl. VSB 1991, S. 93.

[55] Vgl. Rechtsextremisten arbeiten weiter an Vernetzung, in: Die Tageszeitung v. 3. Dezember 1992.

2. Rechtsextreme Jugend- und Kulturorganisationen

Zu den nicht an Parteien gebundenen rechtsextremen Organisationen gehören neben den genannten neonationalsozialitischen Gruppen vor allem auf bestimmte Zielgruppen orientierte Vereinigungen. Dies sind zum einen Organisationen, die insbesondere Jugendliche ansprechen wollen, und zum anderen solche, die über einen bestimmten kulturellen thematischen Zusammenhang Mitglieder um sich sammeln.

Rechtsextreme Jugendorganisationen

Rechtsextreme Jugendorganisationen hat es in der Geschichte der Bundesrepublik Deutschland immer wieder gegeben[56], allerdings existierten sie in der Regel nicht selbständig, sondern waren direkt oder indirekt an Parteien oder Organisationen von Erwachsenen angebunden. Dies gilt auch mehrheitlich für die Anfang der neunziger Jahre aktiven rechtsextremen Jugendorganisationen, die in der Regel strikt an die "Mutterorganisation" angelehnt agieren, zum Teil aber auch eine gewisse Eigenständigkeit beanspruchen. Letzteres gilt offensichtlich für die Jugendorganisation der REP, die "Republikanische Jugend", die eng angebunden und keine Partei in der Partei sein soll, allerdings die offizielle taktische Linie der REP-Führung nicht mittragen will. Vertreter der "Republikanischen Jugend" schlugen schärfere und deutlich mehr rechtsextreme Töne an, was von seiten des Bundesvorstandes der Partei mit Distanzierungen bedacht wurde, während der Parteivorsitzende derartiges Verhalten nachsichtig als Irrungen der Jugend entschuldigte.[57] Ähnliche Auseinander-setzungen zwischen Partei und Jugendorganisation gab es Anfang der siebziger Jahre auch in der NPD, als die JN extremere Politikvorstellungen und militantere Aktionsformen

---

[56] Vgl. Peter Dudek, Jugendliche Rechtsextremisten. Zwischen Hakenkreuz und Odalsrune 1945 bis heute, Köln 1985; Rechtsradikale Jugendorganisationen. Beiträge und Dokumentation, München 1979.
[57] Vgl. Auch mal irren, in: Der Spiegel 46 (1992), H. 31, S. 51.

befürwortete und damit gegen die Parteileitung opponierte. Verbreiteter dürfte aber im Rechtsextremismus ein konformes Verhältnis von "Mutterorganisation" und Jugendverband sein, was gewisse Neigungen zu extremen Formen von letzterem nicht unbedingt ausschließen muß, handelt es sich doch meist nur um taktische Differenzen.

Zu den an Parteien oder Organisationen gebundenen aktiven rechtsextremen Jugendorganisationen zählen neben der "Republikanischen Jugend" vor allem die "Jungen Nationaldemokraten" (JN)[58] der NPD, die 1991 nach Angaben des Verfassungsschutzes 550 Mitglieder hatten und sich angesichts des Niedergangs der NPD um eine Abgrenzung und mehr Eigenprofil hin zu extremeren Positionen bemühten. Im Jahr 1990 dehnte man sich organisatorisch auf die neuen Bundesländer aus, entfaltete darüber hinaus aber offenbar keine besonderen Aktivitäten, sieht man von der Herausgabe des Mitteilungsblattes "Junge Stimme" ab. Ein NPD-Studentenverband, "Nationaldemokratischer Hochschulbund" (NHB), existiert noch mit 50 Mitgliedern und veröffentlicht lediglich eine neue, ebenfalls für einen schärferen Kurs plädierende Zeitschrift unter dem Titel "Vorderste Front".[59] Andere angegliederte rechtsextreme Jugendorganisationen, etwa die "Bismarck-Jugend" der DDF, sind nicht von besonderer Bedeutung. Dies gilt auch für die organisationsunabhängigen Jugendorganisationen, allerdings mit Ausnahme der "Wiking-Jugend".

"Wiking-Jugend" (WJ)

Die "Wiking-Jugend" (WJ)[60] ist die älteste rechtsextreme Organisation der Bundesrepublik Deutschland und wurde bereits

---

[58] Vgl. Dudek (Anm. 56), S. 140-153.

[59] Vgl. VSB 1991, S. 112f.; Landesminister des Inneren (Hrsg.), Verfassungsschutzbericht des Landes Nordrhein-Westfalen 1991, Düsseldorf 1992, S. 18 - 20; Christian Nigl, Krise in der JN, in: Blick nach rechts, Nr. 2/1992, S. 3 f.

[60] Vgl. Dudek (Anm. 56), S. 127-139.

im Dezember 1952 gegründet. Indirekt handelt es sich sogar um eine Nachfolgeorganisation der im gleichen Jahr verbotenen rechtsextremen "Sozialistischen Reichspartei", deren Jugendreferent Walter Matthaei ("Kamerad Walter") der erste Bundesführer der WJ wurde. Offiziell gab man sich zwar als "volkstreue Jugendbewegung" auf den Boden des Grundgesetzes, tatsächlich aber orientierte sich die WJ organisatorisch wie ideologisch an der "Hitler-Jugend". Letztes zeigt sich etwa an der von ihr propagierten "Nordland"-Vorstellung, einer rassistischen Ideologie von der Überlegenheit des "Nordischen", die in den Ferien- und Zeltlagern der Organisation neben einer paramilitärischen Ausbildung der Jugendlichen vermittelt wurde. Von daher verwundert auch nicht die in Teilen der WJ unverkennbare Tendenz zu offenem Neonationalsozialismus und Gewaltorientierung: Ideologisch wie personell hatte die Organisation die Funktion eines "Durchlauferhitzers" für zahlreiche, auch straffällig gewordene rechtsextreme Aktivisten wie etwa den Terroristen Odfried Hepp. Darüber hinaus bestehen offensichtlich enge Kontakte in den organisierten Neonationalsozialismus, etwa die FAP oder NF, hinein.

Die Führungsmannschaft der WJ nimmt mehr und mehr den Charakter eines Kaderzirkels dieses politischen Lagers im deutschen Rechtsextremismus an. Gleichzeitig zeichnet sich auch eine gewisse Annäherung an die NPD ab: Deren Vorsitzender Deckert ließ trotz eines formalen Abgrenzungsbeschlusses seiner Partei 1991 ein Grußwort an das WJ-Bundestreffen übermitteln, das dort in der Hoffnung auf ein geregeltes Nebeneinander von WJ und NPD bzw. JN positiv aufgenommen wurde. Seit Herbst 1990 erstrecken sich die WJ-Aktivitäten auch stärker in die neuen Bundesländer, wo man neue Organisationsstrukturen aufbauen und Anhänger für die laut Angaben des Bundesamtes für Verfassungsschutz rund 400 Mitglieder starke Organisation werben konnte.[61] Grundsätzlich gilt es bei der WJ wie bei einigen anderen rechtsextremen Jugendorganisationen zu beachten, daß zwar die poli

[61] Vgl. VSB 1990, S. 114 f.; VSB 1991, S. 117 f.

tische Führung und die wichtigsten Aktivisten rechtsextrem eingeschätzt werden müssen, gleiches indessen nicht für alle Mitglieder gelten kann, da diese teilweise sogar noch im Kindesalter sind. Sie werden oft mehr von den Freizeit- und Sportangeboten, der Kameradschaft und Lagerfeuerromatik als von der politischen Ideologie dieser Gruppen angezogen, die den Teilnehmern der Zeltlager dann aber direkt oder indirekt indoktriniert werden soll.

Rechtsextreme Kulturorganisationen

Neben den auf Jugendliche als besondere Zielgruppe orientierten rechtsextremen Organisationen gibt es noch eine ganze Reihe von Zusammenschlüssen, deren Mitglieder sich diesen aus Interesse an bestimmten inhaltlichen Schwerpunkten anschließen. Dazu gehören politische Gesellschaften, Diskussionszirkel, Intellektuellengruppen, auf die Propagierung bestimmter Ideologieelemente abzielende Organisationen ebenso wie religiöse Sekten mit rechtsextremer Einstellung. Sie sollen hier als Kulturorganisationen im weitesten Sinne bezeichnet werden.

"Gesellschaft für freie Publizistik" (GFP)

Die mitgliederstärkste rechtsextreme Kulturorganisation ist die im September 1960 gegründete "Gesellschaft für freie Publizistik" (GfP)[62], die sich als eine Art überparteiliche Sammelorganisation von im publizistischen Bereich aktiven Rechtsextremisten unterschiedlicher ideologischer Orientierungen verstand. Daher gehörten ihr auch überwiegend Redakteure und Journalisten, Schriftsteller und Wissenschaftler, Buchhändler und Verleger an, die mit der Organisation eine

---

[62] Vgl. Peter Dudek/Hans-Gerd Jaschke, Entstehung und Entwicklung des Rechtsextremismus in der Bundesrepublik. Zur Tradition einer besonderen politischen Kultur. Bd. 1, Opladen 1984, S. 47-50.

Art Publikationskartell im rechtsextremen Lager bilden wollten. Da man sich mit den eigenen politischen Positionen im Gegensatz zur Mehrheitskultur sah, bestand das eigentliche Ziel zunächst darin, für eigene Bücher und Zeitschriften einen Markt zu schaffen. Inhaltlich handelte es sich vor allem um Veröffentlichungen, die die NS-Zeit verharmlosten und die Schuld des Nationalsozialismus am Ausbruch des Zweiten Weltkriegs bestritten oder dessen Verbrechen leugneten bzw. relativierten. Insbesondere die Verlage Druffel, Türmer und Vowinckel verfügten über ein entsprechendes Programm, und es war von daher auch kein Zufall, daß deren Leiter Gerd Sudholt sich lange Jahre in der GfP an führender Stelle, auch als Vorsitzender, betätigte. Darüber hinaus führte die Organisation zahlreiche politische und kulturelle Veranstaltungen durch, u.a. jährliche Kongresse mit prominenten Referenten des rechtsextremen Lagers, deren Vorträge als Aufsätze in der Zeitschrift "Nation Europa" erschienen. In den siebziger Jahren verlor die GfP an Bedeutung, was sicherlich mit ihrem nicht mehr zeitgemäßen thematischen Bezug auf NS-Zeit und Zweiten Weltkrieg zusammenhing.

Trotzdem blieb die GfP die bedeutendste rechtsextreme Kulturorganisation bis in die neunziger Jahre hinein. Sie zählt laut Angaben des Verfassungsschutzes 1991 rund 400 Mitglieder[63] und führte mehrere Vortragsveranstaltungen mit bekannten Rechtsextremisten durch: Dazu gehörten 1989 etwa der ehemalige NPD-Theoretiker Rolf Kosiek, der Rechtsanwalt und NF-Aktivist Jürgen Rieger, der ehemalige NPD-Vorsitzende Adolf von Thadden und der jetzige NPD-Vorsitzende Günter Deckert, 1990 ebenfalls Kosiek und von Thadden[64] und 1991 der britische Schriftsteller und "Revisionist" David Irving sowie die DL-Funktionäre Harald Neubauer und Karl Richter. Von der politischen Zuordnung der Referenten her könnte die GfP als NPD- und DL-nah angesehen werden. Im Mai 1991 trat der seit 1985 amtierende Vorsitzende Sud-

[63] Vgl. VSB 1991, S. 116.
[64] Vgl. VSB 1989, S. 132; VSB 1990, S. 113.

holt von seinem Amt angeblich aus persönlichen Gründen zurück. Nachfolger wurde der bisherige Stellvertreter Rolf Kosiek, Mitarbeiter beim rechtsextremen Grabert-Verlag. Als seine Stellvertreter wählte man den früheren NPD- und jetzigen DL-Funktionär Peter Dehoust, der die wichtige rechtsextreme Zeitschrift "Nation und Europa" herausgibt, sowie den Verleger Waldemar Schütz, der seit Jahrzehnten die NS-Zeit und den Zweiten Weltkrieg verharmlosende und verherrlichende Bücher publiziert.[65]

Ähnlich wie die GfP arbeiten auch andere rechtsextreme Kulturorganisationen, wobei es sich allerdings um kleinere Zusammenschlüsse mit relativ geringer Bedeutung handelt. Dazu gehören etwa der deutsch-österreichische "Freundeskreis Ulrich von Hutten", der zwar rund 300 Mitglieder zählt, aber über die Herausgabe seiner mit rassistischen und "revisionistischen" Inhalten gefüllten "Huttenbriefe" hinaus kaum Aktivitäten entfaltete. Außerdem sei hier noch die "Deutsch-Europäische Studiengesellschaft" (DESG) genannt, die regelmäßig Seminare durchführt und das Nachrichtenblatt "DESG-inform" herausgibt.

"Thule-Seminar"

Wichtiger sind rechtsextreme Organisationen, die vor allem Intellektuelle sammeln und ansprechen wollen, um auf diese Weise die traditionelle Theoriefeindlichkeit der deutschen extremen Rechten zu überwinden. Gleichzeitig wird eine Modernisierung des Rechtsextremismus sowohl auf ideologischer als auch auf strategischer Ebene angestrebt. Vorbild für derartige Bestrebungen ist die zeitweise überaus erfolgreich wirkende französische Neue Rechte, organisiert im "Groupement de recherche et d'études pour la civilisation européenne" (GRECE) um ihren führenden Theoretiker Alain de

---

[65] Vgl. Sönke Braasch, Wechsel in der GFP-Führungsspitze, in: Blick nach rechts, Nr. 17/1992, S. 6 f.

Benoist.[66] Es handelt sich um eine Intellektuellengruppe, die mit einer kulturrevolutionären Strategie ihre politischen Positionen diskursfähig machen will. Intellektuelle und Mulitiplikatoren sollten angesprochen und damit eine Veränderung des politischen Klimas in ihrem Sinne der Neuen Rechten bewirkt werden. Strategische Mittel in diesem "Kampf um die Köpfe" waren Kontakte zu Wissenschaftlern, nationale Kolloquien mit relativ großer öffentlicher Beachtung, ein eigenes Publikationsnetz, vielbeachtete Monographien (vor allem von Benoist) und die zeitweilige redaktionelle Mitarbeit an wichtigen Wochenzeitungen. Nachdem Ende der siebziger, Anfang der achtziger Jahre die GRECE in Frankreich zum Gegenstand breiten öffentlichen Interesses geworden war und sie auch beachtliche Erfolge in ihrer politischen Arbeit verbuchen konnte, nahm sich auch die bundesdeutsche, mehrheitlich traditionalistisch geprägte extreme Rechte des Phänomens an.[67] Darüber hinaus versuchte man eine deutsche Sektion der GRECE ins Leben zu rufen.

Als eine solche versteht sich das "Thule-Seminar"[68], das 1980 als "Arbeitskreis für die Erforschung der europäischen Kultur" von dem diplomierten Juristen und Politologen Pierre Krebs gegründet wurde. Eine erste Veröffentlichung dieser Organisation war der im Jahre 1981 im rechtsextremen Grabert-Verlag erschienene, von Krebs herausgegebene Sammelband "Das unvergängliche Erbe. Alternativen zum Prinzip der Gleichheit"[69]. Er enthielt neben dem Vorwort des be-

---

66 Vgl. Armin Pfahl-Traughber, GRECE - Die Neue Rechte in Frankreich, in: Vorgänge 30 (1991), H. 113, S. 15-27.

67 Vgl. Christoph Schütte, Intellektuellendämmerung und Völkerwachen. Die Rezeption der Nouvelle Droite in Deutschland, in: Vorgänge 31 (1992), H. 116, S. 51 - 60.

68 Vgl. Ak Neue Rechte (Hrsg.), Thule-Seminar. Spinne im Netz der Neuen Rechten, Kassel 1990 (eine den Einfluß des Thule-Seminars allerdings überschätzende Darstellung); Hermann Gilbhard/Holger Goblirsch, Rückkehr des Rassenwahns? Die Ideologie der "Neuen Rechten", in: Benz (Anm. 1), S. 213-223.

69 Pierre Krebs (Hrsg.), Das unvergängliche Erbe. Alternativen zum Prinzip der Gleichheit, Tübingen 1981.

kannten Psychogenetikers Hans Jürgen Eysenck Aufsätze von französischen und deutschen Theoretikern der Neuen Rechten wie Alain de Benoist, Guillaume Faye und Armin Mohler sowie von anderen rechtsextremen Intellektuellen, u. a. unter Pseudonym einen Beitrag des noch vorzustellenden Jürgen Rieger. Offensichtlich plante der Grabert-Verlag in Zusammenarbeit mit Krebs eine Fülle von Publikationen, wozu zahlreiche Übersetzungen von Benoists Werken ebenso wie eine kleinere Veröffentlichung von Krebs selbst zählten.[70] Mitte der achtziger Jahre muß es dann aber wohl zum Bruch zwischen dem "Thule-Seminar" und dem Grabert-Verlag gekommen sein. Krebs beschäftigte sich fortan mit der Herausgabe einer deutschen Ausgabe des GRECE-Organs "Eléments", "Elemente (zur Metapolitik)"[71], die neben Übersetzungen von Benoists und Fayes Artikel auch Beiträge von deutschen rechtsextremen Intellektuellen enthielt. 1986/87 erschienen drei Ausgaben, 1990 erst eine vierte, jeweils in einer Auflage von 5.000. Allein das unregelmäßige Erscheinen belegt, daß Krebs mit seinem "Thule"-Projekt materiell und ideell nicht recht vorankam. Diese Einschätzung wird auch dadurch bestätigt, daß ein weiterer lange Jahre angekündigter Sammelband erst 1988 unter dem Titel "Mut zur Identität"[72] im obskuren, noch näher vorzustellenden Verlag für ganzheitliche Forschung und Kultur erschien.

Über die publizistischen Bemühungen hinaus wurde das "Thule-Seminar" offenbar nicht aktiv, sieht man einmal von

---

[70] Alain de Benoist, Die entscheidenden Jahre. Zur Erkennung des Hauptfeindes, Tübingen 1982; Ders., Heide sein zu einem neuen Anfang. Die europäische Glaubensalternative, Tübingen 1982; Ders., Aus rechter Sicht. Eine kritische Anthologie zeitgenössischer Ideen, Tübingen 1984; Pierre Krebs, Die europäische Wiedergeburt. Aufruf zur Selbstbesinnung, Tübingen 1982.

[71] Vgl. Siegfried Jäger, Selbstaufgabe oder Widerstand? Elemente - Zeitschrift für den "Gegenangriff der Intelligenz", in: Jäger (Anm. 34), S. 85-117; Armin Pfahl-Traughber, Rechte Intelligenzblätter und Theorieorgane, in: Vorgänge 31 (1992), H. 116, S. 37-50, S. 42 f.

[72] Pierre Krebs (Hrsg.), Mut zur Identität. Alternativen zum Prinzip der Gleichheit, Struckum 1988.

den zahlreichen Vorträgen Krebs' ab, der bei den verschiedensten rechtsextremen Organisationen als Referent auftrat.[73] Trotz der damit verbundenen Kontakte gelang es offenbar nicht das "Thule-Seminar" organisatorisch wie finanziell auf eine solide Grundlage zu stellen, womit auch der Versuch scheiterte, in dieser Form eine Organisation für rechtsextreme Intellektuelle zu schaffen. Die Gründe dafür dürften zum einen in der Person von Krebs zu sehen sein, da der "Thule"-Vorsitzende mit seinen meist sehr schwülstig vorgetragenen Positionen eher abschreckte, somit das "Thule-Seminar" ein auf ihn konzentriertes Unternehmen blieb und er darüber hinaus offensichtlich den Aufbau der Organisation nicht voranbringen konnte. Zum anderen wurde von seiten anderer rechtsextremer Intellektueller Vorbehalte geäußert: Man kritisierte die geringe Bedeutung der Regionalismus- und Ökologiethematik, den Aufbau falscher politischer Fronten durch die Ablehnung des Christentums und die Propagierung des Heidentums sowie die elitäre Politikkonzeption.[74] Von ihren politikwissenschaftlichen Kritiker wurde das "Thule-Seminar" und die Zeitschrift "Elemente" indessen stark überschätzt. Eine "Ideologiefabrik der Neuen Rechten", ähnlich der der GRECE in Frankreich, wollte man zwar gerne sein; dieser Anspruch konnte aber nicht erfolgreich umgesetzt werden. Trotzdem gewannen die Positionen der französischen Neuen Rechten in der Bundesrepublik Deutschland einen gewissen Einfluß. Aber einen bedeutenden deutschen Ableger der GRECE gibt es nicht, ebensowenig wie eine vergleichbare andere Organisation der rechtsextremen Intellektuellen. Ein entsprechender Formierungsprozeß zeichnet sich indessen mit der Gründung von zur Zeit noch locker organisierten Arbeitskreisen ab.

[73] Vgl. dic Auflistung bei AK Neue Rechte (Anm. 68), S. 60-64.

[74] Vgl. Klaus Schönekäs, Bundesrepublik Deutschland, in: Franz Greß/Hans-Gerd Jaschke/Ders., Neue Rechte und Rechtsextremismus in Europa, Opladen 1990, S. 218-349, hier S. 280.

"Gesellschaft für biologische Anthropologie, Eugenik und Verhaltensforschung" (GfbAEV)

Ein ähnliches Projekt wie das "Thule-Seminar" ist eine andere ebenfalls von dem GRECE beeinflußte Organisation: die "Gesellschaft für biologische Anthropologie, Eugenik und Verhaltensforschung" (GfbAEV)[75]. Die Organisation erweckt zwar mit ihrem Namen den Eindruck eines Zusammenschlusses von Wissenschaftlern, dient aber tatsächlich zur öffentlichen Verbreitung rechtsextremer und insbesondere rassistischer Auffassungen. Für diese politischen Absichten steht auch der langjährige Vorsitzende der GfbAEV Jürgen Rieger[76], der als Multi-Aktivist im rechtsextremen Lager eine wichtige Rolle spielt. Der 1946 geborene Rieger betätigte sich bereits in den sechziger Jahren als Jura-Student in verschiedenen rechtsextremen Organisationen, etwa der "Aktion Oder-Neiße", und veröffentlichte 1969 eine rassistische Broschüre[77], die später als jugendgefährdend auf den Index gesetzt wurde. In den folgenden beiden Jahrzehnten setzte Rieger seine rechtsextremen Aktivitäten fort, so als Mitglied der WJ, als Funktionär neuheidnischer Glaubensgemeinschaften, im Umfeld der FAP, als Referent für die GfP oder ideologischer Wortführer der NF. Bekannt wurde Rieger aber vor allem als Anwalt von Rechtsextremisten meist neonationalsozialistischer Orientierung wie etwa Thies Christophersen, Michael Kühnen, Meinolf Schönborn und Ernst Zündel. Seit 1972 ist Rieger auch Vorsitzender der GfbAEV.

Diese Organisation arbeitet eng mit ähnlichen Gruppen und Zeitschriften in Großbritannien ("The Mankind Quarterly") und Frankreich ("Nouvelle Ecole" = GRECE-Organ) zusam-

---

[75] Vgl. Michael Billig, Die rassistische Internationale. Zur Renaissance der Rassenlehre in der modernen Psychologie, Frankfurt/M. 1981, S. 116-135.

[76] Vgl. ebda., S. 118-122; Anton Maegerle, Staranwalt von Alt- und Neonazis: "Rechts"-Anwalt Jürgen Rieger, in: Blick nach rechts, Nr. 13/1992, S. 2-5.

[77] Jürgen Rieger, Rasse - ein Problem auch für uns, Hamburg 1969.

men und bemüht sich, die unter Psychologen und Anthropologen schon seit längerer Zeit wieder geführte Diskussion um den Einfluß der Vererbung auf den Menschen zu einer verbal modernisierten "Rassenwissenschaft" zu entwickeln. Bei diesen Bestrebungen konnten die genannten Gruppen erfolgreich um Unterstützung durch recht bekannte Wissenschaftler wie etwa Konrad Lorenz, Hans-Jürgen Eysenck[78] und Arthur Jensen werben. Diese traten auf Kongressen der Organisationen auf oder betätigten sich im Wissenschaftlichen Beirat und als Autoren in deren Zeitschriften. Außerdem organisierten diese Gruppen unter Wissenschaftlern Unterschriftenaktionen, die die größere öffentliche Beachtung des Einflusses der Vererbung forderten. Daraus entstanden entsprechende Flugblätter, die mit anderen der Gruppen zusammen direkt an bestimmte Zielgruppen, vor allem Schullehrer, verschickt wurden, um auf diese Weise unter wissenschaftlichem Schein auf diese Einfluß auszuüben. Dazu dient der GvbAEV außerdem die vierteljährlich erscheinende Zeitschrift "Neue Anthropologie", die sich in Form und Inhalt als wissenschaftliches Fachorgan gibt, tatsächlich aber direkt oder indirekt für Auffassungen im Sinne der "Rassenlehre" des im und auf den Nationalsozialismus einflußreich wirkenden Hans F. K. Günther eintritt. In den letzten Jahren ging die Bedeutung der GvbAEV eher zurück und beschränkte sich weitgehend auf die Veröffentlichung von rassistischen und ausländerfeindlichen Flugblättern.

Neuheidnische Glaubensgemeinschaften

Zu den sich um ein besonderes Thema gruppierenden rechtsextremen Kulturorganisationen gehören auch die neuheidnischen Glaubensgemeinschaften, die seit den siebziger Jah-

[78] Vgl. Axel Hirsch (Hrsg.), Rechte Psychologie. Hans Jürgen Eysenck und seine Wissenschaft, Heidelberg 1989.

ren eine gewisse Renaissance erleben.[79] Es handelt sich dabei um Gruppen, die das Christentum ablehnen, allerdings nicht im atheistischen oder freidenkerischen Sinne, sondern aus der Sicht eines "arteigenen" Glaubens, der hier im Germanentum und seiner Religion gesehen wird. Mit diesen Vorstellungen eng verbunden sind nationalistische, rassistische und völkische Ideologieelemente, so daß diese neuheidnischen Glaubensgemeinschaften eindeutig dem Rechtsextremismus zugeordnet werden können. Hinzu kommen noch personelle Gemeinsamkeiten, wofür der erwähnte Jürgen Rieger als anschauliches Beispiel genannt werden kann: Er ist Leiter der wichtigen heidnischen Organisation "Artgemeinschaft" und verantwortlicher Redakteur der dieser nahestehenden "Nordischen Zeitung". Zu den einzelnen am Germanen-Glauben festhaltenden besonderen rechtsextremen Gruppen[80] gehören außerdem die "Arbeitsgemeinschaft naturreligiöser Stammverbände Europas", der "Armanen-Orden", die "Deutschgläubige Gemeinschaft", die "Germanische Glaubens-Gemeinschaft" und die "Heidnische Gemeinschaft". Aktivitäten entfalten die neuheidnischen Glaubensgemeinschaften meist nur intern, etwa durch gemeinsame Besichtigungen von Kultstätten, religiöse Feiern, Lehrgänge und Wanderungen. Von daher haben sie - selbst für den Rechtsextremismus - nur geringe Bedeutung. Allerdings läßt sich durchaus ein zwar noch geringes, aber doch ansteigendes Interesse an derartigen Glaubensgemeinschaften beobachten. Hinzu kommt, daß es durchaus ideologische Verbindungslinien und Zugänge zu den keineswegs bedeutungslosen esoterischen Kreisen im Sinne der "New Age"-Bewegung gibt.[81]

---

[79] Vgl. Friedrich W. Haack, Wotans Wiederkehr. Blut-Boden- und Rassereligion, München 1981 (allerdings mit vielen Faktenfehlern); Karlheinz Weißmann, Druiden, Goden, Weise Frauen. Zurück zu Europas alten Göttern, Freiburg 1991.

[80] Vgl. Anton Maegerle, Neuheidentum und neugermanische Glaubensgemeinschaften, in: Blick nach rechts, Teil 1: Nr. 25/1991, S. 6 f.; Teil 2: Nr. 26/1991, S. 2-4.

[81] Vgl. Eduard Gugenberger/Roman Schweidlenka, Mutter Erde, Magie und Politik zwischen Faschismus und neuer Gesellschaft, Wien 1987; Roman Schweidlenka, Altes blüht aus den Ruinen. New Age

Im Zusammenhang mit rechtsextremen Religionsgemeinschaften muß hier noch auf eine besondere Organisation verwiesen werden: den "Bund für Gotterkenntnis", ein Zusammenschluß der Anhänger des "Hauses Ludendorff".[82] In den zwanziger Jahren entstand um den ehemaligen General Erich Ludendorff und seine Frau Mathilde ein Kreis von Anhängern, der zum einen überall eine jüdisch-freimaurerisch-jesuitische Verschwörung witterte und zum anderen für die "arteigene Gotterkenntnis", eine rassistisch motivierte Religionsauffassung, eintrat. Nach 1945 betätigte sich der Kreis trotz zeitweiligen Verbots unter Leitung von Mathilde Ludendorff[83] bis zu ihrem Tod 1966 und danach von ihrem Schwiegersohn Franz Karg zu Bebenburg geleitet. Auch heute noch ist dieser mehrere hundert Mitglieder starke "Bund für Gotterkenntnis" noch aktiv, allerdings nur durch Vortragsveranstaltungen und die Herausgabe der in einer Auflage von 2.300 erscheinenden Zeitschrift "Mensch und Maß" sowie die Veröffentlichung der Werke von Mathilde Ludendorff und ihrer Anhänger im eigenen Verlag Hohe Warte.[84] Die Existenz dieses Bundes ist ein Beispiel für die bemerkenswerte Langlebigkeit von rechtsextremen Kulturorganisationen.

3. Organisationsunabhängige rechtsextreme Verlage

Zum nicht parteiförmig organisierten Rechtsextremismus zählt neben den politischen Gruppen und Organisationen auch der Medienbereich im weitesten Sinne. Damit sind einerseits die Buch- und Zeitschriften-Verlage und andererseits die Pu-

---

und neues Bewußtsein, Wien 1989 (eine informative, die politische Instrumentalisierung der "New Age"-Szene aber übertreibende Darstellung).

[82] Vgl. Winfried Martini, Die Legende vom Hause Ludendorff, Rosenheim 1949.

[83] Vgl. Backes/Jesse (Anm. 1), S. 301-303.

[84] Vgl. Friedrich Klein, Sektenumtriebe in Süddeutschland, in: Blick nach rechts, Nr. 16/1992, S. 4.

blikationsorgane, also Zeitungen und Zeitschriften, gemeint.

Grabert-Verlag

Der größte organisationsunabhängige rechtsextreme Verlag dürfte der Tübinger Grabert-Verlag[85] sein. Dieser wurde 1953 noch unter dem Namen "Verlag der deutschen Hochschullehrer-Zeitung" von Herbert Grabert, einem ehemaligen hohen Beamten und Dozenten in Rosenbergs "Reichsministerium für die besetzten Ostgebiete", gegründet. Da Grabert nach 1945 Lehrverbot erhielt und auch nicht in den Staatsdienst übernommen wurde, strebte er zunächst danach, ebenfalls von derartigen Maßnahmen betroffene Akademiker, insbesondere Hochschullehrer, um sich zu sammeln und diesen ein publizistisches Forum zu geben. Zunächst entstand nur ein kleines Mitteilungsblatt, das unter dem Titel "Mitteilungen für den 131er Hochschullehrer im Auftrage des Verbandes der nichtamtierenden (amtsverdrängten) Hochschullehrer und der Forschungshilfe" und ab 1955 dann als umfangreichere Zeitschrift unter dem Titel "Hochschullehrer-Zeitung" erschien. Parallel zu deren Herausgabe veröffentlichte Grabert in seinem Verlag auch Bücher, u. a. 1961 das später als "revisionistischer Klassiker" geltende Werk des US-amerikanischen Autors David L. Hoggan, "Der erzwungene Krieg", in dem die Schuld des NS-Staates am Ausbruch des Zweiten Weltkriegs geleugnet wurde. Ganz in diesem Sinne war auch das übrige Verlags-Programm, das überwiegend darauf abzielte, den Nationalsozialismus zu verharmlosen oder zu entschuldigen, den Kriegsgegnern Deutschlands im Zweiten Weltkrieg verbrecherisches Handeln vorzuwerfen und in unterschiedlicher Form nationalistisches und völkisches Gedankengut zu verbreiten. In diesem Sinne war auch

[85] Vgl. Bericht über neonazistische Aktivitäten 1979. Eine Dokumentation, München 1980, S. 208-210; Anton Maegerle, Der Tübinger "Grabert-Verlag" feiert das 40jährige Bestehen von "Deutschland in Geschichte und Gegenwart", in: Blick nach rechts, Nr. 10/1992, S. 2 f.

die "Hochschullehrer-Zeitung" konzipiert, die seit 1972 unter dem Titel "Deutschland in Geschichte und Gegenwart" erscheint. Als formaler organisatorischer Rahmen wurde für die Veröffentlichungen das "Institut für Deutsche Nachkriegsgeschichte" gegründet. Es entfaltete aber keine eigenständigen Aktivitäten, und ihm gehören offensichtlich nur die engeren Mitarbeiter des Verlages an. Nach dem Tod von Herbert Grabert übernahm 1978 sein Sohn Wigbert Grabert die Leitung des Verlages. Dieser leitete auch kurz darauf eine Zusammenarbeit mit dem Kasseler "Thule-Seminar" um Pierre Krebs in die Wege, ein Projekt, das allerdings Mitte der achtziger Jahre in dieser Form scheiterte. Eine Orientierung des Verlages auf die Neue Rechte zum einen und auf ein größeres Publikum zum anderen ergab sich erst im Zusammenhang mit der Gründung eines Schwester-Verlages.

Das Buchprogramm des Grabert-Verlags weist folgende thematische Schwerpunkte auf: Wie gewohnt herrscht Literatur vor, die sich in verharmlosender Weise mit der Zeit des Nationalsozialismus beschäftigt. Dazu gehören etwa Werke, die die Schuld der NS-Führung am Ausbruch des Zweiten Weltkriegs leugnen, wie die Bücher des bereits genannten David L. Hoggan "Der erzwungene Krieg", "Der unnötige Krieg" oder "Meine Anmerkungen zu Deutschland", Bücher, die sich diffamierend gegenüber alliierten Politikern im Zweiten Weltkrieg äußern, hier insbesondere gegenüber Roosevelt, wie Curtis B. Dall, "Amerikas Kriegspolitik", und Anthony Sutton, "Roosevelt und die internationale Hochfinanz". Andere Verlagsprodukte verharmlosen die Judenverfolgung oder leugnen gar die massenhafte Judenvernichtung im NS-Staat, wie Ingrid Weckert, "Feuerzeichen", Walter N. Sanning, "Die Auflösung", oder Steffen Werner, "Die zweite babylonische Gefangenschaft". Eine voluminöse mehrbändige Buchreihe von Mortimer G. Davidson präsentiert "Kunst in Deutschland 1933-1945". Darüber hinaus findet man im Verlagsprogramm auch ideologische und theoretische Veröffentlichungen, wie etwa das Hauptwerk des "Kopfes" der französischen Neuen Rechten, Alain de Benoist, "Aus rechter Sicht", oder Johannes P. Neys Schrift "Reizwort Rasse".

Und schließlich publiziert der Grabert-Verlag eine Reihe von Büchern über die Zeit der Antike, insbesondere zur Geschichte der Germanen, die apologetisch gefeiert und mit einer mystischen Aura umgeben werden.[86]

Neben den genannten Büchern veröffentlicht der Verlag auch noch die erwähnte vierteljährlich in einer Auflage von 8.000 erscheinende Zeitschrift "Deutschland in Geschichte und Gegenwart" (DGG). Herausgegeben wird sie von Wigbert Grabert unter Leitung von Rolf Kosiek, dem ehemaligen NPD-Theoretiker und jetzigen Vorsitzenden der GfP. Die Zeitschrift enthält jeweils zahlreiche kürzere Aufsätze und Artikel von Autoren aus dem politischen Umfeld des Verlages, die kommentierend zu tagespolitischen Fragen Stellung nehmen, einige "revisionistische", die NS-Zeit verharmlosende Texte, kulturpolitische Beiträge sowie einen Rezensions- und Umschau-Teil. Bei DGG handelt es sich um eines der wenigen Theorieorgane der traditionalistisch ausgerichteten extremen Rechen in Deutschland. Obwohl darin auch aktuelle Fragen, vor allem zu den Themen "Nation" und Ausländerpolitik, erörtert werden, stehen doch die "revisio-

---

[86] Die genauen bibliographischen Angaben zu den genannten Veröffentlichungen sind: Alain de Benoist, Aus rechter Sicht. Eine kritische Anthologie zeitgenössischer Ideen, Tübingen 1984; Curtis B. Dall, Amerikas Kriegspolitik. Roosevelt und seine Hintermänner, Tübingen (2. Auflage) 1975; Mortimer G. Davidson (Hrsg.), Kunst in Deutschland 1933-1945, Tübingen, Bd. 1 Skulpturen, 1988, Bd. 2/1 Malerei A-P, 1991; Johannes Ney, Reizwort Rasse. Grundlagen, Erkenntnisse, Folgen, Tübingen 1991; David L. Hoggan, Der erzwungene Krieg. Die Ursachen und Urheber des 2. Weltkriegs, Tübingen (14. Auflage) 1990; Ders., Der unnötige Krieg 1939 - 40. "Germany must perish", Tübingen (3. Auflage) 1977; Ders., Meine Anmerkungen zu Deutschland. Der anglo-amerikanische Kreuzzugsgedanke im 20. Jahrhundert, Tübingen 1990; Walter N. Sanning, Die Auflösung des osteuropäischen Judentums, Tübingen 1983; Anthony Sutton, Roosevelt und die internationale Hochfinanz. Die Weltverschwörung in der Wallstreet Nr. 120, Tübingen 1990; Ingrid Weckert, Feuerzeichen. Die "Reichskristallnacht" -Anstifter und Brandstifter - Opfer und Nutznießer, Tübingen (3. Auflage) 1990; Steffen Werner, Die zweite babylonische Gefangenschaft. Zum Schicksal der Juden im Osten seit 1941, Tübingen 1990.

nistischen" Inhalte im Vordergrund, was veranschaulicht, daß dieses Organ noch sehr stark vergangenheitsorientiert ist. Dies zeigt sich auch bei den kulturpolitischen Beiträgen, wo etwa die Kunst im NS-Staat gepriesen oder über die germanische Frühgeschichte berichtet wird. Ab und zu findet man in der Zeitschrift aber auch Texte im Sinne der Neuen Rechten.

Aufgrund des eindeutig rechtsextremen Buchprogramms und dessen traditioneller Ausrichtung gelang es dem Verlag nicht, über das rechtsextreme Lager hinaus ein Publikum anzusprechen. Zeitweilige Erfolge, wie etwa im Zusammenhang mit der aufsehenerregenden Veröffentlichung von Hoggan Anfang der sechziger Jahre blieben die Ausnahme und ließen sich später nicht wiederholen. Eine gewisse öffentliche Resonanz erregte man nur Anfang der achtziger Jahre mit den deutschen Übersetzungen von Veröffentlichungen der französischen Neuen Rechten und dem ersten Sammelband des erwähnten "Thule-Seminars". Gehemmt wurde diese Wirkung allerdings durch die offensichtlichen Differenzen mit Krebs und durch die eindeutige politische Belastung des Verlags. In dieser Situation entschloß man sich Mitte der achtziger Jahre zur Gründung eines Schwester-Unternehmens, des Hohenrain Verlags. Dieser sollte einerseits Publikationen im Sinne der intellektuell vergleichsweise anspruchsvollen Neuen Rechten verlegen, und so wurde auch die im Grabert-Verlag begonnene Reihe "Thule-Forum" unter dem Titel "Forum" bei Hohenrain fortgesetzt. Gleichzeitig gewann man den bekannten nationalistischen Politikwissenschaftler Bernard Willms als Herausgeber für das dreibändige "Handbuch zur Deutschen Nation"[87], in dem konservative und rechtsextreme Intellektuelle gemeinsam veröffentlichten.[88] In diesem Kontext ist auch die Veröffentlichung

[87] Bernard Willms (Hrsg.), Handbuch zur Deutschen Nation, Tübingen, Bd. 1: 1986, Bd.2: 1987, Bd. 3: 1988.

[88] Der nach Willms' Tod von dem Historiker Hellmut Diwald herausgegebene vierte Band, Hellmut Diwald (Hrsg.), Handbuch zur Deutschen Nation, Tübingen, Bd. 4: 1992, enthält kurioserweise sogar einen Beitrag von Egon Krenz.

"politischer Klassiker" wie des konservativen Autors Erik von Kuehnelt-Leddihn, "Gleichheit oder Freiheit? Demokratie - ein babylonischer Turmbau" und des politischen Hauptwerkes des intellektuellen Sympathisanten des italienischen Faschismus Julius Evola, "Menschen inmitten von Ruinen"[89] zu sehen. Diese Veröffentlichungen dienen alle der Theoriebildung innerhalb der extremen Rechten. Andererseits bezweckte der Grabert-Verlag mit dem Hohenrain-Projekt eine größere Wirkung zum einen in den Konservativismus und zum anderen ganz allgemein in die Öffentlichkeit hinein. Ersteres bezweckten etwa dramatisierende Publikationen zur Ausländerpolitik wie Jean Raspail, "Das Heerlager der Heiligen" oder Robert Hepp, "Die Endlösung der deutschen Frage".[90] Breitere öffentliche Resonanz erhoffte man sich mit Büchern über die Existenz von Außeriridischen wie "Aus den Tiefen des Alls" oder "Die geheime Botschaft von Fatima" von Johannes Fiebag.[91] Einen gewissen Erfolg konnte man mit dem Hohenrain-Verlag durchaus verbuchen, insbesondere mit dem weithin beachteten "Handbuch der Deutschen Nation".

Diagnosen-Verlag

Der Leonberger Diagnosen-Verlag besteht seit den siebziger Jahren und wird von Ekkehard Franke-Gricksch geleitet. Publizistisch aktiv ist dieser zum einen durch die Herausgabe der Zeitschrift "Code" und zum anderen durch die Veröffentlichung von Büchern. Die heute monatlich erscheinende Zeit-

---

[89] Erik R. von Kuehnelt-Leddihn, Gleichheit oder Freiheit? Demokratie - ein babylonischer Turmbau, Tübingen 1985; Julius Evola, Menschen inmitten von Ruinen, Tübingen 1991.

[90] Jean Raspail, Das Heerlager der Heiligen. Eine Vision, Tübingen 1985; Robert Hepp, Die Endlösung der deutschen Frage. Grundlinien einer politschen Demographie der Bundesrepublik Deutschland, Tübingen 1988.

[91] Johannes Fiebag (Hrsg.), Aus den Tiefen des Alls. Handbuch zur Prä-Astronautik, Tübingen (2. Auflage) 1986; Ders., Die geheime Botschaft von Fatima. Was geschah 1917 in Portugal wirklich?, Tübingen (3. Auflage) 1988.

schrift wurde 1974 unter dem Titel "Gesunde Medizin" gegründet und veröffentlichte zunächst nur Beiträge zu den Themen Gesundheit und alternative Ernährung, z. T. ganz im Sinne der aufkommenden Ökologiebewegung. 1979 wurde die Zeitschrift in "Diagnosen" umbenannt und erhielt auch einen politischen Teil, der fortan gut die Hälfte des Umfangs ausmachte. Darin versuchte man zum Teil die Friedens- und Ökologiebewegung anzusprechen, zum Teil veröffentlichte Franke-Gricksch Beiträge, die Auffassungen von einer internationalen Verschwörung der Hochfinanz, Juden, Freimaurer, Kommunisten und Internationalisten vertraten und mit eindeutig rechtsextremen Positionen einhergingen. Diese Tendenz verstärkte sich im Laufe der achtziger Jahre immer mehr, und schließlich verlagerte sich der Schwerpunkt der Zeitschrift völlig darauf. 1987 wurde "Diagnosen" dann in "Code - Das andere deutsche Nachrichtenmagazin" umbenannt und der Gesundheits-Teil fiel aus der Zeitschrift weg. Neben der Propagierung der genannten Verschwörungstheorien wurden vor allem auch "revisionistische", also den Nationalsozialismus verharmlosende Beiträge gedruckt. "Code" arbeitet dabei eng mit US-amerikanischen Rechtsextremisten zusammen und veröffentlicht Übersetzungen aus deren Zeitungen und Zeitschriften. Es handelt sich dabei einerseits um die Wochenzeitung "The Spotlight" und den Nachrichtendienst "New American View", die die Verschwörungsvorstellungen übertragen auf die Tagespolitik propagieren, und die Vierteljahreszeitschrift "Journal of Historical Review", das Organ des "revisionistischen" "Institute for Historical Review". Darüber hinaus findet man in "Code" auch Beiträge deutscher Autoren, die aus rechtsextremer Sicht meist zu tagespolitischen Themen, insbesondere zur Ausländerpolitik, Stellung beziehen. Trotz der selbst für eine rechtsextreme Zeitschrift etwas irritierend anmutenden inhaltlichen Gewichtung hat "Code" eine Auflage von 30.000 Exemplaren und war bis November 1992 an nahezu jedem größeren Zeitungskiosk erhältlich. Aufgrund von Absatzproblemen stellte der Verlag die Zeitschrift dann aber auf reinen Abonnement-Bezug um.

Neben der Zeitschrift veröffentlicht der Diagnosen-Verlag auch eine Reihe von Büchern, die einen ähnlichen inhaltlichen Schwerpunkt haben wie "Code". Eine der ersten publizierten Monographien war die Schrift "So wurde Hitler finanziert", in der anhand eines gefälschten Dokuments behauptet wurde, die NSDAP sei nur durch die Gelder des US-amerikanischen jüdischen Bankhauses Warburg an die Macht gekommen, und somit sei auch dieses für Hitler verantwortlich.[92] Das meistverkaufte Buch des Verlages dürfte aber das Werk "Wer regiert die Welt?" von dem christlichen Fundamentalisten Des Griffin[93] sein, der in diesem seine Vorstellung von einer internationalen Verschwörung im oben skizzierten Sinne vertritt und dabei auch auf die antisemitische Fälschung "Die Protokolle der Weisen von Zion" als Quelle Bezug nimmt. Dieses Buch scheint sich vor allem in christlich-fundamentalistischen Kreisen einer gewissen Akzeptanz und Beliebtheit zu erfreuen. Neben anderen verschwörungstheoretischen Schriften gab Franke-Gricksch auch einen "Der namenlose Krieg"[94] betitelten Sammelband heraus, der Texte von Anhängern des antisemitisch-antifreimaurerischen Verschwörungsmythos aus der Weimarer Republik und des NS-Staates enthält, unter anderem auch von Beamten des SS-Sicherheitsdienstes. Eine Besonderheit des Diagnosen-Verlages dürfte darin zu sehen sein, daß er offenbar über keine näheren Kontakte zu anderen rechtsextremistischen Kräften Deutschlands verfügt, "Code" und die Bücher des Verlages aber trotzdem ihre Abnehmer finden.

---

[92] Ekkehard Franke-Gricksch (Hrsg.), So wurde Hitler finanziert, Leonberg 1983; vgl. zum Hintergrund des angeblichen Dokuments Hermann Lutz, Fälschungen zur Auslandsfinanzierung Hitlers, in: Vierteljahreshefte für Zeitgeschichte 2 (1954), S. 386-396.

[93] Des Griffin, Wer regiert die Welt?, Leonberg 1984.

[94] Ekkehard Franke-Gricksch (Hrsg.), Der namenlose Krieg, Leonberg 1989.

Verlag für ganzheitliche Forschung und Kultur

Der Verlag für ganzheitliche Forschung und Kultur[95] gibt seit Anfang der achtziger Jahre Reprint-Drucke von Büchern und Broschüren heraus, die meist aus dem völkisch-antisemitischen Spektrum der Weimarer Republik stammen oder erstmals in der NS-Zeit erschienen. Geleitet wird das Unternehmen von Roland Bohlinger, der 1981 innerhalb der Anti-Atom-Bewegung eine gewisse Bedeutung erlangte. Zusammen mit seinem Gesinnungsfreund Walther Soyka bewegte er eine Reihe von AKW-Gegnern zu juristischen Klagen und führte im Auftrag dieser Prozesse, die meist scheiterten und zu hohen Gerichtskosten bei seinen gutgläubigen Auftraggebern führten. Bereits zu dieser Zeit verbreitete Bohlinger innerhalb der Ökologie-Bewegung kleinere Broschüren, die die Ablehnung von Atomkraftwerken mit rechtsextremem Gedankengut zum Teil völkischer, zum Teil verschwörungstheoretischer Art, begründeten.

Schwerpunktmäßig konzentrierte sich seine verlegerische Arbeit jedoch in den folgenden Jahren auf Reprint-Drucke völkischer und antisemitischer Literatur, die in Deutschland zwischen 1918 und 1945 erschien. So veröffentlichte er etwa in der Reihe "Hintergrundanalysen" angeblich zu Forschungszwecken Neuauflagen von Büchern, die eine internationale Freimaurer-Verschwörung propagierten, wie Friedrich Wichtl, "Weltfreimaurerei - Weltrevolution - Weltrepublik" oder Karl Heise, "Entente-Freimaurei und Weltkrieg". Eine ganze Schriftenreihe, die 1942 und 1943 unter dem Titel "Quellen und Darstellungen zur Freimaurerfrage" erschien, ließ Bohlinger ebenfalls nachdrucken. Hierbei handelte es sich um Promotions- und Habilitationsschriften, die von Mitarbeitern des "Freimauererreferats" im "Reichssicherheitshauptamt" der SS erstellt wurden.[96] Darüber hinaus druckte

95 Vgl. Armin Pfahl-Traughber, NS-Reprints für Forschungszwecke? Das Programm des Verlags für ganzheitliche Forschung und Kultur, in: Blick nach rechts, Nr. 17/1992, S. 1 f.

96 Die genauen bibliographischen Angaben zu den genannten Veröffentlichungen sind: Friedrich Wichtl/Robert Schneider, Weltfreimau-

man eine ganze Reihe von antisemitischen Werken aus der NS-Zeit nach, die Vorstellungen vom angeblich verschwörerischen Einfluß von Juden in diversen Ländern bzw. in gesellschaftlichen Bereichen propagierten. Und schließlich publizierte der Verlag Bücher im Sinne einer völkischen Geschichtsschreibung, etwa zur Geschichte der Germanen und Wikinger, oder zur Kritik am Christentum aus heidnisch-völkischer Sicht. In letzter Zeit kündigte Bohlinger aber auch das Erscheinen von Literatur im "revisionistischen" Sinne an. Obwohl er zahlreiche Schriften aus der Zeit des Nationalsozialismus nachdrucken ließ, kann Bohlinger nicht als Neonationalsozialist eingestuft werden. Von seinem Selbstverständnis her ist er ein Anhänger der Ludendorff-Bewegung. Trotz der selbst für die extreme Rechte eher marginal erscheinenden Bedeutung der genannten Veröffentlichungen, werden sie durchaus mit gewissem Erfolg über die Buchdienste des traditionellen Rechtsextremismus verbreitet. Im Verlag für ganzheitliche Forschung und Kultur erscheint seit Juni 1992 auch die rechtsextreme Zeitschrift "Nation", worin sich eine ganze Reihe nationalistisch-völkischer und "revisionistischer" Beiträge finden.

---

rerei -Weltrevolution - Weltrepublik. Eine Untersuchung über Ursprung, Verlauf und Fortsetzung des Weltkrieges und über das Wirken des Freimaurerbundes in der Gegenwart, Struckum 1981; Karl Heise, Die Entente-Freimaurerei und der Weltkrieg. Ein Beitrag zur Geschichte des Weltkrieges und zum Verständnis der wahren Freimaurerei, Struckum 1982; die Titel der Schriftenreihe "Quellen und Darstellungen zur Freimaurerfrage": Hans Schick, Das ältere Rosenkreuzertum. Ein Beitrag zur Entstehungsgeschichte der Freimaurerei, Struckum o. J.; Adolf Rossberg, Freimaurerei und Politik im Zeitalter der Französischen Revolution, Struckum o. J.; Heinz Gürtler, Deutsche Freimaurer im Dienste napoleonischer Politik. Die Freimaurer im Königreich Westfalen 1807-1813, Struckum 1988; Hans Riegelmann, Die europäischen Dynastien in ihrem Verhältnis zur Freimaurerei, Struckum 1985. Über den Entstehungszusammenhang dieser Schriften wurden die Leser in der Einleitung zu den Reprints nicht unterrichtet.

Arun-Verlag

Von den bisher vorgestellten organisationsunabhängigen Verlagen unterscheidet sich der Arun-Verlag[97] sowohl vom Niveau als auch von der ideologischen Orientierung und politisch beabsichtigten Wirkung her. Leiter ist der Dipl.-Ing. (FH) für Physikalische Technik und Technischen Umweltschutz Stefan Ulbrich, der bis 1984 als Funktionär für die neonationalsozialistisch orientierte WJ aktiv war. Nach seinem Austritt machte der noch junge Ulbrich, Jahrgang 1963 offensichtlich einen politischen Lernprozeß durch, der zur Abwendung vom traditionellen und Hinwendung zur neueren extremen Rechten in Gestalt der intellektuellen Neuen Rechten führte. Seit 1989 ist er mit seinem Arun-Verlag auch als Verleger in diesem Sinne tätig, was sich am Verlagsprogramm ablesen läßt. Dazu gehören zwei von Ulbrich herausgegebene Sammelbände, zum einen "Gedanken zu großdeutschland" und zum anderen "Multikultopia. gedanken zur multikulturellen gesellschaft".[98] Beide sind hinsichtlich der Autoren so angelegt, daß sie ein größeres Publikum ansprechen. Darin finden sich neben Beiträgen von Vertretern des traditionellen Rechtsextremismus und Autoren der Neuen Rechten auch Beiträge von konservativen, liberalen und linken Demokraten mit zum Teil prominenten Namen. Mit diesen soll ganz bewußt ein breiteres Publikum angesprochen werden, um auch kontroverse Positionen der rechtsextremen Seite diskursfähig zu machen - eine typische Variante der kulturrevolutionären Strategie der Neuen Rechten. Darüber hinaus findet man im Programm des Arun-Verlages auch ein eigenes Buch des Verlegers: "Im Tanz der Elemente"[99], eine

---

[97] Vgl. Antwort der Bundesregierung auf die Kleine Anfrage der Abgeordneten Ulla Jelpke und der Gruppe der PDS/Linke Liste, Drucksache 12/912 v. 8. Juli 1991.

[98] Stefan Ulbrich (Hrsg.), Gedanken zu großdeutschland, Vilsbiburg 1990; Ders. (Hrsg.), Multikultopia. gedanken zur multikulturellen gesellschaft, Vilsbiburg 1991.

[99] Björn Ulbrich, Im Tanz der Elemente. Kult und Ritus der heidnischen Gemeinschaft, Vilsbiburg 1991.

Darstellung zu Kult und Ritual heidnischer Religionsvorstellungen, die ebenfalls in Kreisen der Neuen Rechten verbreitet sind. Und schließlich gehören zum Programm zwei Veröffentlichungen, die auf der esoterischen New Age-Welle reiten: ein Interviewband mit dem Biochemiker Rupert Sheldrake, der New Age-Anhängern als einer ihrer ideologischen Hauptrepräsentanten gilt, und ein Thriller, Russel McCloud, "Die schwarze Sonne von Tashi Lhunpo". Letzterer beschreibt den zukündtigen Endkampf zwischen überlebenden NS-Hohepriestern und den Protagonisten einer angeblich freimaurerisch inspirierten Weltordnung und knüpft an die magischen Seiten des Nationalsozialismus an, um auf diese Weise über die Esoterik-Welle als Trendbuch auch politisch zu wirken. Diese Funktion wird durchaus auch in rechtsextremen Kreisen deutlich so gesehen.[100] Hier zeigt sich Ulbrichs Gespür, auf bestimmte gesellschaftliche Trends mit einem entsprechenden Buchangebot zu reagieren. Dabei deutet sich exemplarisch die Annäherung von bestimmten rechtsextremen und bestimmten esoterischen Kreisen an. Entgegen Ulbrichs Erwartungen hat der Arun-Verlag aber noch nicht die von ihm gewünschte Aufmerksamkeit gefunden, zum Teil gab es von der traditionellen extremen Rechten auch Kritik an den ungewöhnlichen Positionen des Verlagsleiters. Trotzdem dürfte die Entwicklung des Arun-Verlags hinsichtlich der publizistischen und politischen Entwicklung der jungen Neuen Rechten in Deutschland ein wichtiger Gradmesser sein. Ulbrich ist über seine verlegerische Tätigkeit hinaus noch als Redaktionsmitglied der noch vorzustellenden Zeitung "Junge Freiheit" politisch aktiv.

Neben den hier genannten rechtsextremen Verlagen existieren noch eine ganze Reihe anderer Verlags- und Vertriebsdienste für Bücher und Zeitschriften, der Verfassungsschutz gibt für

---

[100] Karsten Welte, Gespräch mit Rupert Sheldrake, Vilsbiburg 1991; Russel McCloud, Die schwarze Sonne von Tashi Lhunpo, Vilsbiburg 1992, vgl. zur Rezeption dieses Buches im Rechtsextremismus Karl Richter, Die Wiederkehr der Magier, in: Nation und Europa 42 (1992), H. 4, S. 66 f.

das Jahr 1991 30 an.[101] Sie sind den vorgestellten im wesentlichen ähnlich, etwa die Verlagsgesellschaft Berg mit den traditionellen rechtsextremen Verlagen Druffel, Türmer und Vowinkel und der Verlag Karl Waldemar Schütz, so daß sich eine nähere Vorstellung erübrigt. Hinzuweisen wäre allerdings noch auf den informellen rechtsextremen Medienvertrieb von Computerdisketten mit primitiv-rassistischem und Hitler verherrlichendem Inhalt. Derartige Computer-Spiele sind, auch aufgrund der leicht möglichen Kopierbarkeit, unter Jugendlichen relativ weit verbreitet. Hersteller und Vertreiber sind in der Regel nicht oder nur schwer zu ermitteln.[102]

4. Organsiationsunabhängige rechtsextreme Zeitungen und Zeitschriften

Neben den Verlagen besteht als rechtsextreme Medien auch eine ganze Reihe von Zeitungen und Zeitschriften ganz unterschiedlicher ideologischer Ausrichtung, Form und Qualität. So werden diese hier auch nur nach dem formalen Zuordnungskriterium Publikationsorgan behandelt, eine darüber hinausgehende Gleichsetzung, sieht man von der Einschätzung als rechtsextrem ab, ist nicht beabsichtigt.

"Deutsche National-Zeitung"

Die zweifellos bekannteste und traditionsreichste rechtsextreme Zeitung ist die im Verlag des DVU-Vorsitzenden Gerhard Frey wöchentlich erscheinende "Deutsche National-Zeitung" (DNZ)[103]. Sie ging aus der 1951 gegründeten "Deutschen Soldatenzeitung" hervor, wurde durch Freys Tätigkeit aus einer finanziellen Krise gerettet, konzeptionell

---

[101] Vgl. VSB 1991, S. 119 f.

[102] Vgl. Wolfgang Benz, KZ-Manager im Kinderzimmer. Rechtsextreme Computer-Spiele, in: Ders. (Anm. 1), S. 224-231.

[103] Vgl. Peter Dudek/Hans-Gerd Jaschke, Die Deutsche National-Zeitung. Inhalte- Geschichte-Aktionen, München 1981.

umgewandelt, 1960 in "Deutsche Soldaten-Zeitung und National-Zeitung" und 1963 in "Deutsche National-Zeitung und Soldaten-Zeitung" umbenannt. Parallel zu dieser Entwicklung erfolgte die Ausweitung des Themenangebots, die Konsolidierung der finanziellen Situation, eine Steigerung der Auflage und die Umstellung von einer Monats- auf eine Wochenzeitung. Inhaltlich gab man sich vor allem als Anwalt der "Kriegsgeneration", etwa bei Forderungen nach der Beendigung der Kriegsverbrecherprozesse, bei dem Versuch einer verharmlosenden Darstellung des "Dritten Reiches", insbesondere bezüglich der Leugnung oder Relativierung der Schuld am Kriegsausbruch, verschiedenen Kriegsverbrechen und der massenhaften Vernichtung von Juden. Neben der auch jeweils aktuellen Auseinandersetzung mit diesen Themen spielten tagespolitische Fragen eine relativ geringe Rolle, hierbei beschränkte man sich meist auf kommentierende Betrachtungen im eigenen politischen Sinn. Erst Anfang der achtziger Jahre nahm ein aktuelles Thema einen größeren Stellenwert ein: die Ausländerpolitik. In der Berichterstattung schürte die Zeitung Ressentiments gegen Ausländer und dramatisierte deren Existenz als Gefahr für die Deutschen. All das präsentierte die DNZ in recht einfacher, stark emotionaler Form, so daß es gerechtfertigt erscheint, hier von einer politischen Boulevard-Zeitung zu sprechen. Inhaltlich gleich ausgerichtet ist der bereits 1972 von Frey erworbene "Deutsche Anzeiger" (DA) und teilweise ähnlich die 1985 erworbene "Deutsche Wochen-Zeitung". Ende 1990 wurde der "Deutsche Anzeiger" (DA) allerdings eingestellt bzw. in die "Deutsche Wochen-Zeitung" (DWZ) übernommen.

Die Wochenblätter, insbesondere die DNZ, sind an nahezu jedem größeren Kiosk erhältlich und zählen zusammengenommen sogar zu den auflagenstärksten Wochenzeitungen der Bundesrepublik: 1991 erschienen sie jeweils mit insgesamt 140.000 Exemplaren, wovon allein 80.000 Exemplare auf die "National-Zeitung" entfielen. Lediglich "Die Zeit" und der "Bayernkurier" hatten mit 582.000 bzw. 166.200 Exemplaren eine höhere Auflage, das "Deutsche Allgemeine Sonntagsblatt" und "Das Parlament" lagen mit 115.800, bzw. 108.200 Auflage sogar noch unter der Auflagen-Zahl der Frey-Blätter. Von daher ist diesen Zeitungen hinsichtlich des Verkaufs relativ großer Erfolg beschieden. Darüber hinaus gilt es zu berücksichtigen, daß über die bereits im Zusammenhang mit der DVU genannten Organisationen die Leser eng an die Zeitung gebunden sind, wenn sie in diesen in der Regel auch keine aktive Rolle spielen. Hier steht bei der Frey-Presse offensichtlich der finanzielle Gesichtspunkt im Vordergrund, was sich auch bei der ständigen Werbung für Angebote des eigenen Buchdienstes, Medaillen und Tonträger zeigt. Gleichzeitig dienen die Wochenzeitungen aber durchaus als Werbeträger und publizistische Sprachrohre für die DVU bzw. für die Schaffung eines politischen Klimas, das die Wahl rechtsextremer Parteien begünstigt. In diesem Zusammenhang ist vor allem die Berichterstattung über das gegenwärtig wichtigste Mobilisierungsthema der extremen Rechten zu sehen: Auf den Titelseiten wird in Form von platten Schlagworten direkt oder indirekt die Ausländerfeindlichkeit über das Aufbauschen von Bedrohungsängsten geschürt. Darüber hinaus propagiert man in der Berichterstattung nationalistische Ideologieelemente, betreibt NS-Apologie und diffamiert demokratische Politiker und Institutionen.

"Junge Freiheit"

Vom inhaltlichen Anspruch und Niveau sowie von der beabsichtigten Wirkung und der Zielgruppe unterscheidet sich die monatlich erscheinende "Junge Freiheit" (JF)[104] diametral von der DNZ. Es handelt sich nicht um ein politisches Boulevard-Blatt, sondern um eine modern aufgemachte intellektuell relativ anspruchvolle Zeitung, die ganz bewußt auf ein politisch breiteres Publikum abzielt. Von daher bemühte sich

---

104 Vgl. Armin Pfahl-Traughber, Die "Junge Freiheit". Ein publizistischer Brückenschlag zwischen Rechtsextremismus und Konservativismus, in: Neue Gesellschaft/Frankfurter Hefte 40 (1993), S. 44-49.

die Redaktion auch erfolgreich um demokratische Autoren und Interviewpartner, die nach außen den Eindruck der politischen Seriosität des Publikationsorgans vermitteln sollen. Gleichzeitig grenzt man sich von der traditionellen extremen Rechten ab, erhebt im Sinne der Neuen Rechten den Anspruch von Theoriearbeit und Kulturrevolution und vertritt die eigenen Positionen in verbal gemäßigter Form. Bei der extremismustheoretischen Einschätzung dieser wie anderer Publikationsorgane gilt es von daher zu differenzieren, einerseits hinsichtlich der politischen Absichten der Redaktion und andererseits hinsichtlich des publizistischen Gesamtprodukts. Dies bedeutet auch, daß nicht jeder Autor dieser Zeitungen und Zeitschriften als rechtsextrem bezeichnet werden kann und demokratische Autoren nicht Gewähr für die nicht-extremistische Orientierung bieten. Die Publikation dient eben nicht nur der Vorstellung politischer Bekenntnisse, sondern hat auch Funktionen strategischer Art und hierbei in erster Linie der politischen Brückenbildung: Zum einen will man in den Konservativismus, zum anderen in die Öffentlichkeit hineinwirken, wozu eben bestimmte Konzessionen inhaltlicher Art notwendig sind. Dies gilt es zu berücksichtigen, wenn hier die JF und im folgenden noch andere Zeitschriften vorgestellt und eingeschätzt werden.

Die seit 1986 erscheinende Zeitung "Junge Freiheit" wurde von Schülern und Studenten gegründet, die sie ursprünglich als Organ einer geplanten Jugendorganisation der "Freiheitlichen Volkspartei" konzipierten. Doch schon nach kurzer Zeit löste man sich aus diesem parteipolitischen Zusammenhang. Formal verstand sich die JF seitdem parteiunabhängig, sympathisierte aber bis zu ihrem zeitweiligen Niedergang bei Wahlen, also bis Ende 1989, mit den REP. Geleitet wird die Zeitung ausschließlich von jungen Journalisten. Der Chefredakteur ist Jahrgang 1967; die übrigen Redaktionsmitglieder sind Jahrgang 1962 bis 1970, eine Seltenheit in einem rechten Publikationsorgan, das sich nicht als Jugendzeitschrift versteht. Inhaltlich orientiert man sich nicht an selbstgewählten immer wiederkehrenden Themenschwerpunkten, sondern am Tagesgeschehen, über das politisch kommentierend berichtet wird. Wichtig war dabei in den letzten Jahren immer wieder die Deutschlandpolitik und zwar gleich in mehrfacher Hinsicht: als Beschwören "nationaler Identität" und des Nationalstaates, als Kritik an der zu "weichen" Unionsregierung und am "Verzicht" auf die ehemaligen "Ostgebiete". Anderseits wird als Gegen-Bild heftig die EG und die allgemeine Europa-Entwicklung zum einen und die angebliche "Überfremdung" und der "Ansturm auf den Wohlstand" zum anderen kritisiert. Intensiv berichtet wird zudem darüber, was sich auf der politischen Rechten parteipolitsch, aber auch im publizistischen Bereich tut. Eine Besonderheit gegenüber anderen hier noch vorzustellenden Publikationsorganen ist der Kulturteil, wo sich manchmal auch für dieses politische Lager recht ungewöhnliche Beiträge finden. Der eigentliche politische Standort der Zeitung läßt sich an den Kommentaren der Redaktionsmitglieder ablesen. Danach scheint man sich in der Tradition der Konservativen Revolution der Weimarer Republik, einem antidemokratischen Intellektuellenkreis, zu sehen, worauf auch der Werbeslogan "eine konservative Revolution" hindeutet. Von daher verwundert nicht nur der Bezug auf geistige Vorbilder wie Carl Schmitt, der in nahezu jeder Ausgabe zustimmend zitiert wird, sondern auch das Aufgreifen von Positionen der Neuen Rechten Frankreichs. Wie diese entwickeln sie ihr Politikverständnis in scharfer Abgrenzung und Ablehnung vom politischen Liberalismus und den angeblichen Folgen des Pluralismus und plädieren für eine autoritäre Staatskonzeption, die auf Basis einer nationalistischen Gemeinschaftsideologie "Freiheit durch Ordnung" schaffen soll. Andere geistige Vorbilder sind italienische Elite-Theoretiker (Michels, Mosca, Pareto), die ebenfalls den Liberalismus als geistige Grundlage des demokratischen Verfassungsstaates grundsätzlich ablehnten und teilweise intellektuelle Sympathisanten der Mussolini-Diktatur waren. Offiziell fordert man zwar keine "System-Verwerfung", sondern den "Machtwechsel", die formulierten politischen Positionen zeigen indessen deutlich, daß man vielleicht die Strukturen des politischen Systems beibehalten will, ohne jedoch die Werte des demokratischen

Verfassungsstaates zu teilen.

Eine Aufwertung ihrer Zeitung gelang der JF durch prominente Autoren und Interviewpartner sowohl konservativer als auch rechtsextremer Couleur. Anläßlich ihres fünfjährigen Jubiläums druckte das Blatt etwa eine Reihe von "Glückwünschen" von Personen ab, die diese Verbindung darstellen, so Bernhard Friedmann, Heinrich Lummer, Klaus Hornung, Herbert Fleissner einerseits und Wigbert Grabert, Peter Dehoust, Armin Mohler und Alain de Benoist andererseits. Das Konzept dieser Verbindung scheint erfolgreich. In ihrem bisherigen Bestehen gelang es, die Auflage von 400 im Jahr 1986 auf 10.000 im Jahr 1989 und schließlich 35.000 im Jahr 1991 zu heben. Ziel ist eine wöchentlich erscheinende "rechte taz", und offenbar ist das Blatt auf dem besten Weg, wie der expandierende Kiosk-Verkauf vermuten läßt.[105] Für 1994 plant man gar, die Monats- auf eine Wochenzeitung umzustellen.

"Nation und Europa"

Über die genannten Zeitungen hinaus gibt es rechtsextreme Zeitschriften, die im weitesten Sinne als Theorieorgane bezeichnet werden können. Das älteste Publikationsorgan dieser Art ist die Zeitschrift "Nation Europa. Monatsschrift im Dienst der europäischen Neuordnung" (NE)[106], seit 1991 unter dem Titel "Nation und Europa. Deutsche Monatshefte" erscheinend. Gegründet wurde NE bereits 1951 vom ehemaligen SS-Sturmbannführer Arthur Ehrhardt, Anhänger der Europaidee des britischen Faschistenführers Oswald Mosley. Entsprechend orientierte sich die Zeitschrift auch nicht am

---

[105] Vgl. hinsichtlich der Angaben die Jubiläums-Ausgabe, Junge Freiheit, Nr. 6/1991.

[106] Vgl. Peter Dudek/Hans-Gerd Jaschke, Entstehung und Entwicklung des Rechtsextremismus in der Bundesrepublik. Zur Tradition einer besonderen politischen Kultur, Opladen 1984, Bd. 1, S. 50-52; Monika Krieg, Umschlagplatz für rechtes Denken: Nation Europa, in: Jäger (Anm. 34),S. 147-166; Pfahl-Traughber (Anm. 71), S. 38 f.

offiziellen Nationalsozialismus Hitlerscher Prägung, sondern an Vorstellungen des Europa-Verständnisses bestimmter Kreise der SS ("Europäische Freiwilligenarmee gegen den Bolschewismus") und ausländischer Faschismus-Anhänger wie Julius Evola und Mosley. Trotz dieser relativ modern - im Sinne von neu für die extreme Rechte - klingenden Ausgangsposition dominierten in den Heften jedoch den Nationalsozialismus vor allem hinsichtlich seiner Verantwortung für Kriegsausbruch und Judenvernichtung relativierende und verharmlosende Beiträge. Neben ehemaligen NS-Funktionären und völkischen Literaten meldeten sich aber auch immer wieder jüngere Autoren zu Wort, die den SS-Europagedanken rehabilitieren wollten. Diese innerrechtsextreme Bandbreite, die bis heute fortbesteht, ließ NE zu einem wichtigen Kommunikationsforum innerhalb dieses politischen Spektrums werden.

Parteipolitisch stand man lange Jahre der NPD nahe, was sich auch im politischen Wirken des von 1971 bis 1991 allein verantwortlichen Redakteurs Peter Dehoust ablesen läßt, der sich auf verschiedenen Funktionärsebenen für diese Partei betätigte. Trotzdem war NE nie ein NPD-Organ. Schon in den sechziger Jahren kamen jüngere nationalrevolutionär orientierte Autoren und später Vertreter der Neuen Rechten zu Wort. Seit Mitte der achtziger Jahre wirbt Dehoust vehement für die parteipolitische Einheit der extremen Rechten. Als diese Bemühungen nicht fruchteten, schloß er sich der Neugründung DL an. Zu Beginn des Jahres 1992 erweiterte er den Herausgeberkreis um den langjährigen ehemaligen NPD-Vorsitzenden Adolf von Thadden und den ehemaligen REP-Funktionär Harald Neubauer; verantwortlicher Redakteur wurde der Chefredakteur der DL-nahen Zeitung "Deutsche Rundschau" Karl Richter. Alle Genannten sind an führender Stelle für diese Neugründung tätig, und NE fährt somit auf DL-Kurs, eine Orientierung, die allerdings dem Ziel der Einheit der extremen Rechten untergeordnet ist.

Schwerpunkt der letzten Jahrgänge war die Kommentierung des Tagesgeschehens im In- und Ausland unter dem Motto Nationalismus versus Internationalismus. Dazu gehört das

Beschwören der "nationalen Identität" und die Ablehnung der "multikulturellen Gesellschaft" sowie die Agitation gegen Asylbewerber und Ausländer. Dies wird durch die regelmäßige Rubrik "Nachrichten von der Überfremdungsfront" forciert. Weitere Prioritäten bilden regelmäßige Beiträge, die eine Rehabilitierung der NS-Zeit zum Ziel haben. Eher sporadisch, aber mit gewisser Regelmäßigkeit finden sich Artikel und Kurzporträts zu "politischen Klassikern", die für die extreme Rechte auch heute noch von Interesse sind. Wichtig ist zudem die ständige Strategiedebatte, die sich allerdings im Kreis dreht, weil sie gebetsmühlenhaft die parteipolitische Einheit der rechtsextremen Kräfte beschwört. Als Vorbilder dienen der "Front National" in Frankreich und die Haider-FPÖ in Österreich, über die regelmäßig in der Rubrik "Die Eurorechte im Aufbruch" berichtet wird. NE erscheint in einer Auflage von 12.000.

"Europa vorn"

Ebenfalls Europa im Titel trägt die in Köln seit 1987 erscheinende Zeitschrift "Europa Vorn" (EV)[107], die innerhalb der kurzen Zeit ihres Bestehens je nach politischer Wetterlage der extremen Rechten einen politischen Wandel durchmachte. Gab man sich zunächst nationalrevolutionär, dann im Jahr der REP-Wahlerfolge REP-nah, so orientierte man sich im Einheitsjahr deutschnational und gegenwärtig stärker an Positionen der Neuen Rechten und der DL. Herausgeber ist der noch junge Student Manfred Rouhs, Jahrgang 1965, früher Landesvorsitzender der NPD-Jugendorganisation JN, danach REP-Stadtrat in Köln und jetzt bei der DL aktiv. Während EV in der Anfangsphase häufig ein regelmäßiges Erscheinen nicht gewährleisten konnte, ging es in dieser Hinsicht ab 1990 aufwärts: Die Zeitschrift erschien regelmäßig alle zwei Monate, seit 1991 sogar monatlich. Ab Oktober 1991 wandelte sich die Konzeption des in einer Auflage von 3.000 er-

---

[107] Vgl. Pfahl-Traughber (Anm. 71), S. 39 f.

scheienden Blattes: Neben einer vierzehntägig erscheinenden "Europa Vorn aktuell"-Ausgabe mit kurzen Mitteilungen, Stellungnahmen und Kommentaren zu tagespolitischen Fragen erscheint "Europa vorn spezial" vierteljährlich als theoretisches Organ.

Thematisch orientierte sich die Zeitschrift an der deutschlandpolitischen Entwicklung. In den "Westmächten" und den "Bonner Westextremisten" sah man die Gegner der "nationalen Einheit und Identität" und plädierte für den "deutschen Sonderweg". Abgelehnt wurde entsprechend die "multikulturelle Vision" und die angebliche "Völkernivellierung" durch den politischen Liberalismus. Ideologisch orientiert man sich im Sinne von nationalrevolutionären Positionen, aber auch der Neuen Rechten. Während der NS-Vergangenheit im Vergleich zu NE ein relativ geringer thematischer Stellenwert eingeräumt wird, finden sich regelmäßig kulturpolitische Artikel. Wichtig ist auch die Strategiedebatte, die hier in der Option Kulturrevolution der Neuen Rechten mündete. Geschickt hat es die EV-Redaktion verstanden, interessante Interviewpartner, allerdings mit z.T. umstrittenen Methoden, zu gewinnen, um so auch für einen politisch breiteren Personenkreis attraktiv zu sein.

Mit der konzeptionellen Trennung eines aktuellen Informationsorgans einerseits und eines Theorieorgans andererseits verfolgt die Redaktion zwei Strategien. So bietet man sich als Kommunikationsforum für eine parteipolitisch arbeitende extreme Rechte an und orientiert in Richtung DL, hat sich aber in dieser Hinsicht offensichtlich politisch verkalkuliert. Zugleich wird Theoriearbeit im Sinne der Kulturrevolution-Strategie und den Inhalten der Neuen Rechten betrieben. Dies ist derart ausgeprägt, daß man EV als Organ einer modernen Variante der extremen Rechten zuordnen kann. Die extremistischen Positionen werden in der Zeitschrift recht deutlich formuliert.

"Staatsbriefe"

Mehr traditionell, aber nicht im deutschnationalen oder NS-nahen Sinne ausgeprägt sind die "Staatsbriefe"[108], die an die Reichsvorstellungen der Staufer anknüpfen wollen. Sie erscheinen seit Januar 1990 monatlich, herausgegeben von Hans-Dietrich Sander[109], dem ehemaligen Chefredakteur der rechtsextremen "Deutschen Monatshefte" und Stammautor bei NE. In einem die Herausgabe der Zeitschrift ankündigenden Prospekt wird deren Erscheinen mit einer positiven politischen Lageeinschätzung begründet: "die Stunde der Deutschen ist eine Stunde des Reiches, das von der Weltgeschichte am Ende des Regiments der raumfremden Mächte wieder an seine alten Rechte und Pflichten zurückgerufen wird." In dieser Situation stellten sich die "Staatsbriefe" die Aufgabe, "für kommende Krisen (...) Ideen und Kämpfer zu mobilisieren", "mit der Schärfe des deutschen Geistes (...) die dümmliche Arroganz der Nachkriegsgewinnler und Nachkriegssektierer zu zerschlagen" und aus "der deutschen Erde (...) die niedergetretene Reichsidee herauszukratzen".

In diesem Sinne, der "Wiederbelebung der deutschen Reichsidee", tritt man für die "Bildung eines neuen deutschen Nationalstaates" unter Verzicht auf "die westlichen Altlasten" ein, wozu auch die "herrschenden Musterschüler westlicher Demokratie durch Politiker deutscher Art abzulösen" seien. Die einzelnen Beiträge, die von einer kleineren Gruppe von Stammautoren geschrieben werden, sind in Form und Inhalt martialisch und elitär gehalten und lassen darüber hinaus jegliches realpolitische Gespür vermissen. Von daher gibt es über den Herausgeber oder die Autoren auch keine näheren Verbindungen zu rechtsextremen Parteien etwa im Sinne von NE oder EV, sieht man einmal von Gastvorträgen Sanders auf DL-Veranstaltungen ab. Darüber hinaus hat das starre Festhalten an Vorstellungen im Sinne des Stauferreichs und

---

108 Vgl. ebda., S. 41 f.

109 Vgl. Peter Glotz, Die deutsche Rechte. Eine Streitschrift, Stuttgart 1989, S. 141-144.

die wenig attraktive Aufmachung der "Staatsbriefe" das Organ hinsichtlich seiner Bedeutung selbst im rechtsextremen Lager nur eingeschränkte Beachtung finden lassen. Eine Reihe von prominenteren Autoren des ersten Jahrgangs haben sich offensichtlich von dem Organ distanziert, jedenfalls tauchten sie nicht mehr als Publizisten auf. Auch materiell dürften die "Staatsbriefe" in eine Krise geraten zu sein. Ab und an erscheinen aus diesen Gründen Doppelnummern, oder Sander plädiert für die Gründung eines Freundeskreises, der das finanzielle Überleben der "Staatsbriefe" gewährleisten soll.

In letzter Zeit ist die Sprache der Beiträge, insbesondere von Sander, immer aggressiver geworden. Die gewaltsamen Ausschreitungen gegen ein Asylbewerberheim in Rostock deutete er als "Revolutionsetüde" und meinte ernsthaft, man stehe kurz vor einer gesellschaftlichen Umwälzung zugunsten der extremen Rechten. Den führenden Politiker droht Sander: "Sollte sich ihre Haltung gegenüber unserem Volk verhärten, risikieren sie, daß die natürliche Gewalt der Geschichte (...) in der Stunde, da keiner sie lenken und bremsen kann, sich nicht damit begnügt, die Politiker aus den Sesseln zu vertreiben, sondern dazu neigen könnte, die Dilettanten oder Kanaillen in den Sesseln totzuschlagen."[110] Ein anderer Autor meint: "Der Rassenkrieg scheint jetzt nicht mehr aufhaltbar, und es bleibt den Deutschen wohl nur übrig, eine Gemeinde nach der anderen freizukämpfen und nach jedem Erfolg die Siegesstandarte ausländerfrei am Ortseingangsschild aufzuziehen."[111]

"Zeitenwende"

Während die bislang vorgestellten Zeitschriften ihre rechtsextremen Positionen recht eindeutig formulieren, vermeiden

---

[110] Hans-Dietrich Sander, Rostocker Revolutionsetüde, in: Staatsbriefe 3 (1992), H. 8-9, S. 3f., hier S. 4.

[111] Reinhard Oberlercher, Wer nicht hören will, muß fühlen, in: ebda., S. 57.

dies die folgenden Publikationsorgane aus taktischen Gründen, weil es ihnen, wie der JF um eine strategisch bedingte "Brücken"-Funktion geht. Auch in diesen Publikationsorganen schreiben jeweils konservative und rechtsextreme Autoren, so daß das Publikationsorgan als Gesamtprodukt nicht als rechtsextrem bezeichnet werden kann, aber eindeutig rechtsextreme politische Positionen in den Redaktionen vorherrschen. Recht anschaulich läßt sich dies anhand der über eine Auflage von 3.500 verfügende Zeitschrift "Zeitenwende"[112] aufzeigen. Das seit 1986 zunächst unter dem Titel "Europa. Berichte zur Zeitenwende" erscheinende und ab Herbst 1990 in "Zeitenwende. Deutsche Bausteine" umbenannte Publikationsorgan versteht sich laut einer Erklärung der Redaktion[113] in der Nachfolge der "Konservativen Revolution" und der "Jungkonservativen" der Weimarer Republik. Diese rechtsextremen Intellektuellen trugen seinerzeit mit ihrem "antidemokratischen Denken" (Kurt Sontheimer) zu einem geistigen Klima für eine diktatorische Ablösung des parlamentarischen Systems bei. Indessen findet man in "Zeitenwende" nicht nur Beiträge von Anhängern derartiger Vorstellungen, sondern auch von anderen rechtsextremen intellektuellen Strömungen nationalrevolutionärer oder eurofaschistischer Art, aber auch von demokratischen Konservativen. Darüber hinaus bemüht man sich auch bewußt um andere angesehene Autoren, die das Ansehen und die öffentliche Ausstrahlung der Zeitschrift steigern sollen. Insofern gilt es auch zwischen der politischen Position der Redaktion und dem publizistischen Gesamtprodukt zu unterscheiden. Schließlich hat die Zeitschrift ähnlich der JF auch eine Sammelfunktion, d. h., sie will hinsichtlich der Theoriearbeit Autoren um sich bündeln und mit bestimmten Themen, die jeweils das Schwerpunktthema der einzelnen Ausgaben bilden, gezielt ein Publikum ansprechen. Hinsichtlich der Verbreitung bestehen für die "Zeitenwende" offenbar Schwierig-

---

[112] Vgl. Pfahl-Traughber (Anm. 71), S. 46.

[113] Vgl. Harald Thomas, Die Konservative Revolution, in: Zeitenwende, Nr. 3/1991, S. 5.

keiten, denn im ganzen Jahr 1992 erschien keine einzige Ausgabe. Erst für 1993 sind neue Nummern geplant.

"Wir selbst"

Die seit 1979 erscheinende Zeitschrift "Wir selbst" (WS)[114] ist eine politische Besonderheit innerhalb der hier vorgestellten Publikationsorgane, weil sie sich als nationalrevolutionär[115] versteht und ausdrücklich auch die "patriotische Linke" ansprechen will. WS wurde von einer NPD-Jugendgruppe, die als "Grüne Zelle Koblenz" Einfluß auf den Parteibildungsprozeß der Grünen nehmen wollte, gegründet. Man versuchte in Anlehnung an den nationalrevolutionären Theoretiker Henning Eichberg[116], rechten Nationalismus und linken Internationalismus zugunsten eines "Ethnopluralismus" bei gleichzeitiger Ablehnung von westlichem Kapitalismus und östlichem Sozialismus ideologisch zu vermischen. Ganz bewußt bediente sich WS eines im linken bzw. alternativen Spektrums verbreiteten Vokabulars, um so auch auf dieses zu wirken. Neben Konservativen konnten auch Autoren aus diesem politischen Lager für die Zeitschrift gewonnen werden.

Inhaltlich zieht sich durch nahezu jede Ausgabe der Gegensatz von "nationaler Identität" und "Verwestlichung": Man plädiert für den "deutschen Sonderweg" und gegen die "restliche Verwestlichung unseres Landes". Beim Kampf gegen die kulturelle "Kolonialisierung" und für die "eigene Identitätslage" könne man sich auch an germanischen oder indianischen Werten orientieren, ebenso an regionalistischen

---

[114] Vgl. Schönekäs (Anm. 74), S. 270-272; Pfahl-Traughber (Anm. 71), S. 44f.

[115] Eine nationalrevolutionäre Richtung der extremen Rechten entstand in der Bundesrepublik bereits Ende der sechziger/Anfang der siebziger Jahre, vgl. Günter Bartsch, Revolution von rechts? Ideologie und Organisation der Neuen Rechten, Freiburg 1975.

[116] Vgl. Glotz (Anm. 109), S. 137-141; Frank Teichmann, Henning Eichberg - nationalrevolutionäre Perspektiven in der Sportwissenschaft, Frankfurt/a.M. 1991 (eine allerdings methodisch und hinsichtlich mancher Fakten problematische Arbeit).

Vorstellungen, die überhaupt für das WS-Konzept einen wichtigen Bezugspunkt bilden. Trotz formaler wie inhaltlicher Attraktivität gelang es der in einer Auflage von 4.300 erscheinenden Zeitschrift aber nicht, besonderes Interesse und größere Aufmerksmkeit zu erlangen. Politisch Rechte irritiert wahrscheinlich das Vokabular und der regionalistische Ansatz, und der Linken ist die Zeitschrift wohl aufgrund des "Nationalen" suspekt. Hinzu kommt, daß WS offensichtlich ein gewisses Faible für den libyischen Staatschef Muammar al Ghaddafi hat. Auch bei diesem Publikationsorgan gilt es ähnlich wie bei der JF und der "Zeitenwende" zwischen der politischen Ausrichtung der Redaktion und dem publizistischen Gesamtprodukt zu unterscheiden. Diese Gemeinsamkeit motivierte offensichtlich auch diverse Versuche einer Zusammenarbeit der drei genannten Publikationsorgane, die offensichtlich aber nur schleppend vorankommt bzw. als gescheitert angesehen werden muß, denn die JF dürfte sich durchaus erfolgreich eigenständig publizistisch weiter entwikkeln.

Das publizistische "Brückenspektrum"

Zeitungen und Zeitschriften, in denen Konservative und Rechtsextremisten zusammen als Autoren schreiben, können als publizistisches Gesamtprodukt nur schwer extremismustheoretisch eindeutig eingeschätzt werden. Sie bilden ein durch die Auflösung bisheriger abgrenzender Trennlinien zwischen Demokraten und Extremisten, also hier von Konservativen und Rechtsextremisten eine Art "Brückenspektrum". Die Schaffung eines Forums für ein solches "Brückenspektrum" kann durchaus von eindeutig rechtsextremer Seite motiviert sein. In diesen Fällen sind klare Einschätzungen möglich. Allerdings gibt es auch Ausnahmen, und zwar dann, wenn nicht nur das publizistische Gesamtprodukt, sondern auch die Redaktion von der Zusammensetzung her dem "Brückenspektrum" zugeordnet werden muß. Bedeutsam in dieser Hinsicht ist die Zeitschrift "Criticón"[117], die seit 1972 in München zweimonatlich erscheint. In den siebziger und achtziger Jahren war diese eine Art Sammelorgan für die intellektuelle Rechte; hier schrieben Alt-Konservative, Unionsrechte, Vertreter der Neuen Rechten, Nationalrevolutionäre und Nationalisten unterschiedlicher Couleur. Auch von der Zusammensetzung der Redaktion und deren enger Mitarbeiter her ließ und läßt sich die Zeitschrift nicht eindeutig einschätzen. In den letzten Jahren wandte sich "Criticón" innerhalb des "Brückenspektrums" allerdings wieder mehr dem Konservativismus zu, was sich u.a. daran ablesen läßt, daß eine Reihe ehemaliger als rechtsextrem einzuschätzende Stammautoren nicht mehr in dieser Zeitschrift schrieben. Gleichzeitig findet man in "Criticón" aber auch Beiträge von Redaktionsmitgliedern, die eindeutig rechtsextremes Gedankengut anerkennend rezipieren.[118]

Ein "Brückenspektrum" gibt es aber nicht nur im Bereich von Zeitschriften, sondern auch bei Verlagen. Hierbei handelt es sich in der Regel um konservative Verlage, die auch rechtsextremistischen Autoren aus welchen Gründen auch immer offen stehen. Ein anschauliches Beispiel dafür ist eine Münchener Verlagsgruppe zu der u.a. die Verlage Herbig, Langen-Müller und Universitas[119] gehören. Sie veröffentlichen neben den Publikationen von demokratischen und konservativen Autoren auch Bücher von rechtsextremen Publizisten, wie u.a. dem belgischen Euro-Faschisten Léon Degrelle, dem britischen "revisionistischen" Autor David Irving, dem ehemaligen Goebbels-Adjutanten und rechtsextremen Autor

---

[117] Vgl. Pfahl-Traughber (Anm. 71), S. 43 f.

[118] So besprach etwa Herausgeber Caspar von Schrenck-Notzing (In: Criticón 22 [1992], S. 249 f.) lobend die deutsche Übersetzung eines Buches von Julius Evola. Der intellektuelle Sympathisant der Mussolini-Diktatur forderte in diesem wie in anderen Schriften die Zerstörung der Moderne und die Rückkehr zu Politikvorstellungen im Sinne der Tradition der Antike.

[119] Vgl. Gesamtverzeichnis der Verlage Langen Müller, Amalthea ... Herbst '92, München 1992; Hans Sarkowicz, Der Autor Schönhuber und sein Verleger, in: Kurt Hirsch/Ders., Schönhuber. Der Politiker und seine Kreise, Frankfurt/M. 1989, S. 67-94.

Wilfred von Oven und dem Nationalrevolutionär Wolfgang Strauss. Die Existenz von Publikationsorganen und Verlagen mit der "Brückenspektrum"-Funktion sollte aber nicht zu verschwörungstheoretischen Vorstellungen im Sinne eines rechten "Netzwerkes" führen, von Fall zu Fall muß dieses Phänomen differenziert eingeschätzt werden. Gleichzeitig sollte man aber auch nicht diese Verbindungen im intellektuellen Bereich ignorieren oder lediglich als Ausdruck von Naivität mancher Konservativer ansehen. Diese sind sehr wohl gefordert, ihr öffentliches Engagement auch und gerade in diesen Zusammenhängen selbstkritisch zu prüfen. Aus demokratie- wie extremismustheoretischen Gründen verdienen darüber hinaus die aufgezeigten Verbindungen besondere Aufmerksamkeit.

5. Zeitgeschichtlicher "Revisionismus"

Neben dem fest in Parteien, Gruppen oder im Medienbereich organisierten Rechtsextremismus gibt es auch einen solchen in Form von personeller Zusammenarbeit, ohne engere organisatorische Anbindung. Dabei handelt es sich um einzelne rechtsextreme Aktivisten aus den unterschiedlichsten politischen Arbeitszusammenhängen, die gezielt mit einem bestimmten Thema propagandistisch tätig sind. Dies gilt in erster Linie für den zeitgeschichtlichen "Revisionismus"[120]. Darunter sind Bestrebungen zu verstehen, die darauf abzielen, die Geschichtsschreibung über die Zeit des NS-Regimes zugunsten einer Aufwertung dieses zu ändern. Insbesondere wird die Schuld der Hitler-Regierung am Ausbruch des

---

[120] "Revisionismus" steht hier aus zwei Gründen in Anführungszeichen: Zum einen handelt es sich auch um eine Selbstbezeichnung in propagandistischer Absicht, denn wissenschaftlich begründete Revisionen eines Geschichtsbildes sind selbstverständlich nicht verwerflich. Zum anderen werden auch bestimmte Auffassungen und Interpretationsrichtungen unter Historikern als revisionistisch bezeichnet, die mit dem hier zu behandelnden "Revisionismus" nichts zu tun haben.

Zweiten Weltkriegs bestritten und die Massenvernichtung von Juden in Konzentrationslagern geleugnet. Bei derartigen Behauptungen handelt es sich keinesfalls um reine Fehldeutungen und -interpretationen der historischen Vergangenheit, wie der eindeutig rechtsextreme politische Hintergrund der "revisionistischen" Aktivisten veranschaulicht. Es geht diesen nicht um die Gewinnung neuer wissenschaftlicher Erkenntnisse, sondern gezielt um die Apologie des historischen Nationalsozialismus. Bei den "Revisionisten" handelt es sich entweder um Überzeugungstäter oder um Personen, die es besser wissen, aber aus opportunistischen Gründen etwas anderes sagen, als sie denken.

Entwicklung des "Revisionismus"

Derartige Bestrebungen sind keineswegs neu.[121] Bereits in den fünfziger Jahren erschienen apologetische und rechtfertigende Schriften von Nationalsozialisten, die im NS-Staat führende öffentliche Positionen innehatten.[122] Dazu gehörte etwa das 1952 publizierte Buch "Auch Du warst dabei" von Peter Kleist[123], einem ehemals engen Mitarbeiter von Ribbentrop und Rosenberg. Darin stellte er Hitlers Expansionspolitik als berechtigte Bestrebungen gegen den Versailler Vertrag und als natürliche Äußerung "deutschen Lebenswillens" dar. Der politische Hintergrund des Autors, die offensichtlichen apologetischen Absichten und die doch recht platte unwissenschaftliche Form der Darstellung beschränkten dessen öffent-

---

[121] Vgl. Hermann Graml, Alte und neue Apologeten Hitlers, in: Benz (Anm. 1), S. 63-92.

[122] Vgl. zu dieser Literatur Hans-Helmuth Knütter, Ideologien des Rechtsradikalismus im Nachkriegsdeutschland. Eine Studie über die Nachwirkungen des Nationalsozialismus, Bonn 1961, S. 40-162; Gerhard Binder, Revisionsliteratur in der Bundesrepublik, in: Geschichte in Wissenschaft und Unterricht 17 (1966), S. 179-200.

[123] Peter Kleist, Auch Du warst dabei. Ein Buch des Ärgernisses und der Hoffnung, Heidelberg 1952; vgl. dazu die Kritik von Hans Buchheim, Zu Kleists "Auch Du warst dabei", in: Vierteljahreshefte für Zeitgeschichte 2 (1954), S. 177-192.

liche Wirkung allerdings. Dies änderte sich, als 1961 der rechtsextreme Grabert-Verlag das Buch "Der erzwungene Krieg" des US-amerikanischen Historikers David L. Hoggan veröffentlichte.[124] In diesem voluminösen Werk behauptete der Autor, Hitler habe weder einen Konflikt mit Polen noch mit England gewünscht, England indessen gegenüber Deutschland bewußt eine feindliche Politik betrieben, die dann zum Krieg führte. Das Buch erregte große Aufmerksamkeit[125], zum einen da der Verfasser (wenn auch nicht der es publizierende Verlag) politisch unbelastet war, zum anderen weil es oberflächlich betrachtet den Anschein von Wissenschaftlichkeit durch die genaue Benennung von Quellen machte. Tatsächlich zeigte aber der kritische Vergleich von Orginalquellen und Hoggans Zitaten und Deutungen, daß dieser sich verfälschender Auslassungen ebenso wie erfundener Zusätze bediente, um so seine Thesen zu untermauern.[126] Mit ähnlichen Methoden, der bewußten Verfälschung von Sachverhalten bzw. dem Ignorieren bestimmter Zusammenhänge, arbeiten nahezu alle "Revisionisten".

Dies gilt in noch weit größerem Maße für jene Rechtsextremisten, die zum Teil schon vorher aber verstärkt seit Beginn der siebziger Jahre die Vernichtung der Juden in den Konzentrationslagern leugneten. Der bereits erwähnte Neonationalsozialist Thies Christophersen leitete diese Kampagne mit seiner Broschüre "Die Auschwitz-Lüge" ein. Dem folgte neben dem Buch "Der Auschwitz-Mythos" von Wilhelm Stäglich[127] noch zahlreiche andere Veröffentlichungen, auch von ausländischen Autoren, wie etwa den Franzosen Paul Rassinier und Robert Faurisson[128] oder dem US-Amerikaner

---

[124] David L. Hoggan, Der erzwungene Krieg, Tübingen 1961.

[125] Vgl. Spiegel-Titelgeschichte: US-Historiker Hoggan in Deutschland: War Hitler ein Friedensfreund?", In: Der Spiegel 18 (1964), H. 20, S. 28-48.

[126] Vgl. Hermann Graml, David L. Hoggan und die Dokumente, in: Geschichte in Wissenschaft und Unterricht 14 (1963), S. 492-514.

[127] Wilhelm Stäglich, Der Auschwitz-Mythos. Legende oder Wirklichkeit. Eine kritische Bestandsaufnahme, Tübingen 1979, ebenfalls im Grabert-Verlag erschienen.

[128] Vgl. Lother Baier, Auschwitz und seine Weißwäscher, in:

Arthur R. Butz. Bei der Frage nach den Gründen für die Behauptungen von der angeblich nicht stattgefundenen Vernichtung der Juden im Zweiten Weltkrieg verstiegen sich diese Autoren sogar in die direkt oder indirekt geäußerte Vorstellung von einer jüdischen Verschwörung und knüpften dabei an bekannte antisemitische Vorurteile an.[129] "Revisionistische" Stimmen kamen nicht nur im deutschen, sondern auch im ausländischen Rechtsextremismus auf. In diesem Bereich des Rechtsextremismus läßt sich eine länderübergreifende Zusammenarbeit beobachten. Am weitesten fortgeschritten sind derartige Tendenzen offensichtlich in den USA, wo sogar ein entsprechendes Institut unter dem Namen "Institute for Historical Review" existiert. Dieses gibt die vierteljährlich erscheinende Zeitschrift "The Journal of Historical Review" heraus, publiziert "revisionistische" Literatur und veranstaltet jährlich Kongresse mit internationaler Zusammensetzung.[130]

"Revisionistische" Kampagne mit dem Leuchter-Report

Im Zentrum einer seit Ende der achtziger Jahre laufenden "revisionistischen" Kampagne steht der sogenannte Leuchter-Report, ein angebliches Fachgutachten eines US-amerikanischen Ingenieurs. Dieses soll belegen, daß die massenhafte Vernichtung von Juden durch Gas im Konzentrationslager Auschwitz technisch nicht möglich war. Da dieser Report nicht nur für den "Revisionismus" von größter Bedeutung ist,

---

Ders., Französische Zustände. Berichte und Essays, Frankfurt/M. 1982, S. 89-121.

[129] Vgl. Peter I. Haupt, A Universe of Lies: Holocaust Revisionism and the Myth of a Jewish World-Conspiracy, in: Patterns of Prejudice 25 (1991), S. 75-85.

[130] Vgl. Anti-Defamation League of B'nai B'rith (Hrsg.), Extremism on the Right. A Handbook, New York 1983, S. 13f.; Dass. (Hrsg.), Holocaust 'Revisionism': A Denial of History, (ADL Facts, Vol 31, No. 1/Winter 1986), New York 1986; Dass. (Hrsg.), Holocaust "Revisionism". Reinventing the Big Lie, (ADL Research Report Summer 1989), New York 1989.

sondern die Umstände seines Zustandekommens und die Propaganda mit diesem die internationale Zusammenarbeit der "Revisionisten" sowie die Rolle verschiedener deutscher Rechtsextremisten dabei deutlich machen, verdient der Leuchter-Report[131] nähere Aufmerksamkeit.

Er entstand im Zusammenhang mit einem Prozeß gegen den in Kanada lebenden neonationalsozialistischen Propagandisten Ernst Zündel, der mit verschiedenen Veröffentlichungen über UFOs als deutsche Geheimwaffen eine gewisse Popularität erlangt hatte und diese dann auch für seine direkte politische Arbeit nutzte. Dazu gehörten insbesondere öffentliche Aktionen, die die Massenvernichtung von Juden in deutschen Konzentrationslagern während des Zweiten Weltkriegs leugneten. In diesem Zusammenhang verbreitete Zündel auch die "revisionistische" Broschüre eines Richard Harwood "Starben wirklich 6 Millionen?". Dies bot den Anlaß zu einer juristischen Klage wegen der Verbreitung falscher Nachrichten und der Störung des sozialen Friedens unter den verschiedenen ethnischen Bevölkerungsgruppen Kanadas. Es kam 1985 zu einem Prozeß und einer Verurteilung Zündels, die aufgrund von Verfahrensfehlern aber wieder aufgehoben werden mußte. Im Januar 1988 begann das Wiederaufnahmeverfahren. Kurz darauf nahm ein Gesinnungsfreund Zündels, der als "Revisionist" bekannte französische Literaturwissenschaftler Robert Faurisson, Kontakt zu Fred A. Leuchter auf. Dieser galt als Spezialist für die Herstellung und Perfektionierung der Gaskammern für zum Tode Verurteilte in den USA und sollte als Experte im Auftrag von Zündel und Faurisson prüfen, ob es im Konzentrationslager Auschwitz Gaskammern zur Menschenvernichtung gegeben hat. Im Februar 1988 flog Leuchter mit einigen Mitarbeitern nach Polen, nahm verschiedene Untersuchungen vor und erstellte einen umfassenden Bericht, der später als Leuchter-Report bekannt wurde. Dieser kam zu dem Ergebnis, daß die Gaskammern in

---

[131] Vgl. Dokumentationsarchiv des österreichischen Widerstandes/ Bundesministerium für Unterricht und Kunst (Hrsg.), Amoklauf gegen die Wirklichkeit. NS-Verbrechen und "revisionistische" Geschichtsschreibung, Wien 1991, S. 41-70.

Auschwitz im Zweiten Weltkrieg nicht als Exekutions-Gaskammern verwendet wurden. Das Gericht nahm den Report Leuchters allerdings weder als Gutachten noch als Beweismittel an, sondern legte ihn lediglich zu Dokumentationszwecken den Akten bei. Das Gericht billigte darüber hinaus Leuchter auch keinen Expertenstatus zu.

Dafür gab es Gründe ganz verschiedener Art: Wie sich im Kreuzverhör herausstellte, verfügte Leuchter weder über eine chemische noch über eine toxikologische Ausbildung. Darüber hinaus war er ohne staatliche Konzession als Ingenieur tätig, und später wurde bekannt, daß die von ihm für den Vollzug der Todesstrafe entworfenen Vorrichtungen nicht den notwendigen Richtlinien entsprachen, woraufhin mehrere Gefängnisverwaltungen Verträge mit ihm kündigten. Dürfte Leuchter somit für seinen eigentlichen Beruf nicht genügend qualifiziert sein, so war er dies schon gar nicht für die Begutachtung der Gaskammern im Konzentrationslager Auschwitz. Durch das Kreuzverhör vor Gericht ergab sich nämlich, daß Leuchter ohne besondere Kenntnisse der historischen Umstände für die Massenvernichtung der Juden in Auschwitz seine Untersuchung begann. Ihm waren durch Faurisson lediglich einige "revisionistische" Veröffentlichungen bekannt. Von daher verwundert es auch nicht, daß Leuchter mit falschen Voraussetzungen operierte: Er ging nämlich von den Verhältnissen in US-amerikanischen Gefängnissen aus, wo Hinrichtungen mittels Gas in hochentwickelten und komplizierten Gaskammern unter strikter Beachtung strenger Vorsichtsmaßnahmen für einzelne Personen stattfinden, und übernahm damit zusammenhängende Erfahrungen als Kriterien für die Untersuchung eines ganz anderen Falles, ohne dessen besondere Umstände zu berücksichtigen. Allein von daher ergaben sich zahlreiche Fehleinschätzungen bei der Untersuchung, die noch durch das laienhafte und unsystematische Vorgehen Leuchters verstärkt wurden. Darüber hinaus ignorierte er, daß die untersuchten Gebäude durch die SS kurz vor ihrem Abzug gesprengt wurden und in ihrem ruinösen Zustand seit mehr als vierzig Jahren Wind und Wetter ausgesetzt waren, teilweise sogar monatelang im Wasser standen und sich allein schon von daher nur geringe Spuren von Zyanid nachweisen lassen würden. In zahlreichen Untersuchungen ganz unterschiedlicher Wissenschaftler sind nach Bekanntwerden des Leuchter-Report die einzelnen Fehler und Widersprüche in diesem ausführlich und eindeutig nachgewiesen worden.[132]

Dies hielt die rechtsextremen "Revisionisten" jedoch nicht davon ab, mit dem Bericht des angeblichen Experten Leuchter eine internationale Propaganda-Kampagne zu entfachen. Der Text des Reports wurde in zahlreiche Sprachen übersetzt, in unterschiedlichen Fassungen veröffentlicht und ein Videoband über die Untersuchung hergestellt. Schließlich organisierte man Tagungen und Kongresse zum Thema. In deutscher Sprache wurden 1988 sogar zwei unterschiedliche Versionen des Leuchter-Reports veröffentlicht: Die erste Fassung erschien unter dem Titel "Das wichtigste Dokument der Nachkriegsgeschichte: Das Leuchter-Dokument. Unser Volk vom Vorwurf der Massentötung durch Giftgas befreit?"[133]. Sie wurde von dem österreichischen Neonationalsozialisten Walter Ochensberger, Herausgeber der einschlägig bekannten Zeitschrift "Sieg", publiziert und verbreitet. Die zweite Fassung wird unter dem Titel "Der Leuchter Bericht. Ein Ingenieurbericht über die angeblichen Gaskammern in Auschwitz, Birkenau und Majdanek, Polen" in dem Heft "Ein Prozeß,

---

[132] Vgl. Brigitte Bailer-Galanda, Der Leuchter-Bericht, in: ebda., S. 41-46; Josef Bailer, Der Leuchter-Bericht aus der Sicht eines Chemikers, in: ebda., S. 47-52; Werner Wegner, Keine Massenvergasung in Auschwitz? Zur Kritik des Leuchter-Gutachtens, in: Uwe Backes / Eckhard Jesse / Rainer Zitelmann (Hrsg.), Die Schatten der Vergangenheit. Impulse zur Historisierung des Nationalsozialismus, Frankfurt/M. - Berlin 1990, S. 450-476; Georges Wellers, Der "Leuchter-Bericht" über die Gaskammer von Auschwitz. Revisionistische Propaganda und Leugnung der Wahrheit, in: Dachauer Hefte 7 (1991), S. 230-241; Institut für Zeitgeschichte (Hrsg.), Der sogenannte Leuchter-Report, München 1989, unveröffentlichtes Manuskript; siehe auch zusammenfassend Till Bastian, Der "Leuchter-Report", in: Die Zeit v. 25. September 1992.

[133] Das wichtigste Dokument der Nachkriegsgeschichte! Das Leuchter-Dokument. Unser Volk vom Vorwurf der Massentötung durch Giftgas befreit?, Lochau 1988.

der Geschichte machte" in der in einer Auflage von 12.000 erscheinenden "revisionistischen" Broschüren-Reihe "Historische Tatsachen"[134] von dem Publizisten und Verleger Udo Walendy vertrieben. Er ist im deutschen Rechtsextremismus und "Revisionismus" kein Unbekannter: Anfang der siebziger Jahre war Walendy für die NPD aktiv, u. a. auch als Bundesvorstandsmitglied. In seinem "Verlag für Volkstum und Zeitgeschichtsforschung" veröffentlichte Walendy zahlreiche "revisionistische" Bücher, vor allem zur Leugnung der Kriegsschuld und der Massenvernichtung der Juden, sowie eine Broschürenreihe mit gleichen inhaltlichen Schwerpunkten. Bereits 1964 hatte Walendy das Buch "Wahrheit für Deutschland - Die Schuldfrage des Zweiten Weltkrieges"[135] publiziert, eine Darstellung, die ähnliches wie Hoggan behaupetete und in gleicher Weise verfälschende Quelleninterpretation betrieb.

Über die beiden genannten Ausgaben hinaus wurde der Leuchter-Report auch durch die Berichterstattung in den rechtsextremen Medien bekannt, so etwa in der Zeitschrift "Nation und Europa", die öfters auf diesen hinwies und Leuchter sogar interviewte.[136] Weiterhin versuchten "Revisionisten" in der Bundesrepublik mehrmals öffentliche Tagungen zum Thema zu veranstalten. So plante Zündel etwa einen Kongreß, der Ende März 1991 in München stattfinden und von dem dort lebenden Neonationalsozialisten Ewald Althans organisiert werden sollte. Als Referenten waren neben Leuchter und Faurisson auch der französische "Revisionist" Henri Roques, der österreichische Neonationalsozialist Gerd Honsik sowie der prominente britische Schriftsteller David Irving vorgesehen. Die Stadt München

---

[134] Udo Walendy, Ein Prozeß, der Geschichte macht, (Historische Tatsache Nr. 36), Vlotho 1988, der Text zum Leuchter-Bericht dort S. 23 - 39, ein Vorwort dazu stammt von Robert Faurisson.

[135] Udo Walendy, Wahrheit für Deutschland - Die Schuldfrage am Zweiten Weltkrieg, Vlotho 1964; vgl. Graml (Anm. 1), S. 72-76.

[136] Fred Leuchter, "Mein Bericht wird weiterbestehen!" (Interview), in: Nation und Europa 41 (1991), H. 7/8, S. 14-16.

verbot indessen die Veranstaltung.[137] Leuchter selbst referierte im November 1991 über seine Untersuchungen in einer kleineren Versammlung, die der NPD-Vorsitzende Günter Deckert organisiert hatte. Von dieser Rede stellte man später Videofilme her, die u. a. der Buchdienst der Zeitschrift "Nation und Europa" vertrieb.[138] Besonders populär wurde der Leuchter-Report darüber hinaus durch David Irvings Engagement. Der bekannte, wenn auch zweifelhafte Autor historischer Werke, die meist in angesehenen Verlagen, in letzter Zeit aber auch in rechtsextremen Verlagen erschienen, hatte bislang die Massenvernichtung von Juden in Auschwitz nicht bestritten und machte sich erst jetzt eine klare "revisionistische" Position zu eigen. In mehreren, meist von der DVU, zum Teil aber auch von neonationalsozialistischen Gruppen organisierten Veranstaltungen vertrat er fortan derartige Thesen.

Die "revisionistische" Kampagne mit dem Leuchter-Report[139] blieb auf den traditionellen Rechtsextremismus beschränkt, neonationalsozialistische wie deutsch-nationalistische Kräfte agitierten gleichzeitig mit diesem Thema, wenn auch nicht in organisierter Kooperation, während der modernisierte Rechtsextremismus in Gestalt der REP oder der Neuen Rechten dazu weitgehend schwieg. Eine Ausnahme war der Publizist Armin Mohler, der als ein wichtiger Kopf der deutschen Neuen Rechten gilt, sich aber auch als Autor für die REP engagierte. In seinem 1989 erschienenen Buch "Der Nasenring. Im Dickicht der Vergangenheitsbewältigung"[140] berichtet Mohler über den Leuchter-Report, ohne direkt Stellung zu beziehen. Allerdings sind einige Formulie-

---

[137] Revisionistenkongreß in München verhindert, in: Innere Sicherheit, Nr. 3/1991, S. 9.

[138] Vgl. Nation und Europa 41 (1991), H. 12, S. 67.

[139] Vgl. Bayerisches Landesamt für Verfassungsschutz (Hrsg.), Revisionismus in der Bundesrepublik Deutschland, München 1992.

[140] Armin Mohler, Der Nasenring. Im Dickicht der Vergangenheitsbewältigung, Essen 1989, S. 225-228, diese Abschnitte wurden auch als Aufsatz in einer rechtsextremen Zeitschrift veröffentlicht: Im Dickicht der Vergangenheitsbewältigung, in: Europa Vorn, Nr. 8/1990, S. 20-25.

rungen ("minutiöse naturwissenschaftlich-technische Beobachtungen und Analysen", "Vergasungsanlagen simuliert", "sogenannte Vernichtungslager"), als Apologie des Leuchter-Reports zu lesen. "Revisionistische" Auffassungen dürften von daher auch im modernisierten Rechtsextremismus, wenn auch nicht in der Oberflächlichkeit der traditionellen extremen Rechten, verbreitet sein. Daß sie nicht offen artikuliert werden, hängt zum einen wohl mit taktischen Rücksichtnahmen zusammen, zum anderen hat man es politisch nicht nötig, den Nationalsozialismus als Ganzen permanent zu verteidigen, eine Relativierung seiner historischen Bedeutung und der begangenen Verbrechen genügt diesem Spektrum der extremen Rechten offensichtlich.

IV. Rechtsextreme Tendenzen im vorpolitischen Raum

Rechtsextremismus oder besser rechtsextreme Tendenzen findet man nicht nur in politisch organisierter Form wie bei Parteien und Gruppen, sondern auch im vorpolitischen Raum. Damit sind ganz allgemein gesellschaftliche Zusammenhänge gemeint, die sich nicht primär als politisch verstehen, aber doch indirekt Orientierungen und Tendenzen in eine bestimmte politische Richtung aufweisen. Das Niveau bzw. der Entwicklungsgrad eines derartigen, hier rechtsextremen Bewußtseins ist verständlicherweise eher niedrig einzuschätzen, was allerdings nicht davon abhalten sollte, ein solches politisch auch eindeutig zu benennen. Das wichtigste Kriterium für politischen Extremismus ist in der Ablehnung der Wertvorstellungen des demokratischen Verfassungsstaates als Garant von Bürger- und Menschenrechten zu sehen, auf welcher Ebene politischer Reflexion sich die Gegnerschaft zu diesen konkret artikuliert, bleibt demgegenüber zunächst zweitrangig. Von daher hat ein politikwissenschaftliches bzw. sozialwissenschaftliches Verständnis von Rechtsextremismus auch über eine organisationszentrierte Sichtweise hinauszugehen und nach rechtsextremen Tendenzen im vorpolitischen Raum zu fragen. Der Schritt zur Mitgliedschaft in einer rechtsextremen Partei oder Organisation stellt das vorläufige Endprodukt eines politischen Entwicklungsprozesses dar. Eine kritische Analyse, die nicht nur hinsichtlich der Ursachenforschung, sondern auch bezogen auf notwendige prophylaktische Maßnahmen zu brauchbaren Ergebnissen kommen will, muß vorher ansetzen. Dabei stehen nicht unbedingt festgefügte und geschlossene Weltbilder, sondern vergleichsweise diffuse rechtsextreme Orientierungen im Vordergrund.

Die Skinhead-Szene in den alten und neuen Bundesländern

Am deutlichsten haben sich solche in einer jugendlichen Subkultur artikuliert: den Skinheads[1]. Dabei handelt es sich um Jugendliche, die sich zunächst völlig unpolitisch über eine bestimmte Mode und Musik definierten, aber im Laufe der Zeit immer stärker in Richtung rechtsextremer Orientierungen politisiert wurden und teilweise in enger Zusammenarbeit mit neonationalsozialistischen aber auch anderen rechtsextremen Kräften agieren.

Ursprung und soziale Besonderheiten der Skinhead-Bewegung

Skinhead bedeutet wörtlich übersetzt soviel wie Haut-Kopf, sinngemäß so viel wie Kurzgeschorene und bezieht sich auf eine Haar-Mode, eine besonders kurz geschorene Frisur oder eine Glatze. Dabei handelt es sich um ein wichtiges äußeres Merkmal einer bereits Ende der sechziger Jahre in Großbritannien entstandenen Subkultur, die sich hauptsächlich aus arbeitslosen Jugendlichen des Londoner Eastend zusammensetzte. Die Herkunft aus dem Arbeitermilieu kehrte man demonstrativ heraus, etwa durch Auftreten und Kleidung. Damit distanzierten sich die Skinheads von der gerade

---

[1] Vgl. Gunter A. Pilz/Klaus Sengebusch, Hooligans und Skinheads. Die neuen Rechtsaußen der Nation?, in: Gerhard Paul (Hrsg.), Hitlers Schatten verblaßt. Die Normalisierung des Rechtsextremismus, Bonn 1989, S. 79-100; Landesamt für Verfassungsschutz Baden-Württemberg (Hrsg.), Skinheads, Stuttgart 1991; Klaus Farin/Eberhard Seidel-Pielen, Krieg in den Städten. Jugendgangs in Deutschland, Berlin 1991, S. 46-107; Burkhard Schröder, Rechte Kerle. Skinheads, Faschos, Hooligans, Reinbek 1992; Graeme Atkinson, Die internationale Skinhead-Connection, in: Ideen, Nr. IV/Febraur 1992, S. 43-51; zu rechtsextremen Tendenzen in der jugendlichen Subkultur der Hooligans vgl. Friedhelm Heitmann/Michael Löffelholz, "Schlagende Verbindungen"-Ideologische Orientierungen bei Hooligans, in: Wolfgang Gessenharter/Helmut Fröchling (Hrsg.), Minderheiten -Störpotential oder Chance für eine friedliche Gesellschaft, Baden-Baden 1991, S. 199-233.

modernen Hippie-Kultur mittelständischer Jugendlicher. Straßenkämpfe, hoher Alkoholkonsum und die Begeisterung für Fußball waren wichtige identitätsstiftende Merkmale einer Subkultur, die sich äußerlich neben der Haartracht durch eine martialische, uniformähnliche Kleidung von anderen abhob. Dazu gehörten und gehören Bomberjacken, hochgekrempelte Jeans mit breiten Hosenträgern und Doc Martens- oder Springerstiefeln. Zunächst blieb die Skinhead-Szene weitgehend unpolitisch, sieht man einmal von einer diffusen Rebellen-Haltung und den bereits zu dieser Zeit feststellbaren ausländerfeindlichen Tendenzen ab. Rechtsextrem politisiert wurde diese jugendliche Subkultur erst Mitte der siebziger Jahre, als es den rechtsextremen Organisationen "British Movement" und "National Front" gelang, eine Reihe von Skinheads über die agitatorische Verknüpfung von sozialen Problemen mit ausländerfeindlichen Parolen für sich einzunehmen. Bei militanten Aktionen der genannten politischen Gruppen traten seitdem immer wieder Skinheads in der ersten Reihe auf, und auf diese Weise erhielt diese jugendliche Subkultur ein politisch rechtes Image.

Ende der siebziger Jahre bildete sich auch in der Bundesrepublik eine Skinhead-Szene heraus, die zunächst allerdings nur Alltagskultur und Mode und nicht die politischen Orientierungen der britischen Skins übernahm. Dabei handelte es sich um Jugendliche, die zumeist "sozialen Randlagen" entstammten, d. h., sie kamen aus ungeordneten Familienverhältnissen und konnten in Ausbildung und Schule keine Erfolge vorweisen. Der Zusammenschluß in Gruppen diente dazu, über nun mögliche Bindungen diese Defizite auszugleichen und ein Selbstwert- und Stärkegefühl zu vermitteln. Dies vollzog sich verstärkt durch den gemeinsamen exzessiven Alkoholkonsum und einen Männlichkeitskult. Überhaupt ist die Skinhead-Szene in erster Linie von männlichen Jugendlichen geprägt, und zwar nicht nur hinsichtlich der Zusammensetzung, denn nur eine geringe Zahl von Skinheads sind weiblichen Geschlechts.[2] Darüber hinaus ist für diese ju-

---

[2] Vgl. indessen zu neueren Entwicklungen "Tragt Röcke!", in: Der

gendliche Subkultur ein offen vertretener Chauvinismus und die verächtlichen Behandlung von Frauen typisch. Als weitere Besonderheit gilt, daß Skinheads durchweg sehr junge Menschen sind: über zwei Drittel dürften noch unter 20 Jahre sein. Festere und straffere Organisationsstrukturen fehlen, meist handelt es sich um lose persönliche Zusammenschlüsse. Skinheads gelten allgemein als undiszipliniert und lehnen organisatorische Einbindungen weitgehend ab. Dies und nicht ideologische Differenzen ließ bereits Anfang der achtziger Jahre von neonationalsozialistischen Gruppen gestartete Versuche einer Einbindung von Skinheads scheitern. Im Laufe der achtziger Jahre orientierte sich die Sukultur aber immer mehr aus sich heraus zu rechtsextremen Auffassungen hin. Parallel zu dieser Entwicklung kam es nicht nur in der Bundesrepublik, sondern auch in anderen europäischen Ländern zu einer Ausdifferenzierung der Skinhead-Szene: Eine (kleine) Minderheit verstand sich als "antifaschistisch" und ordnete sich dem politisch linken Spektrum zu. Von daher nennen sich diese auch "Redskins" (Rote Glatzen) oder S.H.A.R.P.s ("Skinheads Against Racial Prejudice").[3] Insofern kann auch nicht per se jeder Skinhead als rechtsextrem bzw. rechtsextremen Orientierungen zuneigend angesehen werden. Hier gilt es zu differenzieren und insofern beziehen sich die folgenden Ausführungen auch nicht auf diese Minderheit.

Weltanschauung und Feindbilder der Skinheads

Im Zentrum steht auch nicht die Minderheit der bereits in rechtsextremen Parteien und Vereinigungen fest organisierten "Fascho-Skins" oder "Partei-Skins". Hier soll es in erster Linie um den zahlenmäßig größten Anteil der Skinheads, die unorganisierten, im vorpolitischen Raum aktiven Skins, auch "Oi-Skins" genannt, gehen. Über ein geschlossenes politi-

---

Spiegel 46 (1992), H. 50, S. 47-54.

[3] Vgl. Enterbte Erben, in: Der Spiegel 47 (1993), H. 3, S. 70 f.

sches Weltbild verfügen diese eigentlich nicht, es handelt sich vielmehr um eine Ansammlung von diffusen Vorstellungen und Ressentiments. Daher artikulieren sich die politischen Vorstellungen der Skins auch nicht durch fundierte programmatische Ideologien, sondern durch Aktionen gegen Angehörige als gegnerisch eingeschätzter gesellschaftlicher Gruppen. Mit diesen wird nicht die argumentative Auseinandersetzung geführt, die Skins mangels Lust und geistigen Fähigkeiten meist scheuen. Es herrschen vielmehr gewalttätige Aktionen und Übergriffe vor, welche gleichzeitig dazu dienen, körperliche Überlegenheit und Mannhaftigkeit zur Schau zu stellen. Diffuse politische Vorstellungen findet man darüber hinaus auch in den Zeitschriften der Skinheads, den "Fanzines"[4], und den Texten der Musik von Skin-Bands[5], die beide eine relativ große meinungsbildende Funktion in dieser Subkultur haben. Aus all dem läßt sich eine allerdings eher diffuse politische Einstellung ableiten. Dabei gilt es zu berücksichtigen, daß sich diese aus der Skinhead-Szene selbst heraus entwikkelt hat und die Agitation von außen, etwa vom organisierten Rechtsextremismus, dabei keine ausschlaggebende Bedeutung hatte.

Bei der Analyse und Einschätzung der Skinhead-Weltanschauung fällt auf, daß sie unterschwellig von Ideologieelementen des Nationalsozialismus geprägt ist, wozu neben einem übersteigerten Nationalismus auch Rassismus und Antisemitismus gehören. Deutlich wird diese Orientierung am historischen Nationalsozialismus auch durch die Wahl von Namen für Skinhead-Bands oder -Magazine, wie etwa "Sturmtruppen", "Werwolf" oder "Endsieg", "Heimatfront" und "Kraft durch Froide". Ein anderes politisches Vorbild wird in

---

[4] Vgl. Bayerisches Landesamt für Verfassungsschutz (Hrsg.), Aufhellung des rechtsextremistischen Hintergrundes der Skinhead-Szene. Spezial: Fanzines - Skinhead-Magazine, München 1992.

[5] Vgl. Bayerisches Landesamt für Verfassungsschutz (Hrsg.), Aufhellung des rechtsextremistischen Hintergrundes der Skinhead-Szene. Spezial: Skinhead-Musik und Skinhead-Bands, München 1992; André Schäfer, Der gesungene Haß, in: Die Zeit v. 4. Dezember 1992.

der US-amerikanischen rassistischen Organisation "Ku Klux Klan" gesehen, wie aus Parolen und Zeichnungen in den "Fanzines" und auf Plattencover von Skinhead-Bands hervorgeht. Gleichzeitig nimmt man dort auch immer wieder Bezug auf die Tradition des "Nordischen", also der Germanen und Wikinger. Nicht zufällig ist das Symbol der Skins das Keltenkreuz[6], ein Kreis um ein Kreuz, welches das gemeinsame kulturelle Erbe der "nordischen weißen Rasse" zum Ausdruck bringen soll. Gemäß dieser drei als vorbildlich angesehenen politischen Traditionslinien versteht sich der überwiegende Teil der Skinhead-Szene als Vorkämpfer und Verteidiger der "nordisch-arischen Rasse" und wendet sich energisch gegen alle angeblich nicht zu dieser gehörenden ethnische Minderheiten und gesellschaftliche Gruppen mit anderen Wertvorstellungen.

Entlang der beschriebenen rassistischen Orientierung entwickelte sich auch jene diffuse Skinhead-Weltanschauung heraus, die aus den folgenden Ideologiefragmenten besteht: Die als "Herrenrasse" angesehene "weiße Rasse" gelte es vor der Bedrohung durch "Rassenvermischung" und eine "multikulturelle Gesellschaft" zu bewahren. Von daher müsse auch gegen "jüdischen Machenschaften", Kommunismus und Kapitalismus sowie die parlamentarische Demokratie vorgegangen und ein anderes politisches System begründet werden. Skinheads seien "arische" Jugendliche, die die Gefahr für ihre "Rasse" erkannt hätten und sich als Kämpfer und politische Soldaten in einem bald anstehenden "Rassenkrieg" sehen. Offensichtlich am SA-Straßenkämpfer der Weimarer Zeit orientiert, will man den bereits tobenden Kampf gegen die Feinde von "Nation" und "Rasse" auf der Straße gewinnen. In der konsequenten Umsetzung dieser Vorstellung betätigen sich die Skinheads in erster Linie durch gewalttätige

[6] Da das Keltenkreuz von der 1982 vom Bundesminister des Inneren verbotenen neonationalsozialistischen "Volkssozialistischen Bewegung Deutschlands/Partei der Arbeit" (VSBD/PdA) als ihr Symbol verwendet wurde, gilt dieses als Kennzeichen einer verfassungswi-drigen Organisation gemäß der Paragraphen 86, 86a StGB.

Aktionen und Überfälle gegen Ausländer und Einrichtungen der politischen Linken und wenden sich gegen Juden und "undeutsche Elemente" wie Homosexuelle oder Prostituierte. Dieser Hang zur unkontrollierten Gewalt ist bei den Skinheads noch stärker ausgeprägt als im strategisch denkenden neonationalsozialistischen Spektrum und kommt auf Plakaten, in Zeitschriften und Liedtexten offen zum Ausdruck. Teilweise wird sogar direkt die Tötung von Angehörigen ausländischer Volksgruppen gefordert.

Verhältnis zum Neonationalsozialismus

Von der beschriebenen Weltanschauung und den Feindbildern her liegt eine besondere Nähe der Skinheads zum Neonationalsozialismus als Teil des organisierten Rechtsextremismus nahe. So bezieht man sich etwa auf die selben historischen Vorbildern: Hitler gilt den Skins als Vorkämpfer der "arischen Rasse", SA und SS werden als nachahmenswerte Straßenkampf-Formationen angesehen. Darüber hinaus verwendet man eindeutig in der Tradition des Nationalsozialismus stehende Grußformen, Namen und Parolen und verherrlicht Personen und Institutionen des NS-Staates. Jedoch lehnen die Skinheads eine nähere Beschäftigung mit der nationalsozialistischen Ideologie ab und wollen sich auch nicht in rechtsextreme Parteien organisieren, was beides mit der Undiszipliniertheit der Skinhead-Subkultur zusammenhängt. Diese ließ auch bereits seit Anfang der achtziger Jahre laufende Bemühungen um eine enge organisatorische Einbindung in die neonationalsozialistische Szene scheitern. Dadurch entstand der Eindruck, daß diffuse rechtsextreme Sprüche von Skinheads lediglich provozieren sollten und gewalttätige Aktionen mehr von Alkoholkonsum und Wunsch nach Randale, denn politischen Vorstellungen motiviert waren. Die damit einhergehende Fixierung auf eine organisationszentrierte Auffassung des Rechtsextremismusbegriffs ließ denn auch bei Journalisten, Sozialwissenschaftlern und Verfassungsschützern den Eindruck entstehen, es handele sich um ein eher unpolitisches Phänomen.

Diese Einschätzung änderte sich erst als der rechtsextreme Hintergrund der Skinhead-Szene deutlicher wurde[7] und es zu einer immer engeren Zusammenarbeit von Skinheads und neonationalsozialistischen Gruppen bei öffentlichen Aktionen kam. Dadurch wandelte sich auch die Einschätzung grundlegend. Der Leitende Regierungsdirektor im Bundesamt für Verfassungsschutz, Heinrich Sippel, geht sogar so weit, eine weitgehende Gleichsetzung vorzunehmen und die Skinheads als "integralen Teil des Neonazismus" anzusehen: "Auftritte von Skinheads ohne neonazistische Begleitumstände sind so seltene Ausnahmeerscheinungen, daß es gerechtfertigt ist, die Skinhead-Szene grundsätzlich als ein neonazistisches Phänomen anzusehen, zumal die Glatzköpfe durchweg einen unterschwelligen Hang zu neonazistischen Denkmustern aufweisen."[8] Differenzierend muß jedoch einerseits darauf hingewiesen werden, daß es auch nicht-rechtsextreme Minderheiten wie etwa "Red-Skins" unter den Skinheads gibt und andererseits Gruppen mit einem relativ gering entwickelten politischen Bewußtsein existieren. Eine Politisierung nimmt indessen in diese Richtung zu, wie etwa gemeinsame Stammtisch-Treffs von Skinheads und Neonationalsozialisten bezeugen. Letztere nutzen solche Zusammenkünfte zur verstärkten politischen Einflußnahme. Ob sich dadurch eine Steuerung der Skinheads ergeben wird, dürfte aufgrund von fehlenden Organisationsstrukturen bei ihnen indessen eher bezweifelt werden. Dieser Tatbestand nötigt jedoch nicht zu einer Korrektur hinsichtlich der Einschätzung der Mehrheit der Skinheads als rechtsextrem. Das Niveau politischen Bewußtseins und der Organisationsgrad haben in diesem Zusammenhang nur sekundäre Bedeutung.

---

7 Vgl. Bayerisches Landesamt für Verfassungsschutz (Hrsg.), Aufhellung des rechtsextremistischen Hintergrundes der Skinhead-Szene, München 1992.

8 Heinrich Sippel, Der Rechtsextremismus nach der Wiedervereinigung, in: Uwe Backes/Eckhard Jesse (Hrsg.), Jahrbuch Extremismus & Demokratie 3, Bonn 1991, S. 166-174, hier S. 173.

Herausbildung einer rechtsextremen Skinhead-Szene in der DDR

Der in Parteien und politischen Gruppen organisierte Rechtsextremismus konnte sich auf dem Boden der ehemaligen DDR erst nach der Öffnung der Grenzen am 9. November 1989 betätigen. Unter Anleitung, Schulung und Lenkung von westdeutschen Aktivisten wurden erstmals dortige Sympathisanten in offen organisierter Form aktiv. Dies könnte den Eindruck erwecken, als handele es sich bei dem Rechtsextremismus in der DDR bzw. in den neuen Bundesländern um ein importiertes Phänomen. Indessen belegt die im Osten Deutschlands noch zu SED-Zeiten erfolgte Herausbildung einer rechtsextremen Skinhead-Szene[9], daß es sich hierbei vielmehr um ein genuines Produkt der alten DDR-Gesellschaft handelt.

Aus einigen unveröffentlicht gebliebenen Berichten der Kriminalpolizei läßt sich das Entstehen und die Entwicklung dieser Jugend-Subkultur in der DDR vor der Wende nachzeichnen.[10] Zu Beginn der achtziger Jahre gab es nur vereinzelt Skinheads, die lediglich eine unter vielen jugendkulturellen Strömungen und eher an Musik und Mode denn an politischer Betätigung interessiert waren. Ungefähr seit 1983 setzte ein verstärkter Organisationsprozeß in der Skinhead-Szene ein, der bis 1986 dazu führte, daß es ihnen im Vergleich zu anderen Jugendgruppen gelang, die stabilsten Organisationsstrukturen aufzubauen. Es entstanden Kleingruppen mit einer festen Mitgliederzahl, die neue Bewerber in ihre

[9] Vgl. Waltraud Arenz, Skinheads in der DDR, in: Dieter Voigt/ Lothar Mertens (Hrsg.), Minderheiten in und Übersiedler aus der DDR, Berlin 1992, S. 141-171; Wolfgang Brück, Skinheads vor und nach der Wende in der DDR, in: Gessenharter/ Fröchling (Anm. 1), S. 163-173.

[10] Vgl. Bericht der Hauptabteilung Kriminalpolizei, Erkenntnisse der Kriminalpolizei zu rechtsextremen Orientierungen von jungen Menschen vom 20. Februar 1990, abgedruckt in: Frank Schumann, Glatzen am Alex. Rechtsextremismus in der DDR, Berlin 1990, S. 141-144; Peter Ködderitzsch/Leo A. Müller, Rechtsextremismus in der DDR, Göttingen 1990, S. 11-27.

Organisationen nur nach Erfüllung bestimmter Bedingungen aufnahmen. Gleichzeitig entwickelten sich enge Gruppenbeziehungen, die eine hohe Übereinstimmung von Interessen und Verhaltensmustern erzeugten. Beides führte dazu, daß die Skinheads sich als Gruppe immmer mehr in der Gesellschaft isolierten.

Gefördert wurde diese Entwicklung durch die immer gewalttätigeren Aktivitäten. Zunächst kam es zu scheinbar völlig unpolitischen Prügeleien bei Fußballspielen, die allerdings schon mit rassistischen und antisemitischen Beschimpfungen verbunden waren. Danach eskalierte die von der Skinhead-Szene ausgehende Gewalt, etwa bei Ausschreitungen gegen jüdische Einrichtungen und Übergriffen auf Ausländer. Der bekannteste Fall dieser Art war der Überfall auf die Ostberliner Zionskirche im Oktober 1987. Dabei drangen rechtsextreme Skinheads unter Skandierung von Parolen wie "Sieg Heil" oder "Juden raus aus deutschen Kirchen" in die Kirche ein und schlugen die anwesenden Jugendlichen brutal zusammen. Es kam zwar anschließend zur Verurteilung einiger der Beteiligten, die geringe Freiheitsstrafen erhielten. Der politische Hintergrund wurde jedoch geleugnet, die Tat lediglich als Rowdytum dargestellt.[11]

Die rechtsextremen Ideologieelemente und Orientierungen der Skinhead-Szene, die sich im Laufe der achtziger Jahre immer deutlicher herauskristallisierten, vertuschte man. Aufschluß darüber vermittelt eine "Studie über Erkenntnisse der Kriminalpolizei zu neofaschistischen Aktivitäten in der DDR"[12], worin die Akten aus 59 Strafverfahren nach verschiedenen Kriterien ausgewertet wurden. Dazu gehörte auch eine Untersuchung der Kommunikationsinhalte informeller Skinhead-Gruppen. Es handelte sich dabei um die folgenden Themen, die in den Massenmedien nicht angesprochen wurden und so in der politischen Kultur der DDR teilweise Ta-

---

[11] Über diesen Fall und die öffentliche Reaktion darauf berichtet: Schumann (Anm. 10), S. 47-53.

[12] Studie über Erkenntnisse der Kriminalpolizei zu neofaschistischen Aktivitäten in der DDR, Berlin (Ost) 1989, unveröffentlichtes Manuskript.

buthemen waren: Ausländer in der DDR, Geschichte der Teilung Deutschlands, Alleinvertretungsanspruch der Bundesrepublik, Geschichte des Nationalsozialismus, Arbeitsdisziplin und Arbeitsorganisation im Alltag, Schlamperei und Vergeudung in der Wirtschaft, Reiseprobleme und Versorgung mit Konsumgütern, Probleme mit der Währung der DDR, Antikommunismus und sozialpsychologische Aspekte der Massenmanipulation.[13] In einem gesonderten Abschnitt wurden die Ideologie und die sozialen Werte untersucht. Dabei stellte man einen Nationalismus fest, der alle anderen Werte hinter die Zugehörigkeit zu einer Nationalität, hier der deutschen Nationalität, stellte. Eng verbunden mit derartigen Vorstellungen war die Ablehnung von Ausländern, die für die Skinheads der Inbegriff von Faulheit, Schlamperei, Unordnung und Schmutz waren. Eine ähnlich starke Ablehnung wurde gegenüber Körperbehinderten, geistig Behinderten, Homophilen und sozialen Gruppen beobachtet, die nicht den Normen des Weltbildes der Skinhead-Gruppen entsprachen (Punks, Ökofreaks etc.).[14] Hinzu kam, worauf der Filmemacher und spätere Bündnis 90/Die Grünen-MdB Konrad Weiß bereits 1989 in einer internen Analyse aufmerksam machte, nämlich die identitätsbildende Funktion der Gewalt.[15] In der Tat drückten sich die skizzierten Ideologiefragmente nicht in intellektuellen Reflexionen oder der argumentativen Auseinandersetzung mit anderen Gruppen, sondern primär in ihrer Umsetzung in Beschimpfungen und vor allem in ungezügelter Gewalt aus.

In der genannten Studie der Kriminalpolizei sind auch einige Sozialdaten über die untersuchten rechtsextremen Straftäter enthalten. Dabei wurde deutlich, daß sich die Skinheads aus allen Schichten der DDR-Bevölkerung rekrutierten, es also offensichtlich keine durch bestimmte schichtenspezifische Lebensumstände motivierten Gruppenzugänge gab. Die Mehrzahl der untersuchten rechtsextremen Skinheads war

---

[13] Vgl. ebda., S. 8 f.

[14] Vgl. ebda., S. 13-21.

[15] Vgl. Konrad Weiß, Die neue alte Gefahr. Junge Faschisten in der DDR, in: Kontext, Nr. 3/1989, S. 3-12, hier S. 5.

zwischen 18 und 25 Jahre alt, nur eine unbedeutende Minderheit war älter. Der Frauenanteil in den Gruppen betrug lediglich um die 20 Prozent. Darüber hinaus zeigte sich, daß die überwiegende Mehrheit der untersuchten Skinheads (rund 80 Prozent) in ihren Arbeitskollektiven als geachtete Mitglieder galten.[16] Bestätig wird diese Einschätzung von einer Untersuchung Karl-Heinz Fittkaus zur "Phänomenologie der Kriminalität rechtsextremer Straftäter in der DDR", die zeigt, "daß rechtsextreme Straftäter überdurchschnittlich häufig ein sehr gutes/gutes Arbeits- und Kollektivverhalten an den Tag legten".[17]

Damit deutet sich ein offensichtlich nicht einheitliches Meinungsbild über Skinheads in der DDR-Gesellschaft an: Ablehnung wie Zustimmung zu der Subkultur im Allgemeinen und ihren einzelnen Repräsentanten im Besonderen sind nicht eindeutig feststellbar. Dies zeigt auch eine ebenfalls unveröffentlicht gebliebene Untersuchung aus dem damals noch existierenden Leipziger Zentralinstituts für Jugendforschung, die von dem Kriminalsoziologen Wolfgang Brück über "Skinheads im Meinungsbild Jugendlicher"[18] 1988 durchgeführt wurde. Darin wird deutlich, daß Skinheads zwar sehr stark als soziale Außenseiter wahrgenommen wurden, sich andererseits aber auch eine gewisse Attraktivität dieser Subkultur andeutete. Ein Bekenntnis zu Skinheads fand man bei einem Prozent der Befragten, bei den Schülern und Lehrlingen habe jeder fünfte positive und jeder vierte negative Erfahrungen mit Skinheads gemacht, während von den Angestellten und Studenten lediglich jeder zwanzigste positive und lediglich jeder fünfte negative Erfahrungen gemacht habe. Von daher erwies sich auch die soziale Befindlichkeit als wichtigster Faktor für die Akzeptanz von Skinheads. Es zeigte sich ebenfalls, daß die relativ geringe Identifizierung

---

[16] Vgl. Studie (Anm. 12), S. 10-13.

[17] Karl-Heinz Fittkau, Phänomenologie der Kriminalität rechtsextremer Straftäter in der DDR (1988/89), Jur. Diss. Berlin (Ost) 1990, unveröffentlichtes Manuskript, Bd. 1, Thesen, S. 12.

[18] Wolfgang Brück, Skinheads im Meinungsbild Jugendlicher. Forschungsbericht, Leipzig 1988, unveröffentlichtes Manuskript.

mit dem DDR-System als Motiv eine wichtige Rolle spielte.[19] Allerdings kann daraus nicht abgeleitet werden, daß die Skinheads trotz der politischen Distanz zum SED-Regime eine Systemopposition bildeten. Aktivitäten aus dieser Subkultur richteten sich nicht gegen Partei- oder Staatseinrichtungen, sondern in erster Linie gegen Ausländer und andere jugendliche Subkulturen, die meist in größerer Distanz gegenüber dem DDR-System standen. Der erwähnte Überfall auf die Ostberliner Zionskirche, auch ein wichtiges organisatorisches Zentrum der Systemopposition, kann dafür als Beispiel angesehen werden. In ähnlichen anderen Fällen war der SED-Staat sogar Nutznießer von Ausschreitungen der Skinheads gegen oppositionelle Einrichtungen. Hinzu kommt, daß die Werte der Skins, Disziplin, Ordnung und Sauberkeit, auch Werte des DDR-Sozialismus waren. Zwar stand diese jugendliche Subkultur unter Beobachtung von staatlichen Stellen, von einer politischen Verfolgung der Skinheads zu SED-Zeiten kann aber nicht gesprochen werden.[20]

Die Skinhead-Szene in den neuen Bundesländern

Nach dem Ende der SED-Diktatur ergaben sich für die Skinheads neue Möglichkeiten zu Aktionen, die das Erscheinungsbild der Subkultur in zweifacher Hinsicht veränderten. Erstens orientierte man sich immer stärker an den jetzt auch im Osten Deutschlands aktiven neonationalsozialistischen Gruppen. Dabei handelte es sich vor allem um den bereits erwähnten Kühnen-Flügel. Bei militanten Aktionen kam es zu einer engen Zusammenarbeit von Neonationalsozialisten und Skinheads, die mit einer Politisierung der jugendlichen Subkultur einherging. Zweitens traten die Skinheads offener und brutaler auf, insbesondere im Zusammenhang mit gewalttätigen Maßnahmen. Ziele waren neben den bereits längere Zeit in der DDR lebenden Ausländern und den Unterkünften von

---

[19] Vgl. ebda., S. 11, 17 und 21.

[20] Vgl. Bernd Siegler, Auferstanden aus Ruinen ... Rechtsextremismus in der DDR, Berlin 1991, S. 74-88.

Asylbewerbern vor allem Gaststätten, Jugendclubs und Kulturzentren, die nicht mit den typischen Skinhead-Werten und Vorstellungen konform gingen. Insbesondere Dresden bildete 1991 ein Zentrum für derartige Aktionen und galt gar als "Hauptstadt der Bewegung". Nach Presseberichten tummelten sich in Sachsens Hauptstadt rund 500 Rechtsextremisten aller Art. Fast jeden Tag wurden dort Ausländer angepöbelt und verprügelt, meist Gastarbeiter, die seinerzeit noch von der SED ins Land geholt wurden. Skinheads warfen einen Mosambikaner aus einer fahrenden Straßenbahn, dieser starb an den Folgen der erlittenen Kopfverletzung. Eine Gruppe von Skinheads jagte einzelne Roma und Sinti quer durch die Innenstadt; Asylbewerber bewarf man mit Steinen.[21] Hierbei handelte es sich keineswegs um regional begrenzte Einzelfälle, folgt man zahlreichen Presseberichten, so konnte man Ähnliches auch in anderen Städten beobachten. Vorläufige Höhepunkte fanden die gewalttätigen ausländerfeindlichen Aktionen der Skinheads im September 1991 in Hoyerswerda[22] und im August 1992 in Rostock[23]. Beide Ereignisse wurden mit Pogromen verglichen, und in beiden Fällen wurden die militanten Skinheads von Passanten mit zustimmendem Beifall angefeuert.

Das Ausmaß der angewandten Gewalt überstieg bei derartigen Aktionen quantitativ und qualitativ das bisher aus dieser Subkultur-Szene in den anderen westlichen Ländern bekannte Niveau. Deutlich wurde ein erschreckend hohes Ausmaß an Aggressivität und Gewaltbereitschaft, das ganz bewußt auch den Tod von Menschen mit einkalkulierte. "Die Hemmschwellen sind tiefer als im Westen", so Bernd Wagner, seinerzeit Leiter der Abteilung Staatsschutz im Gemeinsamen Landeskriminalamt (GLKA) der neuen Bundesländer: "Die

---

[21] Vgl. Alltägliche Jagdszenen, in: Der Spiegel 45 (1991), H. 16, S. 112.

[22] Vgl. die Titelgeschichte: Gewalt gegen Fremde, in: Der Spiegel 45 (1991), H. 40, S. 30-51.

[23] Vgl. die Titelgeschichte: Rostock: Randale gegen die Republik, in: Der Spiegel 46 (1992), H. 36, S. 18-29.

schlagen schneller zu."[24] Bei all diesen Aktionen ging man keineswegs, wie vielfach angenommen wird, spontan, sondern durchaus geplant vor, worauf bereits sehr früh aufgrund kriminalsoziologischer Untersuchungen hingewiesen wurde. Wagner dazu: "In der Mehrheit aller Fälle handelt es sich um geplante Vorgänge, deren Ziel vorherbestimmt wird - eine straffe Organisaton steht dahinter; das Verhalten gegenüber der Polizei und der eventuell greifenden Justiz ist abgesprochen; Zeugen werden, wenn szenengebunden, konditioniert, andere 'beeinflußt'; eigene 'Verwundete' werden versorgt, Verschleierung organisiert (Fluchtauto), Angriffe auf Medien in kompromittierenden Situationen u. ä. werden vorgetragen; die Angriffstaktik ist zielpunktiert, flexibel, auf Plötzlichkeit ausgerichtet (das kann spontan nicht funktionieren)."[25] Dies soll nun nicht den Eindruck einer zentralen landesweiten Steuerung solcher Anschläge erwecken. Die organisatorischen Vorbereitungen laufen wohl eher in bzw. zwischen Kleingruppen von Skinheads, aber auch neonationalsozialistischen Aktivisten ab. Bereits im März 1991 schätzte Wagner das im geschilderten Sinne rechtsextremistisch orientierte Gewaltpotential in den neuen Bundesländern auf etwa 10.000 bis 15.000 Mann ein.[26] Der Zulauf zur Skinhead-Szene hält an, und die Jugendlichen aus dieser Subkultur bilden ein wichtiges Rekrutierungspotential für rechtsextreme, insbesondere neonationalsozialistische Parteien und Gruppen.

---

[24] Zit. in: "Die schlagen schneller zu", in: Der Spiegel 45 (1991), H. 22, S. 78-85, hier S. 78.

[25] Bernd Wagner, Polizei und Rechtsextremismus, in: Magistratsverwaltung für Jugend, Familie und Sport (Hrsg.), Jugend und Rechtsextremismus in Berlin-Ost, Berlin (Ost) 1990, S. 51-54, hier S. 51 f.

[26] Vgl. "Die schlagen schneller zu" (Anm. 24), S. 80.

V. Das rechtsextreme Einstellungs- und Wählerpotential im vereinten Deutschland

Eine kritische Bestandsaufnahme zum Rechtsextremismus im vereinten Deutschland darf sich nicht auf die politische Organisationen beschränken, sondern muß auch die soziologische Seite berücksichtigen. Dabei geht es um die Erfassung des gesellschaftlichen Potentials, das aus welchen Gründen auch immer rechtsextremen Ideologieelementen oder Parteien zuneigt. Nur durch dessen Berücksichtigung und Untersuchung können auch realistische Einschätzungen über die vom Rechtsextremismus ausgehenden möglichen politischen Gefahren vorgenommen werden.

Bei einer derartigen Analyse bedarf es zunächst der Unterscheidung von rechtsextremem *Einstellungs-* und *Wähler*potential. Mit dem Begriff Einstellungspotential soll die Verbreitung von rechtsextremen Ideologieelementen und Orientierungen in der Bevölkerung erfaßt werden. Wählerpotential bezieht sich demgegenüber lediglich auf die Wählerschaft einer rechtsextremen Partei. Beides ist nicht identisch, wie vielfach angenommen wird. Nicht jede Person mit rechtsextremen politischen Orientierungen wählt unbedingt eine rechtsextreme Partei. Dafür kann es ganz verschiedene Gründe geben, etwa die stärkere Anbindung an eine andere Partei, die Angst bei einer Wahl seine Stimme zu "verschenken", die Zersplitterung des parteilich organisierten Rechtsextremismus oder das Fehlen einer attraktiv wirkenden rechtsextremen Partei, die auch dazu in der Lage wäre, das rechtsextreme Einstellungspotential zu mobilisieren. Andererseits gilt, daß nicht jeder Wähler einer rechtsextremen Partei unbedingt auch Rechtsextremist sein muß. Die jeweilige Wahl kann durch ganz unterschiedliche Gründe motiviert sein, dazu gehören ideologische Übereinstimmungen ebenso wie die Artikulation von Unmut und Protest. Von daher gilt es strikt zwischen Einstellungs- und Wählerpotential zu unterscheiden. Beides kann je nach politischer Situation weitgehend miteinander identisch sein, aber auch stark differieren.

Über das rechtsextreme Einstellungs- und Wählerpotential

ist eine ganze Reihe von empirischen Untersuchungen durchgeführt worden. Allerdings gab es keine kontinuierliche Forschung, d.h. die Untersuchungen wurden nicht einheitlich über einen längeren Zeitraum angestellt, so daß vergleichende Analysen im engeren Sinne nur begrenzt möglich sind. Die Entwicklung der Forschung war häufig vom öffentlichen Wahrnehmen von Rechtsextremismus in Form von militanten Aktionen oder Wahlerfolgen bestimmt und motiviert. Zwar bezogen sich die jeweiligen Institute und Wissenschaftler zum Teil auf die methodischen Ansätze zuvor zum Thema durchgeführter Studien, allerdings meist mit anderen Fragestellungen oder Schwerpunkten, so daß auch von daher nicht von einer Kontinuität gesprochen werden kann. All dies gilt es zu berücksichtigen, wenn im folgenden eine Auswertung und Interpretation derartiger Untersuchungen vorgenommen wird. Schließlich muß auch noch vor der Faszination der Zahl gewarnt werden: Die jeweiligen Ergebnisse von Studien sollte man nicht als feste Werte im engeren Sinne, sondern mehr als Trends zur Orientierung ansehen.

1. Das rechtsextreme Einstellungs- und Wählerpotential in den alten Bundesländern

In den alten Bundesländern wurden seit Ende der vierziger Jahre mehrmals Untersuchungen zu Einstellungen gegenüber dem Nationalsozialismus durchgeführt. Die darin zum Ausdruck kommende Sympathie für das NS-Regime nahm zwar im Laufe der Zeit immer mehr ab, von knapp der Hälfte auf knapp ein Drittel der Befragten in den siebziger Jahren, blieb aber auf einem doch relativ hohen Niveau stehen.[1] Dies sollte

[1] Vgl. Office of the US High Commissioner for Germany (Hrsg.), A Year End Survey of Rightist and Nationalist Sentiments in West Germany, Report No. 167, Januar 12, 1953, S. 8; Elisabeth Noelle/Erich Peter Neumann (Hrsg.), Jahrbuch der öffentlichen Meinung 1947 - 1955, Allensbach 1956, S. 128; Institut für Demoskopie (Hrsg.), Demokratie-Verankerung in der Bundesrepublik Deutschland. Eine empirische Untersuchung zum 30jährigen Bestehen der Bundes-

aber nicht als Beleg für die These "ein Drittel Nationalsozialisten unter den Deutschen" angesehen werden, da hier vielmehr eine unzureichende Aufarbeitung der NS-Vergangenheit in der Bevölkerung und die Akzeptanz von Vorstellungen über einen "starken Mann" oder "starken Staat" zum Ausdruck kommen. Das erwähnte Einstellungs- bzw. Sympathiepotential war auch nicht gleichbedeutend mit dem Votum für die Einführung eines neuen "Dritten Reiches" , sondern ein Ausdruck von Sympathie für autoritäre und antidemokratische Politikvorstellungen. Insofern existierte also ein nicht unbeträchtliches rechtsextremes Einstellungspotential. Dieses kann allerdings quantitativ nicht genauer eingeschätzt werden, weil die hier angesprochenen Untersuchungen sich nur mit bestimmten Detailfragen beschäftigten, ohne umfassend über das rechtsextreme Einstellungspotential Auskunft zu geben.

Rückblick auf die SINUS-Studie von 1979

Erst 1979/80 wurde ein breiter angelegtes Forschungsprojekt im Auftrag des Bundeskanzleramtes vom SINUS-Institut durchgeführt. Auf der Basis von rund 7.000 Interviews mit repräsentativ ausgewählten Bundesbürgern sollte das rechtsextreme Einstellungspotential nicht nur zahlenmäßig bestimmt, sondern auch soziodemographisch beschrieben werden. Der enorme quantitative und qualitative Aufwand, der mit dem Erstellen der Studie verbunden war, rechtfertigt auch die besondere Aufmerksamkeit für die SINUS-Studie. Laut dieser Untersuchung verfügten 13 Prozent der Wahlbevölkerung über ein geschlossenes rechtsextremes Weltbild, rund sechs Prozent billigten gar rechtsextreme Gewalttaten, und weitere 37 Prozent seien aufgrund ihrer autoritären Einstellung für rechtsextreme Propaganda empfänglich.[2] Als später eine Buchausgabe der Studie erschien, löste diese

republik, Allensbach 1989, S. 96, 102.

[2] Vgl. 5 Millionen Deutsche: "Wir sollten wieder einen Führer haben ..." Die SINUS-Studie über rechtsextremistische Einstellungen bei den Deutschen, Reinbek 1981, S. 78, 83 und 93.

großes Interesse in der Öffentlichkeit aus. Die Ergebnisse wurden zum Teil heftig kritisiert, wobei die Motive einerseits politischer, andererseits aber auch methodischer Art waren. Für den hier zu erörternden Zusammenhang sollen allerdings nur letztere berücksichtigt werden[3]. Die vorgetragene Kritik richtete sich dabei nicht gegen die Datenbasis an sich, sondern lediglich gegen deren Interpretation. Dazu gehörte die recht willkürliche Bestimmung eines Trennwertes zur Unterscheidung von rechtsextremen und nicht-rechtsextremen oder demokratischen Einstellungen sowie dessen zu niedrige Bezifferung. Da nicht alle Einstellungsstatements des Fragebogens auch als eindeutig rechtsextrem anzusehen waren, konnten somit auch demokratisch gesinnte Befragte in die Nähe von Bewertungen als rechtsextrem geraten. Hinzu kam das Ignorieren von extremismus- bzw. totalitarismustheoretischen Erwägungen sowie die Annahme eines geschlossenen rechtsextremen Weltbildes, das selbst an der Basis von rechtsextremen Organisationen wohl eher die Ausnahme ist. In der Regel herrscht ein Konglomerat von Ideologieelementen vor, da theoretische Reflexionen nur die Sache bestimmter Teilgruppen des Rechtsextremismus sind. Berücksichtigt man all diese Kritikpunkte, so kann man den Hauptergebnissen hinsichtlich ihrer Begründung in dieser Form sicherlich nicht ganz zustimmen.

Brauchbar ist die Studie hinsichtlich der Aussagen zum rechtsextremen Einstellungspotential allerdings bezogen auf die Zustimmung zu bzw. Ablehnung von Einstellungsstatements, die von ihrem Inhalt her demokratie- bzw. extremismustheoretisch eindeutig eingeschätzt werden können. Im folgenden wird eine Auswahl dieser mit Angaben zur Zustimmung als "völlig richtig" (jeweils in Klammern: "teilweise richtig") präsentiert: "Wir sollten wieder einen Führer haben, der Deutschland zum Wohle aller mit starker Hand regiert": 4 Prozent (10 Prozent), "Der National-

[3] Vgl. Friedhelm Neidhardt, Rezension, in: Kölner Zeitschrift für Soziologie und Sozialpsychologie 32 (1981), S. 794-796; Uwe Backes / Eckhard Jesse, Politischer Extremismus in der Bundesrepublik Deutschland. Bd. I: Literatur, Köln 1989, S. 118-121.

sozialismus hat dem deutschen Volk von Anfang an geschadet." (Negativ-Polung): 9 Prozent (18 Prozent), "Parteien und Gewerkschaften schaden dem Allgemeinwohl": 3 Prozent (13 Prozent), "Wir sollten wieder eine einzige starke Partei haben, die wirklich die Interessen aller Schichten unseres Volkes vertritt.": 11 Prozent (17 Prozent), "Wir sollten streng darauf achten, daß wir das Deutschtum rein erhalten und Völkermischung unterbinden.": 11 Prozent (25 Prozent), "Die Bundesregierung ist eine Marionettenregierung von Amerikas Gnaden.": 4 Prozent (17 Prozent), "Der Einfluß von Juden und Freimaurern auf unser Land ist auch heute noch groß.": 6 Prozent (19 Prozent), "Was uns fehlt, ist wieder eine echte Volksgemeinschaft, also weder Kommunismus noch Kapitalismus.": 19 Prozent (34 Prozent), "Nicht nur unsere Umwelt, sondern auch unsere Rasse muß rein erhalten werden.": 12 Prozent (27 Prozent), "Wenn man vom Krieg absieht, hatte es Deutschland unter Hitler eigentlich besser als heute.": 4 Prozent (14 Prozent), "Gäbe es bei uns wieder Arbeitslager, kämen Zucht und Ordnung von alleine.": 8 Prozent (20 Prozent).[4] Man könnte auf der Basis der Zustimmung zu diesen Einstellungsstatements eine neue inhaltlich wie methodisch besser abgesicherte quantitative Einschätzung des rechtsextremen Einstellungspotentials vornehmen, was allerdings von der Bestimmmung durch einen Abgrenzungswert her ebenfalls problematisch wäre. Die Zustimmung zu diesen doch eindeutig als rechtsextrem zu bewertenden Items veranschaulicht aber, daß es durchaus ein nicht unbeträchtliches rechtsextremes Einstellungspotential in der deutschen Bevölkerung gibt, das quantitativ mit den 13 Prozent der SINUS-Studie keineswegs so unzutreffend beziffert wurde.

Über diese Einschätzung des rechtsextremen Einstellungspotentials hinaus lieferte die Untersuchung auch Angaben zu den sozialdemographischen Merkmalen des Potentials, die hier kurz wiedergegeben werden sollen: Rechtsextreme Ideologieelemente fanden bei den Altersgruppen unter 40

---

[4] Vgl. 5 Millionen Deutsche (Anm. 2), S. 79-81.

Jahren weniger Akzeptanz als bei den Älteren. Geschlecht und konfessionelle Unterschiede spielten kaum eine Rolle. Überrepräsentiert beim rechtsextremen Einstellungspotential waren Personen ohne Berufsausbildung, Landwirte und Selbständige sowie sich sozial benachteiligt Fühlende. Bemerkenswert ist, daß sich hinsichtlich der Parteipräferenz knapp 80 Prozent des rechtsextremen Einstellungspotentials den etablierten Parteien zuordneten.[5] Hier wird noch einmal die notwendige Unterscheidung von rechtsextremem Wähler- und Einstellungspotential deutlich.

Untersuchungen zu rechtsextremen Wahlerfolgen 1989

Was das rechtsextreme Wählerpotential betrifft, so gab es angesichts der geringen Zustimmung zu entsprechenden Parteien lange Zeit keine Studien. Erst nach den Wahlerfolgen der REP im Jahre 1989 führten eine ganze Reihe von Instituten und Wissenschaftlern Untersuchungen zur Wählerbasis dieser Partei durch. Hier sollen diese bezüglich der sozialen Zusammensetzung und Motive, die zu den Voten zugunsten der REP führten, ausgewertet werden.

Bei den Wahlen zum Berliner Abgeordnetenhaus am 29. Januar 1989 erhielten die REP für die meisten politischen Beobachter überraschend 7,5 Prozent der Stimmen. Dieses Ergebnis veranlaßte die Mannheimer Forschungsgruppe Wahlen zu einer ausführlichen Analyse der Wählerbasis der Partei.[6] Danach erhielt diese Stimmen in allen Bezirken West-Berlins, die größte Zustimmung aber in den Arbeiterwohngebieten, wo fast doppelt so viele Berliner wie in bürgerlichen Wohngebieten die REP wählten. Dies bedeutete aber nicht, daß die Wähler ausschließlich aus der Arbeiterschicht kamen. Die Arbeiterwohngebiete standen hier vielmehr für ein politisches Kleinklima, das durch soziale

---

[5] Vgl. ebda., S. 87-91.

[6] Manfred Berger,/Wolfgang G. Gibowski/Dieter Roth, Ein Denkzettel für den Senat. Die Republikaner nutzen die Angst vor Ausländern aus, in: Die Zeit v. 3. Februar 1989.

Verunsicherung und Angst vor Statusverlusten gekennzeichnet sei. Die Wähler der REP machten sich überdurchnittlich häufig Sorgen um ihren Arbeitsplatz und waren mit der Wohnungssituation und der Ausländerpolitik nicht einverstanden. Von daher sahen die Wahlforscher auch in einer Mischung aus Unzufriedenheit über die soziale Situation und die Anwesenheit von Ausländern die wesentlichen Faktoren, die die Wahl der Partei motivierten. Andererseits ist aber auch aufschlußreich, daß in Wohnvierteln, in denen besonders viele Ausländer lebten, die REP fast genauso abschnitten wie dort, wo der Anteil der Ausländer besonders niedrig war. Dies galt auch für die Arbeiterwohngebiete: die meisten Stimmen erhielt die Partei in denen, die keinen großen Ausländeranteil hatten. Es waren auch nicht die schlechter, sondern die besser gestellten Arbeiter, die überdurchschnittlich stark die REP wählten. Zuvor hatten die meisten Wähler der Partei, um die 60 Prozent, die CDU gewählt, so daß die Wahlforscher das Votum für die REP als Denkzettel für die Unionspartei ansahen. Als Besonderheit fiel darüber hinaus auf, daß überproportional viele männliche Jungwähler die REP wählten.[7]

Bei den hessischen Kommunalwahlen am 12. März 1989 kam es überall da, wo REP oder NPD kandidierten, ebenfalls zu Wahlerfolgen rechtsextremer Parteien. In Frankfurt/M. erhielt die NPD 6,6 Prozent der Stimmen, ein überraschendes Ergebnis, das ebenfalls Anlaß zu genaueren Wahlanalysen bot. Die Forschungsgruppe Wahlen[8] interpretierte das Votum für die älteste rechtsextreme Partei der Bundesrepublik in dieser Stadt ähnlich wie bei den Berliner Wahlen. In der Unzufriedenheit mit der Politik der Bundesregierung, Problemen auf dem Wohnungsmarkt und der Ablehnung von Ausländern sah man die wesentlichen Gründe für die Wahl der NPD.

---

[7] Vgl. Hajo Funke, Kein Grund zur Verharmlosung - die "Republikaner" sind eine Jungwählerpartei, in: Neue Gesellschaft/Frankfurter Hefte 36 (1989), S. 312-320.

[8] Wolfgang G. Gibowski, Quittung für die Union. Protest, nicht Ideologie erklärt die rechten Erfolge in Frankfurt, in: Die Zeit v. 17. März 1989.

Dabei hätte die Partei allein einen solchen Erfolg nicht erlangen können; das Berliner Wahlergebnis der REP wirkte als Signal für die mit der Bonner Politik unzufriedenen Bürger. Insofern standen für die Wahlforscher bei der Entscheidung, eine rechtsextreme Partei zu wählen, nicht ideologische Orientierungen, sondern Protest im Vordergrund. Weitere Wahlanalysen belegten darüber hinaus, daß vor allem Jugendliche für REP und NPD stimmten.[9]

Da sich die Auswertung der Berliner und der hessischen Wahlen nur auf wenige Umfragen und die repräsentative Wahlstatistik bezog, konnten die Analysen zur Wählerbasis der rechtsextremen Parteien auch nur vorläufige Aussagen zur Sozial- und Meinungsstruktur dieser Wähler machen. Erst die Auswertung der Europa-Wahl vom 17. Juni 1989, bei der die REP bundesweit 7,1 Prozent der Stimmen erhielten, ermöglichte hierzu genauere und auch repräsentativere Angaben. Eine diesbezügliche Untersuchung wurde wiederum von der Forschungsgruppe Wahlen vorgenommen.[10] Danach ergaben sich die folgenden sozialstrukturellen Besonderheiten der REP-Wähler: Im Unterschied zu den Berliner Wahlen, wo insbesondere Jugendliche die Partei gewählt hatten, verbuchten die REP bei den Europa-Wahlen einen relativ gleich großen Erfolg in allen Altersgruppen. Bundesweit ähnelte die Zusammensetzung der REP-Wähler nach dem Alter sehr der Verteilung der Wähler insgesamt, bei den Jungwählern ließ sich nur ein leicht überdurchschnittlicher Erfolg für die Partei

---

[9] Vgl. Joachim Hofmann-Göttig/Helga Göttig, NPD und Republikaner - die Jugendparteien von morgen?, in: Demokratische Gemeinde, Nr. 6/Juni 1989, S. 10-16; siehe auch Eike Hennig, Die Republikaner im Schatten Deutschlands. Zur Organisation der mentalen Provinz, Frankfurt/M. 1991, S. 68-218; Hans-Gerd Jaschke, Nicht-demokratische politische Partizipation in der sozial polarisierten Stadt. Zur Entwicklung rechtsradikaler und fremdenfeindlicher Protestpotentiale in Frankfurt am Main, in: Karl Starzacher u. a. (Hrsg.), Protestwähler und Wahlverweigerer. Krise der Demokratie?, Köln 1992, S. 94-112.

[10] Vgl. Dieter Roth, Sind die Republikaner die fünfte Partei? Sozial- und Meinungsstruktur der Wähler der Republikaner, in: Aus Politik und Zeitgeschichte. Beilage zur Wochenzeitung "Das Parlament", B 41-42/1989, S. 10-20.

beobachten. Besonders auffallend war die Dominanz der Männer unter den Wählern, sie votierten nahezu doppelt so häufig für die REP wie Frauen. Bei den Wählern unter 50 Jahren fühlten sich vor allem die formal Geringergebildeten von der Partei angesprochen. Von den Berufsgruppen waren unter den Wählern der REP vor allem vertreten: ungelernte und angelernte Arbeiter, Facharbeiter, Landwirte und Selbständige. Die Religionszugehörigkeit spielte nur indirekt eine Rolle, zwar stimmten durchschnittlich mehr Katholiken der Partei zu, allerdings ist dies mehr als Ausdruck des Bindungsverlustes gegenüber den Kirchen zu sehen, wie eine vergleichende Analyse mit der Kirchgangshäufigkeit zeigte. Auch unter den gewerkschaftlich organisierten Arbeitern wählten überdurchschnittlich viele die REP, wenn auch weniger als Nichtorganisierte. Zuvor hatten die Wähler der REP mit 53 Prozent überwiegend die Unionsparteien, mit 21 Prozent die SPD, mit 11 Prozent andere Parteien gewählt, und 15 Prozent waren Nicht- oder Erstwähler.[11]

Gesonderte Untersuchungen zur Anhängerschaft der REP 1989

Neben den vorgestellten, direkt auf die Auswertung der Wahlen bezogenen Untersuchungen führte man auch gesonderte Analysen zur Anhängerschaft der REP durch, wobei die Personen, die sich als solche bei Meinungsumfragen verstanden, hinsichtlich meinungs- und sozialstruktureller Besonderheiten untersucht wurden. Dieses Potential ist nicht mit der Partei-Wählerschaft als ganzer, sondern nur mit den sich ausdrücklich auch als Anhänger der REP verstehenden identisch. Es muß auch nicht unbedingt bei den Europa-Wahlen schon REP gewählt haben. In beiden Punkten gilt es zu diffe-

[11] Vgl. auch Eike Hennig/Manfred Kieserling, Aktuelle Wahlerfolge kleiner Rechtsparteien in der Bundesrepublik, in: Gewerkschaftliche Monatshefte 40 (1989), S. 524-537; Hans-Joachim Veen, Viel Verdruß und wenig Ideologie, in: Rheinischer Merkur v. 6. Oktober 1989.

renzieren.

Bereits vor den Europa-Wahlen führte das Emnid-Institut[12] im Auftrag des "Spiegel" drei Repräsentativ-Umfragen über die Anhängerschaft der REP durch. Danach wählten von diesen bei den Bundestagswahlen 1987 51 Prozent CDU/CSU, 17 Prozent die SPD, je 6 Prozent die FDP oder die NPD sowie 1 Prozent die Grünen. Relativ viele Anhänger hätte die Partei bei den jüngsten Wählern zwischen 18 und 25 Jahren und bei den älteren ab 45 Jahre. Überdurchschnittlich viele Parteigänger finden sich unter Männern, mehr unter Protestanten als unter Katholiken, mehr bei Bewohnern kleinerer Orte als den größeren Städten. 88 Prozent der REP-Anhänger lehnten Gewalt ab, was allerdings nicht als Ausdruck von demokratischem Bewußtsein, sondern der Betonung von Recht und Ordnung eingeschätzt wird. Denn zwei Drittel der Partei-Sympathisanten bewerten allgemein die Demokratie und die politischen Parteien sowie das politische System negativ. Auch in anderen politischen Fragen weisen die Anhänger der REP politische Besonderheiten auf: 67 Prozent bejahten die Frage, ob "Hitler ohne den Krieg und die Judenverfolgung einer der größten deutschen Staatsmänner gewesen wäre", 55 Prozent verneinten, daß der Nationalsozialismus "dem deutschen Volk von Anfang an geschadet" habe, 52 Prozent hatten eine negative Einstellung zu den in der Bundesrepublik lebenden Juden, 67 Prozent traten ein "für eine Führerpersönlichkeit, die Deutschland zum Wohle aller mit starker Hand regiert". Angesichts dieser Zahlen schlußfolgerten die Emnid-Mitarbeiter: "Gewichtiger als alle sozialen Gründe, die Bundesbürger der Schönhuber-Partei zutreiben können, sind politische Motive. Zugespitzt gesagt: Die Republikaner sind weniger eine Protest-Partei, die Unzufriedene anzieht, als vielmehr eine Weltanschauungs-Partei."[13]

Eine weitere Studie führte das Infratest-Institut[14] im Auf-

---

[12] Dem Tod oder dem Triumph entgegen. Wer wählt rechtsradikal? Die Republikaner und die anderen Bundesbürger - Ergebnisse dreier Spiegel-Umfragen, in: Der Spiegel 43 (1989), H. 21, S. 36-48.

[13] Ebda., S. 45.

[14] Infratest, Sonderauswertung Republikaner. Kumulierte Ergeb-

trag des SPD-Parteivorstandes in der ersten Hälfte des Jahres 1989 durch. Auf Basis einer repräsentativen Befragung stellte man fest, daß 42 Prozent der REP-Anhänger bei der Bundestagswahl 1987 die CDU/CSU, 18 Prozent die SPD, 3 Prozent die NPD gewählt und sich 20 Prozent der Parteianhänger 1987 der Stimme enthalten hatten. Hinsichtlich der soziodemographischen Merkmale kam man zu folgenden Erkenntnissen: Die REP sind mit 65 Prozent Männer als Anhänger eine "Männerpartei"; im Vergleich zur Gesamt-Wahlbevölkerung besitzen die REP-Anhänger eine ausgeglichene Altersverteilung, über die Hälfte hat einen geringen Bildungsgrad, als Berufsgruppen fallen besonders einerseits einfache Arbeiter und Facharbeiter, andererseits aber auch Selbständige als Anhänger auf, hinsichtlich der konfessionellen Verteilung lassen sich keine Besonderheiten feststellen, Gewerkschaftszugehörigkeit immunisiert keineswegs vor der Akzeptanz der REP, und hinsichtlich des Haushalts-Nettoeinkommens und der Wohnsituation weisen die REP-Anhänger keine gravierenden Abweichungen von der Gesamtbevölkerung auf. Als Fazit wird u. a. festgehalten: "Die Republikaner-Anhänger stellen sich in bezug auf soziodemographische Merkmale als 'auffallend durchschnittlich' dar. (...) Eine oftmals unterstellte Fixierung auf die Gruppe der besonders Jungen und ganz Alten muß verworfen werden. Gleichzeitig können Republikaner-Anhänger nicht ausschließlich aus dem Kreise der sogenannten 'sozial Benachteiligten' stammen. Darauf weisen die Daten für das Haushalts-Nettoeinkommen sowie die Wohnsituation der Republikaner-Anhänger hin."[15]

Auch das SINUS-Institut[16] wurde von SPD-Parteivorstand mit einer Untersuchung betraut. Darin ging es aber im Unter-

---

nisse von vier Repräsentativuntersuchungen, in: Karl-Heinz Klär u. a. (Hrsg.), Die Wähler der extremen Rechten III. Sozialstruktur und Einstellungen von Wählern rechtsextremer Parteien, Bonn 1989, S. 23-87.

[15] Ebda., S. 28.

[16] Sinus-Studie: Motive von Wählern rechtsextremer Parteien. Bericht über die Ergebnisse einer qualitativ-psychologischen Untersuchung, in: ebda., S. 7-22.

schied zu den beiden zuvor vorgestellten Studien um eine qualitativ-psychologische Untersuchung, die in erster Linie den individuellen Entscheidungsprozeß für die Wahl einer rechtsextremen Partei nachvollziehen und analysieren wollte. Hierbei arbeitete man nicht mit einer repräsentativen Datenerhebung mit Fragebogen, sondern mit einer relativ kleinen Stichprobe und der Methode der Intensivbefragung. Bei der Analyse der Motivstrukturen und politischen Deutungsmuster stellte sich die vermeintliche Bedrohung durch Ausländer, Asylbewerber und Aussiedler als das beherrschende Thema für die potentiellen Wähler der REP heraus. Dabei ließen Art und Ausdrucksweise der Befragten auf hohe emotionale Betroffenheit schließen, die allerdings unabhängig vom vermeintlich realen Erleben der Bedrohung feststellbar war. Viele fühlten sich sozial benachteiligt, insbesondere gegenüber den Ausländern. Darüber hinaus konnte ein hochgradig zerstörtes Vertrauen in das Parteiensystem beobachtet werden. Die in der Bundesrepublik stationierten Nato-Verbündeten empfanden die Befragten mehrheitlich als "Besatzungsmächte". Bei der Untersuchung konzentrierten sich die SINUS-Forscher vor allem auf die ehemaligen SPD-Wähler unter den REP-Anhängern: Bei diesen könne kein geschlossenes rechtsextremes Weltbild, aber sehr wohl eine sozialkulturell motivierte Fremdenfeindlichkeit festgestellt werden, die als "Wohlstands-Chauvinismus" bezeichnet wurde. Aus der Sicht dieser Wähler sei die Entscheidung für rechtsextreme Parteien als politisches "Notsignal" zu verstehen. Die allgemeine REP-Wählerschaft bezeichnete man als außerordentlich heterogen. Nach den verschiedenen Motivationslagen wurden die folgenden Wählertypen im Sinne einer theoretischen Klassifizierung identifiziert: die angepaßten Neo-Nazis, die enttäuschten Wende-Wähler, die statusbedrohten Mittelständler, die entfremdeten Kleinbürger, die autoritären jungen Arbeiter und die Opfer der Zwei-Drittel-Gesellschaft.

Eine weitere Untersuchung zur sozialstrukturellen Zusammensetzung der REP-Anhänger unternahm das Allensbacher

Institut für Demoskopie.[17] Sie beruhte auf verschiedenen Befragungen, die vor und nach den Europa-Wahlen durchgeführt wurden. Unter den REP-Sympathisanten sind danach mehr junge Leute unter 30 als im Anhängerkreis der etablierten Parteien. Diese sehen sich in ihrer eigenen Generation als in einer Art von Minderheitenstatus lebend an: Sie reagierten fast allergisch gegenüber den "Lieblingsideen der Zeit" (Frieden, Umwelt etc.), fühlten sich im Meinungsklima isoliert und dadurch auch eher depressiv. Als wichtigste Werte gelten ihnen "Recht und Ordnung", "Pflichtbewußtsein, Verantwortungsgefühl", "Reinlichkeit, Sauberkeit" und "Leistungsbereitschaft". In der Mehrzahl der politischen Fragen stimmten die REP-Sympathisanten mit den CDU/CSU-Anhängern überein; allerdings sehen sie sich von diesen beiden Parteien durch ihre Politik und die Zerstrittenheit enttäuscht. Trotzdem bestehen die Sympathien weiter: Auf die Frage, welche Partei am zweiten Platz ihrer Sympathie steht, antwortete jeder Zweite die Unionsparteien, 23 Prozent die SPD, 6 Prozent die FDP und immerhin 13 Prozent die Grünen. Die Anhänger der REP hätten zu zwei Drittel der Hauptschule besucht, mehr als die Hälfte gehörte zur Arbeiterschaft. Zu gut 40 Prozent lebten sie auf dem Lande und in Kleinstädten mit weniger als 20.000 Einwohnern. Zwei Drittel sind Männer. Ein besonderes interessantes Ergebnis der Untersuchung bezieht sich auf das persönliche Befinden: 30 Prozent der älteren REP-Anhänger sehen sich als Gewinner, 26 Prozent als Verlierer und von den Jüngeren 50 Prozent als Gewinner und nur 9 Prozent als Verlierer. Somit kann deren Ausländerfeindlichkeit - 40 Prozent allein in Selbsteinschätzung - nicht durch die Ängstlichkeit von Zukurzgekommenen erklärt werden.

---

[17] Institut für Demoskopie Allensbach, Die Republikaner, Allensbach 1989, unveröffentlichtes Manuskript, vgl. auch: Elisabeth Noelle-Neumann, Eine gekränkte und isolierte Minderheit, in: Frankfurter Allgemeine Zeitung v. 11. September 1989.

Nachdem die rechtsextremen Parteien bereits im Herbst 1989 keine Wahlerfolge mehr erzielen und bei Landtags- und Kommunalwahlen nicht mehr an die Erfolge bei den Europa-Wahlen anknüpfen konnten, wurden auch keine weiteren gesonderten Untersuchungen vorgenommen. Allgemein sah man das Phänomen des aufkommenden parteilich organisierten Rechtsextremismus als politisch erledigt an. Diese Einschätzung teilten weitgehend auch die Wahlforscher, die wie etwa Dieter Roth von der Forschungsgruppe Wahlen hinsichtlich der REP vom "schnellen Aufstieg und tiefen Fall einer Protestpartei"[18] sprachen. Ausgangspunkt für diese Einschätzung war die Auffassung, daß die Bindung der Wähler an die REP nie besonders stark gewesen sei, denn das Votum zugunsten dieser Partei sah man größtenteils nicht ideologisch, sondern durch Protest motiviert. Lediglich ein kleiner Teil der REP-Wähler verfügte danach über ein rechtsextremes Weltbild, und nur diese Bekenntniswähler votierten auch weiterhin für die Partei. Somit sah man für die REP nur geringe Chancen, sich im bundesdeutschen Parteiensystem zu etablieren. Von daher schien für die Wahlforscher auch nicht die Notwendigkeit zu bestehen, sich angesichts mangelnder Wahlerfolge der rechtsextremen Parteien mit deren Wählerbasis detaillierter zu beschäftigen.

Erst nachdem die DVU bei den Wahlen zur Bremer Bürgerschaft am 29. September 1991 6,2 Prozent der Stimmen, dabei in der Stadt Bremen 5,4 und in Bremerhaven 10,1 Prozent, erhielt, kam wieder Interesse an Aussagen zur Wählerbasis der rechtsextremen Parteien auf. In diesem Zusammenhang erstellte der Abteilungsleiter beim Bremer Statistischen Landesamt, Jürgen Dinse, auf Basis der repräsentativen Wahlstatistik eine Analyse[19], die Auskunft

---

[18] Dieter Roth, Die Republikaner. Schneller Aufstieg und tiefer Fall einer Protestpartei am rechten Rand, in: Aus Politik und Zeitgeschichte. Beilage zur Wochenzeitung "Das Parlament", B 37-38/1990, S. 27-39.

[19] Jürgen Dinse, Zum Rechtsextremismus in Bremen. Ursachen und

über die sozialstrukturellen Besonderheiten der DVU-Wähler lieferte. Auch in Bremen zeigte sich, daß rechtsextreme Parteien zu etwa zwei Dritteln von Männern gewählt wurden, wobei sich im Vergleich zu den Wahlen von 1987 aber ein geringer Anstieg der Frauenstimmen von 37 auf 41 Prozent feststellen ließ. Insbesondere ältere Männer zählten zu den Wählern der DVU, allerdings errechnete sich 1991 erstmals bei den jungen der weitaus höchste Prozentsatz. In "Unterschichtquartieren" votierte etwa jeder fünfte männliche Jungwähler für eine rechtsextreme Partei. Die Entscheidung zugunsten dieser galt als eindeutig sozialstrukturabhängig, wobei weniger die Opfer der "ökonomischen Deprivationsprozesse" mit der Wahl ein Signal setzen wollten als vielmehr die von soziokulturellen, aber auch von Stadtstrukturprozessen Bedrohten. Diesbezügliche Ängste haben danach einen durchaus realen Hintergrund, der aber von den dafür zuständigen politischen und gesellschaftlichen Institutionen nicht wahrgenommen wird. Darüber hinaus gelten vor allem Gruppen, die sich aufgrund des raschen allgemeinen Wertewandels bedroht fühlen, als eine wichtige Basis für rechtsextremes Wahlverhalten. Hochburgen für die DVU bei der Wahl waren vor allem Arbeiterwohngebiete mit geringem formalen Bildungsstand und unterdurchschnittlicher Wohnsituation.

Noch größere Aufmerksamkeit erregten die Ergebnisse der Landtagswahlen in Baden-Württemberg und Schleswig-Holstein am 5. April 1992, denn nach diesen bildeten rechtsextreme Parteien die drittstärkste Kraft in den Parlamenten. Die REP-Partei kam in Baden-Württemberg auf 10,9 Prozent und die DVU in Schleswig-Holstein auf 6,3 Prozent der Stimmen. Nach einer Analyse von Infas[20] trafen bei beiden Wahlen vier

---

Hintergründe der Erfolge rechtsextremer Parteien, Bremen 1992.

[20] Infas, Große Koalition von Verlierern - im Südwesten wie im Norden. Analyse der Landtagswahlen 1992, in: Starzacher (Anm. 9), S. 176-181, vgl. auch Ursula Feist, Rechtsruck in Baden-Württemberg und Schleswig-Holstein, in: ebda., S. 69-76; Wilhelm Bürklin/Stephan Layritz, Die schleswig-holsteinische Landtagswahl vom 5. April 1992: Knappe SPD-Mehrheit bei fortdauernder Schwäche der CDU, in:

Tendenzen zusammen, die einander wechselseitig bedingten und verstärkten: 1. Weitverbreitete Verunsicherung angesichts drohender Wirtschaftsflaute und sozialer Belastungen, 2. Projektion dieser Ängste auf das Ausländer- und Asylbewerberproblem, 3. offen bekundete Bereitschaft, rechtsextreme Parteien zu wählen, und 4. Kritik am politischen Stil der etablierten Parteien und deren Repräsentanten. In Schleswig-Holstein erreichte die DVU ihre besten Ergebnisse in den städtischen Gebieten, wo die Arbeiterbevölkerung anzutreffen war, wo die Arbeitslosigkeit überdurchschnittlich stark ist und wo viele Ausländer leben, während sie in den ländlichen Gegenden nur unterdurchschnittlich Zustimmung fand. Ähnliches ließ sich in Baden-Württemberg beobachten, wo die REP insbesondere von der städtischen Bevölkerung im Industriegürtel um Stuttgart gewählt wurden. Hier dominierten wirtschaftliche Ängste verschiedener Art, die insbesondere auf anwesende Ausländer negativ übertragen wurden. Die Wahl rechtsextremer Parteien entpuppe sich als Artikulation der sozialen Unterschichten, die offenbar heute keine Repräsentanz im Parteienspektrum mehr finden, weil sie von beiden großen Volksparteien als Wählerschicht vernachlässigt würden. So erklärt sich für Infas auch die Abwanderung der DVU- bzw. REP-Wähler von SPD und CDU aus einer Enttäuschung über diese, denn überall dort, wo die beiden Volksparteien besonders viele Stimmen verloren, konnten die rechtsextremen Parteien große Erfolge verbuchen. In Baden-Württemberg hatten von den REP-Wählern 42 Prozent zuvor CDU und 26 Prozent SPD gewählt; in Schleswig-Holstein gaben von den DVU-Wählern zuvor 28 Prozent der SPD und 32 Prozent der CDU ihre Stimme. Falsch ist es den Wahlforschern zufolge jedoch, den Rechtsruck bei diesen Wahlen nur als eine vorübergehende Protestbewegung zu deuten. Dagegen spricht nach ihrer Ansicht der wohl noch längere Zeit andauernde Problemdruck in der Bundesrepublik sowie die

---

Zeitschrift für Parlamentsfragen 23 (1992), S. 604-622; Roland Sturm, Die baden-württembergische Landtagswahl vom 5. April 1992: Rechtsruck oder Protestwahl, in: ebda., S. 622-639.

strategischen Ziele der rechtsextremen Parteien, die sich ausdrücklich auf diesen in ihrer Agitation beziehen. Demgegenüber vertritt Dieter Roth von der Forschungsgruppe Wahlen die Auffassung, daß die extreme Rechte langfristig keine Chance hätte, sich im bundesrepublikanischen Parteiensystem zu etablieren. Ihr fehle ein eigenes politisches Problem und ein ausreichendes Personalangebot.[21]

2. Das rechtsextreme Einstellungspotential in den neuen Bundesländern

Während in den alten Bundesländern zwar nicht kontinuierlich, aber doch mit einer gewissen Stetigkeit Untersuchungen zum rechtsextremen Einstellungspotential[22] durchgeführt wurden, gab es Entsprechendes in der ehemaligen DDR nicht. Rechtsextreme und auch ausländerfeindliche Aktivitäten ignorierte das SED-Regime oder ließ sie als unpolitisches Rowdytum verharmlosen. "Antifaschismus" war Staatsdoktrin, und von daher konnte es solche Tendenzen in der DDR auch nicht geben. Als Mitte der achtziger Jahre einige Sozialwissenschaftler in internen Studien darauf hinwiesen, daß sich besonders unter Jugendlichen rechtsextreme Tendenzen bemerkbar machten, reagierte man darauf ebensowenig wie auf ähnliche Feststellungen von seiten der Kriminalpolizei, die sich mit Straftätern dieser Art auseinandersetzen mußte. Angesichts solcher Umstände können hier auch nur Angaben zum Thema für den Zeitraum nach der Wende von 1989 gemacht werden. Erst jetzt bestand die Möglichkeit zu freier Forschung, die es einigen Instituten und Sozialwissenschaft-

---

21 Vgl. Dieter Roth, Wiedergeburt der Rechten? Die Wahlerfolge der Republikaner und der Deutschen Volksunion, in: Forum Politikunter-richt, Nr. 2/1992, S. 3-10, hier S. 9 f.; siehe auch Ders., Ventil für Unzufriedene und Politikverdrossene, in: Handelsblatt v. 14. August 1992.

22 Vgl. Armin Pfahl-Traughber, Das rechtsextreme und ausländerfeindliche Einstellungspotential in den neuen Bundesländern, in: Gewerkschaftliche Monatshefte 42 (1991), S. 765-775.

lern erlaubte Untersuchungen zum rechtsextremen und ausländerfeindlichen Einstellungspotential[23] durchzuführen:

Eine erste Befragung führten die Ost-Berliner Sozialwissenschaftler Günter Gutsche und Peter Ködderitzsch[24] im März 1990 durch, wobei die Befragten nicht repräsentativ, sondern nach dem Zufallsprinzip ausgewählt wurden. Dies mindert selbstverständlich den Wert der Studie, deren Repräsentativität nicht gesichert ist. Hier verdient sie aber aus zwei Gründen trotzdem Aufmerksamkeit: Es handelt sich um die erste diesbezügliche Umfrage, die Trends deutlich macht. Darüber hinaus handelt es sich um die einzige auf rechtsextremes Einstellungspotential bezogene Studie, die sich nicht nur auf Jugendliche konzentriert. Gesonderte Untersuchungen zur Verbreitung rechtsextremer Ideologieelemente führte das damals noch existierende Zentralinstitut für Jugendforschung, Leipzig[25] im Juni/Juli 1990 repräsentativ bei Schülern der neunten Klassen aus Großstädten der DDR durch, wobei insbesondere nach entsprechenden Orientierungsmustern, dem "stillen Rechtsextremismus", gefragt wurde. Mit dem gleichen methodischen Instrumentarium untersuchten die ehemaligen Mitarbeiter des Instituts im Auftrag der Freudenberg-Stiftung dann noch einmal im November/Dezember 1990[26]

---

[23] Aussagekräftige Untersuchungen zum rechtsextremen Wählerpotential konnten aufgrund der bislang geringen Zustimmung der Ostdeutschen zu entsprechenden Parteien und den damit verbundenen Problemen der Datenerhebung noch nicht in ausreichendem Maße angestellt werden.

[24] Ködderitzsch berichtet darüber in: Peter Ködderitzsch/Leo A. Müller, Rechtsextremismus in der DDR, Göttingen 1990, S. 85-89.

[25] Zusammengefaßt wurden die Ergebnisse dieser Studie von Wilfried Schubarth, Wie real ist eine "rechte Gefahr" im Osten Deutschlands? Zu Verbreitung und Ursachen von Rechtsextremismus unter ostdeutschen Jugendlichen, in: Außerschulische Bildung, 4/1990, S. 322-324; Ders., Rechtsextremistische Orientierungen bei Jugendlichen der (ehemaligen) DDR, unveröffentlichtes Manuskript.

[26] Walter Friedrich/Wolfgang Netzker/Wilfried Schubarth, Jugend in den neuen Bundesländern. Ihr Verhalten zu Ausländern und zu einigen aktuellen politischen Problemen, Leipzig 1991, unveröffentlichtes Manuskript; Wilfried Schubarth/Walter Friedrich, Einstellungen ostdeutscher Jugendlicher zu Rechts- und Linksextremismus,

und im Frühjahr 1992[27] ostdeutsche Jugendliche hinsichtlich der Einstellung zu rechtsextremen Ideologieelementen. Der Vorteil dieser Untersuchung ist, daß sie aufgrund ihrer gleichen methodischen Anlage auch zeitbezogene und somit auch prozeßbezogene Vergleiche erlaubt. Eine gesonderte Untersuchung zum Antisemitismus in der ehemaligen DDR führte im November/ Dezember 1990 der Lehrstuhl für Soziologie der Universität Erlangen-Nürnberg[28] auf Basis einer repräsentativen Umfrage durch.

Hier sollen nun diese Studien hinsichtlich des rechtsextremen Einstellungspotentials ausgewertet werden, zunächst zu Nationalismus, Autoritarismus und Antipluralismus, dann zur Einstellung zum Nationalsozialismus bzw. zu NS-Ideologieelementen und Antisemitismus und schließlichen zur Ausländerfeindlichkeit.

Nationalismus, Autoritarismus und Antipluralismus

Unter Nationalismus wird in den hier vorgestellten Studien die Höherwertung der eigenen und die Abwertung einer anderen Nation verstanden. Bedacht werden muß aber, daß Nationalismus bereits dann vorliegt, wenn die "Nation" auf einer Werteskala den höchsten Wert hat und Menschen- und Bürgerrechte der "Nation" untergeordnet sind. Insofern unterschätzen die auszuwertenden Untersuchungen allein durch

---

Leipzig 1991, unveröffentlichtes Manuskript. Vgl. auch Walter Friedrich/Wilfried Schubarth, Ausländerfeindliche und rechtsextreme Orientierungen bei ostdeutschen Jugendlichen. Eine empirische Studie, in: Deutschland-Archiv 24 (1991), S. 1052-1065.

[27] Peter Förster/Walter Friedrich/Harry Müller/Wilfried Schubarth, Jugendliche in Ostdeutschland 1992. Politische Einstellungen - rechtsextreme Orientierungen - Gewalt-Verhältnis zu Ausländern - Lebenswerte, Lebensbefindlichkeiten, Leipzig 1992, Forschungsstelle Sozialanalysen, unveröffentlichtes Manuskript.

[28] Reinhard Wittenberg/Bernhard Frosch/Martin Abraham, Antisemitismus in der DDR. Überraschende Ergebnisse der ersten Repräsentativ-Umfrage und einer Befragung von Jugendlichen in Jena, in: Tribüne 30 (1991), H. 118, S. 102-120.

ihre Nationalismus-Definition dessen Verbreitung. Dem Einstellungsstatement "Die Deutschen haben eine Reihe von guten Eigenschaften, wie Fleiß, Pflichtbewußtsein und Treue, die andere Völker nicht haben", stimmten in der Gutsche/Ködderitzsch-Studie über 50 Prozent zu, wobei insbesondere Jugendliche stark vertreten waren. Laut der Zentralinstitut-Studie stimmten denn auch 20 bis 28 Prozent junger Ostdeutscher nationalistischen Items wie "Die Deutschen waren schon immer die Größten in der Geschichte" zu. Diese Tendenz stieg nach den beiden Freudenberg-Studien in den letzten Jahren noch weiter, und sie wird mit über 30 Prozent Zustimmung zu nationalistischen Auffassungen eingeschätzt, allerdings mit variierenden Einstellungen, etwa zur Parole "Deutschland den Deutschen" 35 Prozent und bei "Wir Deutschen sind anderen Völkern grundsätzlich überlegen" mit 11 Prozent Akzeptanz.

Mit Autoritarismus sind Law-and-Order-Mentalitäten, die freiwillige und unreflektierte Unterordnung unter vorgebliche Autoritäten und der Gehorsam um seiner selbst willen gemeint. Es gilt jedoch zu beachten, daß Autoritarismus kein spezifisch rechtsextremes Ideologieelement ist, sondern allgemein als Strukturmerkmal extremistischer Doktrine angesehen werden kann. Dies gilt für die Führermentalität weniger, die doch recht eindeutig im politisch rechten Spektrum zu verorten ist. Antipluralismus soll hier verstanden werden als ablehnende Haltung gegenüber anderen Interessen und Meinungen sowie als Ausdruck der eingeforderten Unterordnung von individuellen und Gruppeninteressen unter ein angebliches Gemeinwohl. Auch hierbei handelt es sich um kein spezifisch rechtsextremes, sondern ganz allgemein um ein extremistisches Ideologieelement. 16 Prozent der Jugendlichen stimmten nach der Zentralinstitut-Studie der Aussage zu, daß "wir wieder einen Führer haben (sollten), der Deutschland zum Wohle aller mit starker Hand regiert". Ähnliche Ergebnisse hatte die Freudenberg-Studie von 1990, die eine gewisse Führermentalität bei 17 Prozent der ostdeutschen Jugendlichen nachwies. Allerdings ging diese Akzeptanz im Laufe der Zeit wieder etwas zurück; laut der

Freudenberg-Studie von 1992 stimmen dem genannten Einstellungsstatement nur noch 13 Prozent zu. Dafür stiegen die antipluralistischen Einstellungen laut den gleichen Studien in diesem Zeitraum an: 1990 meinten 40 Prozent "Wem es in Deutschland nicht paßt, der soll auswandern". Im Jahr 1992 waren es knapp die Hälfte der Befragten, womit eine weit verbreitete Intoleranz offenbart wird.

Einstellung zum Nationalsozialismus und Antisemitismus

Hinsichtlich der positiven Einstellung zum Nationalsozialismus bzw. gegenüber typischen NS-Ideologieelementen wurde in den genannten Studien folgendes ermittelt: In der Gutsche/Ködderitzsch-Studie stimmten der Antwortvorgabe "Nicht nur unsere Umwelt, sondern auch unsere Rasse muß rein erhalten werden." 5 Prozent der Befragten mit "völlig richtig" und 14 Prozent mit "teilweise richtig" zu. "Der Einfluß von Juden und Freimaurern auf unser Land ist auch heute noch groß", dies meinten 16 Prozent, bei den Jugendlichen über 23 Prozent. Mangelnde Sensibilität, Gleichgültigkeit oder Abgestumpftheit gegenüber der nationalsozialistischen Vergangenheit stellte die Zentralinstitut-Studie bei 10 bis 15 Prozent der befragten Schüler und Lehrlinge fest. Etwa jeder zehnte Jugendliche empfand Sympathie und Achtung für Adolf Hitler, bei männlichen Befragten sogar fast jeder siebte. Nach der Freudenberg-Studie von 1990 meinten 13 Prozent, der Nationalsozialismus habe auch gute Seiten gehabt. Die Untersuchung von 1992 stellte dahingehend noch einen Anstieg fest: 24 Prozent stimmten nun dieser Auffassung zu. Darüber hinaus waren 9 Prozent der Lehrlinge und 6 Prozent der Schüler achten bis zehnten Klassen für "die Machtergreifung durch eine neue nationalsozialistische Partei". Angesichts dieser Ergebnisse der empirischen Sozialforschung bestätigt sich erneut die schon vielfach geäußerte Vermutung einer unzureichenden gesellschaftlichen Auseinandersetzung mit der Zeit des Nationalsozialismus in der SED-Ära. Der von oben "verordnete Antifaschismus" war eine autoritär vermittelte, nicht verinnerlichte Haltung, die dazu führte, daß sich schon vor der Wende 1989 ein nicht geringes Akzeptanz- bzw. Sympathiepotential für nationalsozialistische Ideologiefragmente herausbildete.[29]

Bezüglich der Verbreitung von antisemitischen Einstellungen in der ostdeutschen Gesamtbevölkerung kam die Nürnberger Antisemitismus-Studie zu dem Ergebnis, daß lediglich 6 Prozent zu einem "harten Kern" mit judenfeindlichen Auffassungen gehörten. Betrachtet man sich die Untersuchung genauer, so verwundert diese Einschätzung allerdings, denn es gibt für eindeutig antisemitische Items eine relativ hohe Zustimmung: Der Aussage "Jüdische Geschäftsleute halten zusammen" stimmten 18 Prozent der Befragten zu, "Juden bevorzugen leichte und bequeme Tätigkeiten", 14 Prozent, "Juden arbeiten mehr mit Tricks als andere" 11,6 Prozent, "Alle Juden sollen nach Israel gehen" 11,4 Prozent, "Es gibt Fehler, die liegen den Juden im Blut" 10,9 Prozent und "Juden kümmern sich nur ums eigene Wohlergehen", 10,8 Prozent. Angesichts dieser Werte muß durchaus von einem antisemitischen Einstellungspotential ausgegangen werden, das auch den klassischen judenfeindlichen Stereotypen zustimmt. Gleiches bestätigt auch die Freudenberg-Studie von 1992, wonach bei 10 bis 20 Prozent der Schüler und Lehrlinge antisemitische Sichtweisen nachweisbar sind: "Juden lehne ich ab, sie passen nicht zu uns" meinten 15 Prozent, "Die Juden sind Deutschlands Unglück" 8 Prozent der Befragten.

Ausländerfeindlichkeit

Bei der Einschätzung des ausländerfeindlichen Einstellungspotentials muß bedacht werden, daß die Ost- wie die

---

[29] Vgl. Wilfried Schubarth/Ronald Pschierer/Thomas Schmidt, Verordneteter Antifaschismus und die Folgen. Das Dilemma antifaschistischer Erziehung am Ende der DDR, in: Aus Politik und Zeitgeschichte. Beilage zur Wochenzeitung "Das Parlament", B 9/ 1991, S. 3-16.

Westdeutschen über ein ziemlich stabiles und fest strukturiertes Verhältnis zu anderen Nationalitäten verfügen. Dies wird besonders deutlich bei den unterschiedlichen Sympathien und Kontaktpräferenzen gegenüber Ausländern aus den verschiedenen Herkunftsländern. Ausländer als solche existieren nicht im Bewußtsein der Befragten. Über entsprechende Sympathie- bzw. Antipathiewerte informiert auch die Freudenberg-Studie von 1992: Danach werden durchschnittlich US-Amerikaner und Franzosen als relativ sympathisch angesehen. Gegenüber Juden, Schwarzafrikanern, Russen und Vietnamesen hegt man weder Sympathie noch Antipathie, und Polen, Türken sowie Sinti und Roma findet man unsympathisch. Besonders auffällig ist die große Aversion gegen Türken, die es in der ehemaligen DDR kaum gab. Gerade die Abneigung gegenüber einer kaum vorhandenen Nationalität belegt, daß Ausländerfeindlichkeit keineswegs immer etwas mit persönlichen Erfahrungen bzw. mit dem Vorhandensein entsprechender Minderheiten zu tun haben muß. Dies bestätigen auch die Untersuchungen im Auftrag der Freudenberg-Stiftung, die einen Zusammenhang von Ausländerfeindlichkeit und fehlenden Kontakten nachweisen.

Deutlich werden ausländerfeindliche Stimmungen nicht nur bei der Einschätzung der Angehörigen verschiedener Völker, sondern auch ganz allgemein bei Aussagen darüber, welche Rechte man Ausländern zubilligt, oder darüber, was mit ihnen geschehen bzw. welchen Stellenwert ihnen in der Gesellschaft zukommen soll. Hinsichtlich dieser Aspekte haben die genannten Untersuchungen[30] folgende Daten erhoben: In der Gutsche/Ködderitzsch-Studie war über die Hälfte der Befragten der Meinung "Sie nehmen uns die Arbeitsplätze weg", und sogar mit der Äußerung "Ihre Hautfarbe gefällt

---

30 Vgl. auch ISG Sozialforschung und Gesellschaftspolitik, Ursachen, Umfang und Auswirkungen von Ausländerfeindlichkeit auf dem Gebiet der ehemaligen DDR und Möglichkeiten ihrer Überwindung, Köln 1991, unveröffentlichtes Manuskript, sowie Mit sozialen Ängsten geht eine neue Stufe der Intoleranz einher. Ergebnisse einer Concret-Umfrage zur Akzeptanz von Ausländern in Ostdeutschland, in: Neues Deutschland v. 12. Juli 1991.

uns nicht" stimmten noch über 16 Prozent völlig oder teilweise überein. Unter Jugendlichen sind nach der Zentralinstitut-Studie 40 bis 45 Prozent der Auffassung, Ausländer seien als störend anzusehen, und 15 bis 20 Prozent wollen sie sogar des Landes verweisen. Bestätigt werden diese Befunde auch durch die erste Freudenberg-Studie: 49 Prozent waren hier der Meinung, daß es in Ostdeutschland zu viele Ausländer gebe, 12 Prozent stimmten der Aussage "Jeder Ausländer ist einer zu viel" zu, 55 Prozent wollen den Ausländeranteil verringern, 24 Prozent forderten "Ausländer raus". Hinsichtlich der sozialen Distanz der Befragten gegenüber Ausländern wurde folgendes ermittelt: Ein Fünftel lehnt es ab, sich neben einen ausländischen Menschen zu setzen; ein Viertel würde nicht gemeinsam mit einem Ausländer etwas trinken; ein Drittel lehnt es ab, einen ausländischen Menschen nach Hause einzuladen. Nach der 1992er Studie haben sich diese Tendenzen insbesondere bei jungen Männern noch weiter verstärkt, so daß 54 Prozent der ostdeutschen Jugendlichen eine ablehnende Einstellung gegenüber Ausländern hätten. Dieser Anstieg ist nicht nur bezüglich der Meinungen, sondern auch hinsichtlich der Bereitschaft zu gewalttätigen Aktivitäten feststellbar: 2 Prozent der männlichen Schüler und 4 Prozent der männlichen Lehrlinge haben bereits "Jagd auf Ausländer" gemacht. Weitere 15 Prozent der männlichen Lehrlinge und 9 Prozent der männlichen Schüler wären unter Umständen dazu bereit.

Affinitäten zu rechtsextremen Parteien/Gruppierungen

Die ausgewerteten Studien belegen recht eindeutig die Existenz eines nicht zu unterschätzenden rechtsextremen Einstellungspotentials in den neuen Bundesländern. Dieses quantitativ exakt einzuschätzen fällt schwer, weil vor allem für die Gesamtbevölkerung noch zu wenig detailliertes empirisches Material vorliegt. Trotzdem kann aufgrund der einzelnen Untersuchungen und dem Vergleich von rechtsextreme Einstellungen messenden Statements mit den Aussagen zu den

Affinitäten zu rechtsextremen Parteien und Gruppierungen festgestellt werden, daß erstere größer sind als letztere. Nur ein Teil der rechtsextrem Eingestellten empfindet auch Sympathie für eine entsprechende Partei, wählt sie oder will sich in ihr organisieren: Nach Gutsche/Ködderitzsch hegen gut 4 Prozent der Befragten Sympathie für die REP, und knapp über 10 Prozent sind der Ansicht, daß diese Partei die Interessen des "kleinen Mannes" vertrete. Auch hier war die Zustimmung der Jugendlichen besonders hoch, was auch die Freudenberg-Studie von 1990 noch einmal gesondert belegt. Auf die Frage "Fühlen Sie sich zu den folgenden Parteien/Organisationen hingezogen?" antworteten junge Ostdeutsche wie folgt: REP 6 Prozent, NPD 5 Prozent, DVU 4 Prozent, FAP 3 Prozent, "Nationalistische Front" 1 Prozent, "Wiking-Jugend" 2 Prozent und "Nationale Alternative" 2 Prozent. Nach der Freudenberg-Studie von 1992 sind nur relativ wenige Jugendliche Mitglieder rechtsextremer Organisationen: je 1 Prozent machen bei den REP, Skinheads oder Neonationalsozialisten. Der Gesamtanteil von Mitglieder einer oder mehrerer dieser Organisationen beträgt etwa 3 Prozent, bei männlichen Jungendlichen etwa 5 Prozent. Rechnet man die Anhänger/ Sympathisanten mit dazu, stellt sich das Potential dieser Gruppierungen allerdings wesentlich höher dar: REP 11 Prozent, Skinheads 7 Prozent und Neonationalsozialisten 5 Prozent. Der Gesamtanteil von Mitglieder und Anhängern einer oder mehrerer Gruppierungen beträgt danach immerhin 15 Prozent. Auf alle Jugendlichen dieser Altersgruppe hochgerechnet, wären das ca. 30.000 bis 40.000 Jugendliche. Allerdings muß bei diesen Zahlen auch berücksichtigt werden, daß die Mehrheit der Jugendlichen den rechtsextremen Organisationen negativ gegenübersteht, sie ablehnt oder gar als ihre Gegner betrachtet.

Soziale Basis des rechtsextremen Einstellungspotentials

Von besonderem Interesse ist noch die Frage, aus welchem Personenkreis sich das rechtsextreme Einstellungspotential zusammensetzt. Gefragt werden muß hier nach der sozialen Basis. Dahingehend liegen bislang nur wenig Informationen vor; auch die genannten Studien beschäftigen sich nur am Rande mit dieser Problematik. Genauere Analysen nehmen nur die Studien der Freudenberg-Stiftung vor. Danach sind von den jungen Ostdeutschen besonders männliche Jugendliche rechtsextrem eingestellt, formal geringer Gebildete mehr als formal höher Gebildete, Schüler und Lehrlinge mehr als Studenten, Kinder von Facharbeitern oder Meistern mehr als Kinder von Hochschulabsolventen. Hinsichtlich der Ausländerfeindlichkeit meint man einen Zusammenhang mit dem persönlichen Befinden ausmachen zu können: Jene, bei denen das Gefühl vorherrsche, betrogen worden zu sein, und die Ängste und Sorgen vor der Zukunft äußerten, gelten als besonders anfällig für die Ablehnung von Ausländern. Allerdings stellt die Freudenberg-Studie von 1992 auch fest, daß sich die Angst vor Arbeitslosigkeit oder Ausbildungsprobleme nicht in dem Maße auf Ausländerfeindlichkeit durchschlägt, wie manchmal unterstellt wird. Zwischen Schülern, die nach der Schule einen Ausbildungsplatz als völlig sicher, sicher oder als völlig unsicher wähnen, gibt es dahingehend keine Unterschiede. Lehrlinge, die einen Arbeitsplatz für sich als völlig gesichert ansehen, sind danach sogar häufiger gegen Ausländer eingestellt als solche, die hinsichtlich ihres möglichen Arbeitsplatzes noch völlig unsicher sind. Angesichts dieser Ergebnisse verbieten sich vorschnelle Schlüsse bezüglich der Ursachen für den Rechtsextremismus unter Jugendlichen in den neuen Bundesländern.[31]

---

[31] Vgl. Karl-Heinz Heinemann/Wilfried Schubarth (Hrsg.), Der antifaschistische Staat entläßt seine Kinder. Jugend und Rechtsextremismus in Ostdeutschland, Köln 1992.

3. Vergleichende Untersuchungen zum rechtsextremen Einstellungspotential in den alten und neuen Bundesländern

Während es zum rechtsextremen Einstellungspotential gesonderte Untersuchungen für die alten bzw. neuen Bundesländer mit mehr oder minder aussagekräftigen Daten gibt, mangelt es noch an vergleichenden Studien, die gleichzeitig nach der Verbreitung entsprechender politischer Orientierungen in West- und Ostdeutschland fragen. Dies ist über das besondere Interesse am Thema Rechtsextremismus hinaus um so bedauerlicher, weil dadurch auch nicht Erkenntnisse zu den Folgen politischer Sozialisation in ganz unterschiedlichen Systemen möglich sind. Vergleichende Daten zum rechtsextremen Einstellungspotential wurden lediglich im Zusammenhang mit relativ allgemein gehaltenen, in einem anderen inhaltlichen Kontext stehenden oder regional begrenzten Untersuchungen erhoben. Diese wenigen Studien sollen hier ausgewertet werden.

Eine regional begrenzte vergleichende Untersuchung führte im Sommer 1990 das Wissenschaftszentrum Berlin[32] für West- und Ostberlin durch. Darin ging es ganz allgemein um die politische und soziale Entwicklung der Stadt, wobei über zehn Einstellungsstatements auch die Zustimmung zu rechtsextremen Ideologieelementen gemessen wurde. Das Potential für Autoritarismus erhob man mit folgenden Meinungsäußerungen: Zunächst für West- dann für Ost-Berlin mit starker Zustimmung: "In unserem Staat sollen sich Gruppen und Verbandsinteressen bedingungslos dem allgemeinen Wohl unterordnen": 30,1 Prozent / 42,7 Prozent, "Wer seine Kinder zu anständigen Menschen erziehen will, muß von ihnen vor allem Gehorsam und Disziplin verlangen": 16 Prozent / 33,1 Prozent und "Wenn wir uns nicht gegen Chaoten und

---

32 Wissenschaftszentrum Berlin, Was wird aus Berlin? Eine Befragung zur politischen und sozialen Entwicklung Berlins, Berlin 1990, unveröffentlichtes Manuskript; vgl. auch Richard Stöss, Wieviel Rechtsextremismus darf's denn sein?, in: Ideen, Nr. IV/Juli 1991, S. 5-20 mit der Dokumentation der Daten.

Radaubrüder wehren, wird unsere Freiheit bald in Unordnung und Chaos ausarten": 31,2 Prozent / 72,8 Prozent. Zustimmung zu Ethnozentrismus erfragten die Forscher über die Einstellungsstatements: "Es geht zu weit, wenn sich Ausländer auch noch an deutsche Mädchen und Frauen heranmachen": 9,9 Prozent / 23,1 Prozent, "Man sollte Ausländern jede politische Betätigung in Deutschland untersagen": 17 Prozent / 19,7 Prozent und "Wir sollten jeden Ausländer, der gern in unserem Lande leben möchte, willkommen heissen" (negative Polung): 23,3 Prozent / 17,1 Prozent (starke Ablehnung). Und schließlich wurde die starke Zustimmung zum Nationalbewußtsein über die folgenden Meinungsäußerungen, ebenfalls zunächst für West- dann für Ost-Berlin, erhoben: "Ich bin stolz darauf, ein Deutscher zu sein": 35,4 Prozent / 47 Prozent, "Wenn ich einen Menschen aus der DDR (BRD) begegne, sehe ich in ihm in erster Linie einen Deutschen und nicht einen Bürger der DDR (BRD)": 58,9 Prozent / 51,6 Prozent, "Deutschland kann und wird sich niemals mit der Abtretung seiner Ostgebiete abfinden": 13,3 Prozent / 15 Prozent und "Die Vereinigung der DDR und der Bundesrepublik ist ausschließlich Sache der Deutschen": 40,5 Prozent / 42,1 Prozent.

Bei der Auswertung dieser Umfrage und der Einschätzung der einzelnen Einstellungsstatements hinsichtlich des rechtsextremen Einstellungspotentials gilt es zu berücksichtigen, daß nicht jede der genannten Meinungsäußerungen per se als rechtsextrem einzuschätzen ist. Außerdem könnten die relativ hohen Werte auch mehr mit der spezifischen politischen Situation zur Zeit der Datenerhebung zusammenhängen. Auch die Mitarbeiter der Studie haben dies so gesehen und einen gesonderten Index zu rechtsextremen Einstellungen entworfen, wobei man in der Einschätzung mit äußerster Zurückhaltung verfuhr und nur die besonders starke Zustimmung zu den Meinnungsäußerungen zur Bestimmung des rechtsextremen Einstellungspotentials verwandte. Dabei ergab sich für West-Berlin immer noch ein Wert von 9,4 und für Ost-Berlin von 14,6 Prozent der Befragten. Allerdings berücksichtigte man bei dieser Befragung nicht, daß Autoritarismus kein spezifisch rechtsextremes Ideologieelement ist, sondern sich auch in anderen politischen Spektren, auch und gerade dem linken (SED, DKP, K-Gruppen) findet.[33] Dies mag zur Verzerrung mancher Ergebnisse, insbesondere für Ost-Berlin geführt haben, denn dort wurde zu DDR-Zeiten über die SED-Politik Autoritarismus eben nicht unter rechts-, sondern unter linksextremen Vorzeichen in die Gesellschaft hineingetragen. Von daher kann gerade die Zustimmung zu den antipluralistischen und autoritaristischen Meinungsäußerungen nicht nur als rechtsextrem interpretiert werden. Hier hätten differenziertere Herangehensweisen wohl auch zu anderen Einschätzungen hinsichtlich des Übergewichts an rechtsextremen Einstellungen in West- bzw. Ostdeutschland führen können. Denn alle weiteren Untersuchungen belegen das genaue Gegenteil der Wissenschaftszentrum-Studie: Das rechtsextreme Einstellungspotential ist im Westen Deutschlands größer.

Dies wird etwa bei einer Umfrage in der Bundesrepublik und in Israel über die Einstellung der Deutschen und Juden zueinander deutlich. Im Auftrag des "Spiegel" erhob das Bielefelder Emnid-Institut[34] in diesem Zusammenhang auch Daten zur Verbreitung rechtsextremer Ideologieelemente, wobei es konkret um nationalistische, antisemitische, ausländerfeindliche und das NS-System verharmlosende Äußerungen ging. Die Aufschlüsselung nach West- und Ostdeutschen liefert dabei wichtiges Material zu einer vergleichenden Einschätzung im oben genannten Sinne. Nach den im Januar 1992 veröffentlichten Ergebnissen stimmten einer chauvinistischen Nationalismus messenden Äußerung wie "Wir Deutschen sind den anderen Völkern überlegen" 27 Prozent zu (in diesem Fall wurde das Potential nicht nach West- und Ost-

---

[33] Vgl.Uwe Backes/Eckhard Jesse, Politischer Extremismus in der Bundesrepublik Deutschland. Bd. II: Analyse, Köln 1989, S. 195.

[34] Mehr verdrängt als bewältigt? Spiegel-Umfrage in der Bundesrepublik und in Israel über die Einstellung der Deutschen und der Juden zueinander, in: Der Spiegel 46 (1992), H. 3, S. 52-66; Jeder achte Deutsche ein Antisemit. Spiegel-Umfrage über die Einstellung der Bundesbürger und der Juden zueinander (II), in: Der Spiegel 46 (1992), H. 4, S. 41 - 50.

deutschen getrennt). "Daß Hitler ohne den Krieg und die Judenverfolgung einer der größten deutschen Staatsmänner gewesen wäre", meinten insgesamt 27 Prozent der Deutschen, davon waren 29 Prozent West- und 19 Prozent Ostdeutsche. Auf die Frage, was sie von den Berichten über Konzentrationslager und Judenverfolgung halten, antworteten insgesamt 15 Prozent "Vieles wird übertrieben dargestellt", davon 17 Prozent West- und 5 Prozent Ostdeutsche. Nach der Auswertung der Antworten auf 16 diesbezügliche Einstellungsstatements[35] schätzte Emnid 13 Prozent der Befragten als antisemitisch ein, davon 16 Prozent der West- und 4 Prozent der Ostdeutschen.[36] Hinsichtlich des innerdeutschen Vergleichs zeigt sich für die Meinungsforscher, daß die Ostdeutschen durchgängig weniger rechtsextrem, antisemitisch und ausländerfeindlich sind als die Westdeutschen.

Diese Einschätzung wird auch durch die von Emnid für den "Spiegel" jeweils monatlich erhobenen Umfragen zur jeweiligen politischen Situation bestätigt. Die Zustimmung zu einzelnen Einstellungsstatements, die rechtsextreme oder ausländerfeindliche Orientierungen messen sollen, ist nahezu immer im Westen stärker. Zwei Beispiele als Belege dafür: Im September 1991 stimmten nach einer solchen Umfrage der Aussage "Das Ausländerproblem hat rechtsradikale Tendenzen aufkommen lassen. Haben Sie für diese Tendenzen Verständnis?" 34 Prozent zu, davon 38 Prozent West und 21 Prozent Ostdeutsche.[37] Besonders erschreckend war diese relativ hohe

---

[35] Darunter war auch das Item "Juden haben auf der Welt zuviel Einfluß" mit immerhin 36 Prozent Zustimmung.

[36] Gerade dieses relativ niedrige Ergebnis für die Ostdeutschen widerspricht aber den doch doppelt so großen Zustimmungen für klassische antisemitische Stereotype in der zuvor erwähnten Nürnberger Antisemitismus-Studie, was offenbar mit den bei solchen Untersuchungen immer wieder problematischen methodischen Verfahren bei Datenerhebung wie Auswertung zusammenhängt.

[37] Vgl. Schwacher Aufwind für CDU/CSU. Spiegel-Umfrage über die politische Situation im Monat September, in: Der Spiegel 45 (1991), H. 38, S. 44-57, hier S. 50. Die Formulierung des Items, "Ausländerproblem" als auslösender Faktor, ist allerdings problematisch.

Zustimmung vor allem deswegen, weil sich diese Tendenzen zu jener Zeit in brutalen Gewaltaktionen äußerten. Ähnliches gilt für die Ergebnisse ein gutes Jahr später: Im Oktober 1992 äußerten auf die gleiche Frage unter ähnlichen Umständen 35 Prozent ihr Verständnis, davon im Westen 38 und im Osten 25 Prozent. Die REP würden nach dieser Umfrage im Westen 6 und im Osten 3 Prozent wählen.[38]

4. Protest oder Ideologie als Motive bei der Wahl einer rechtsextremen Partei?

Im folgenden soll nun eine Interpretation hinsichtlich der Einflußfaktoren und Gründe für den seit 1989 wieder aufkommenden Rechtsextremismus auf den verschiedensten Ebenen, insbesondere aber bei Wahlen, versucht werden. Dabei geht es in erster Linie um die Klärung der Frage, inwieweit eher Protest oder Ideologie den Ausschlag für das Votum zugunsten einer rechtsextremen Partei geben. Gleichzeitig soll das Wechselverhältnis beider Faktoren zueinander bestimmt werden.

Vorherrschend in der öffentlichen Auseinandersetzung um das Wählerpotential von REP oder DVU ist die Auffassung vom Protestcharakter der Entscheidungen zugunsten der rechtsextremen Parteien. Bereits an Wahlabenden sind die Politiker der etablierten Parteien meist mit entsprechenden Erklärungen schnell bei der Hand, ohne allerdings für diese Interpretation über notwendige empirische Belege zu verfügen. Eine ähnlich starke Orientierung auf den Faktor Protest als Ursache für Wahlverhalten zugunsten rechtsextremer Parteien läßt sich bei den meisten Journalisten, aber auch in der Wahl- und Sozialforschung beobachten. In der Regel formuliert man Erklärungsansätze wie "Protest, nicht Ideologie erklärt die rechten Erfolge" oder "Viel Verdruß und we-

---

[38] Vgl. Asylstreit entscheidet Wahl. Spiegel-Umfrage über die politische Situation im Monat Oktober, in: Der Spiegel 46 (1992), H. 44, S. 58-65, hier S. 61.

nig Ideologie". Bei all diesen Erklärungsversuchen fällt auf, daß der Faktor Ideologie kaum oder gar keine Rolle spielt. In der Regel wird er ignoriert oder sein Einfluß ausdrücklich abgestritten. Ginge mit dem Begriff nicht eine gewisse Dramatisierung einher, so könnte man in diesem Zusammenhang durchaus von einer Tabuisierung damit zusammenhängender Fragestellungen sprechen. Hier soll nun der Bedeutung der Ideologie im aufgezeigten Zusammenhang nachgegangen und eine etwas differenziertere Interpretation zu Wählermotiven mit kritischem Rekurs auf die vorgestellten Untersuchungen versucht werden.

Zunächst widerspricht dem angeblich reinen Protestcharakter von Wahlvoten zugunsten der rechtsextremen Parteien der relativ geringe Anteil von Frauen sowohl beim rechtsextremen Wähler- als auch beim Einstellungspotential. Von den zu Protestverhalten führenden sozialen Zuständen wie Arbeitslosigkeit oder Wohnungsnot sind Frauen weitaus stärker betroffen als Männer. Von daher müßten nach der Annahme des Protestcharakters von Voten zugunsten der REP oder DVU auch Frauen diese Parteien am stärksten wählen. Dies ist aber, wie alle vorliegenden Untersuchungen eindeutig belegen, nicht der Fall: Frauen tendieren gut um die Hälfte weniger zur Wahl von rechtsextremen Parteien als Männer. Von daher wurden REP und DVU von ihrer Wählerbasis her auch als "Männerparteien" bezeichnet.[39] Für die hier zu behandelnde Fragestellung spielt es keine besondere Rolle, wodurch der geringere Frauenanteil bei rechtsextremen Stimmen zu erklären ist. Dieses Phänomen zeigt allerdings sehr deutlich, daß der behauptete direkte Zusammenhang von Unmut über eine bestimmte soziale Situation und Wahl einer rechtsextremen Partei so nicht haltbar ist. Offensichtlich spielen

---

[39] Joachim Hofmann-Göttig, Die neue Rechte: die Männerparteien. Die Wählerbasis der "Republikaner", DVU und NPD nach Alter und Geschlecht bei der Europawahl vom 18. Juni 1989, in: Karl-Heinz Klär u. a. (Hrsg.), Die Wähler der extremen Rechten II, Bonn 1989; vgl. zur Problematik auch: Ursula Birsl, Frauen und Rechtsextremismus, in: Aus Politik und Zeitgeschichte. Beilage zur Wochenzeitung "Das Parlament", B 3-4/1992, S. 22-30.

hier noch andere, nicht unwichtige Einflußfaktoren eine Rolle, die durch eine differenzierte Motivforschung noch bestimmt werden müßten. Grundsätzlich gilt für die Analyse der Wählerbasis von rechtsextremen Parteien, daß man sich nicht nur der Frage stellen sollte, warum bestimmte Gruppen diese wählen, sondern auch warum bestimmte andere Gruppen - in ähnlicher sozialer Situation - diese nicht wählen.

Auch die Analysen der Wahlforschung belegen den unpolitischen Protestcharakter der Wahlentscheidungen zugunsten von REP oder DVU bei genauer Betrachtung nicht so eindeutig, wie in den Auswertungen behauptet wird. Nach der Annahme des Protestmotivs müßte sich die Wählerschaft zum einen aus den Angehörigen der unteren sozialen Schichten und zum anderen aus den Bewohnern von Gebieten mit relativ hohem Ausländeranteil zusammensetzen. Letzteres traf bereits auf die Berliner Wahlen von 1989 nicht zu, wo die REP in den Wohnvierteln, in denen viele Ausländer lebten, genauso abschnitten wie dort, wo der Anteil der Ausländer besonders niedrig war. Indessen setzte sich die Wählerschaft tatsächlich aus den unteren sozialen Schichten zusammen, was insbesondere die Erfolge in Arbeiterwohngebieten zeigten. Allerdings erweiterte sich die soziale Zusammensetzung der REP-Wählerschaft bereits bei den Europa-Wahlen. Dabei wurde deutlich, daß diese nach Berufs- und Bildungsstand keineswegs als homogen, sondern eher als ausgesprochen heterogen angesehen werden muß. Zwar waren unter den Wählern der REP viele Landwirte und un- bzw. angelernte Arbeiter- und Facharbeiter, aber auch Beamte, Angestellte und Selbständige. Unter den Beamten und Angestellten fiel der hohe Anteil von Staatsanwälten, Richtern, Soldaten, Bundesgrenzschutz- und Polizeibeamten auf. Hinsichtlich des Bildungsstandes ließ sich feststellen, daß dieser bei den REP-Wählern mit 55 Prozent Hauptschulabschluß zwar niedriger als bei allen anderen Parteien und der Gesamtbevölkerung war, aber eben auch 45 Prozent über einen höheren Schulabschluß verfügten. Trotz regionaler Unterschiede zeigt sich somit, daß die Wähler aus nahezu allen sozialen Gruppen der Gesellschaft kamen, daß sie in Bayern sogar voll dem Bevölkerungsdurchschnitt entsprachen. Von daher stellten die REP von ihrer Wählerstruktur her eine "kleine Volkspartei" dar.[40] Somit mag Sozialprotest ein Motiv für die Wahl der Partei gewesen sein, aber nicht das einzige und ausschließliche.

Zwar zeigte sich bei der Auswertung der Wahlen zur Bremer Bürgerschaft 1991, daß hier in erster Linie wieder die unteren sozialen Schichten eine rechtsextreme Partei wählten. Dies widerspricht der zuvor formulierten Kritik am Protestcharakter der Wahlentscheidung zugunsten von REP oder DVU aber nur dann, wenn man sich bei der Analyse lediglich auf eine Wahl konzentriert. Diese statische Sicht ignoriert den Prozeßcharakter bei der Hinwendung von Wählern zu den Parteien der extremen Rechten, wie er sich exemplarisch bei den Wahlen von 1989 zeigte. Offensichtlich hat der Sozialprotest als Faktor eine auslösende Funktion bei der Entscheidung zugunsten einer rechtsextremen Partei. Zeigt sich bei der Wahl, daß Stimmen für eine solche nicht "verschenkt" sind, steigt die Akzeptanz für die Wahl zugunsten der extremen Rechten. Offenbar existieren gewisse diesbezügliche und noch andere "Hemmschwellen", die zunächst noch überwunden werden müssen, bevor sich ein größerer Bevölkerungsteil zur Wahl einer rechtsextremen Partei entschließt. Am Anfang eines solchen Prozesses steht eine durch soziale Veränderungen betroffene Wählerklientel, die sich im Laufe einer erwarteten Etablierung einer Partei der extremen Rechten sozial ausweitet, und zwar auf solche Personen, die sich politisch von dieser angesprochen fühlen. Was sich bei der Wahlzustimmung zu den REP in der ersten Hälfte des Jahres 1989 in dieser Form abzeichnete, ließ sich bereits bei den Wahlerfolgen der NPD in der zweiten Hälfte der sechziger Jahre beobachten: Während in der Anfangsphase der damals von sozialen Veränderungen betroffene alte Mittelstand als soziale Gruppe in der Wählerschaft dominierte, tendierte diese immer deutlicher dazu, sich der allgemeinen Bevölke-

---

[40] Vgl. Klaus Erdmenger, Rep-Wählen als rationaler Protest. Wer wählt die "Republikaner" und warum?, in: Hans-Georg Wehling (Hrsg.), Wahlverhalten, Stuttgart-Berlin-Köln 1991, S. 242-252.

rungsstruktur anzugleichen.[41] Diesen Prozeßcharakter der Wählerentwicklung von rechtsextremen Parteien muß eine differenzierte Analyse der Motive für entsprechende Voten mit berücksichtigen, will sie nicht aufgrund von statischen Betrachtungen zu Fehlschlüssen kommen.

Das Protestmotiv kann schon aufgrund der sozialen Heterogenität der Wählerschaft nicht allein eine Wahlentscheidung zugunsten einer rechtsextremen Partei erklären. Die vorgestellten besonderen Untersuchungen zu den REP-Anhänger belegten, daß aufgrund der Daten für das Haushalts-Nettoeinkommen sowie die Wohnsituation diese nicht aus den Kreisen der sozial Benachteiligten stammen. Während es somit an Gemeinsamkeiten sozialer Art bei den Wählern rechtsextremer Parteien fehlt, gibt es solche bei den politischen Motiven. Diesbezügliche Umfragen haben deutlich gezeigt, daß die REP-Wähler über ein anderes Weltbild als der Bevölkerungsdurchschnitt verfügen. Dieser Unterschied bezieht sich nicht nur auf eine andere Gewichtung von Problemen (Ausländer und Asylbewerber) im Vergleich zu den Wählern der anderen Parteien (Umweltschutz und Arbeitslosigkeit), sondern auch auf die wesentlich stärkere Akzeptanz von rechtsextremen Ideologieelementen. Somit verfügen die Wähler rechtsextremer Parteien sehr wohl auch über entsprechende politische Orientierungen. Diese müssen keineswegs in Form von geschlossenen Weltbildern vorhandensein, sondern dürften sich vielmehr in diffusen Stimmungen, emotionalen Relikten und Konstrukten des Alltagslebens äußern.

Der Verweis auf das Protestmotiv als ausschlaggebender Faktor ignoriert nicht nur dieses rechtsextreme Einstellungspotential, sondern kann darüber hinaus auch nicht erklären, warum sich der Protest denn ausgerechnet in dieser politischen Form entlädt. Es bleibt unklar, warum die demokratischen Oppositonsparteien nicht von der Unzufriedenheit mit der Regierungspolitik profitieren oder warum sich diese nicht

---

[41] Vgl. Reinhard Kühnl/Rainer Rilling/Christine Sager, Die NPD. Struktur, Ideologie und Funktion einer neofaschistischen Partei, Frankfurt/M. 1969, S. 232-271.

in demokratischen Protestformen artikuliert. Durchaus verständlicher Unmut über die Situation auf dem Wohnungsmarkt kann sich ja auch gegen die für diese politisch oder wirtschaftlich Verantwortlichen richten, etwa in Form von öffentlichen Protesten oder Initiativen. Warum geschieht dies nicht? Eine solche Frage wäre über die Auseinandersetzung mit dem Phänomen Rechtsextremismus hinaus allein schon aus demokratietheoretischer Sicht wichtig. Warum artikuliert sich dieser Unmut über die Orientierung hin zur extremen Rechten, und warum wird dieser auf nicht zur Eigen-Gruppe gehörende Menschen, auf Ausländer, projiziert? Diese Fragen stellt sich eine auf das Protestmotiv abzielende Erklärung rechtsextremer Wahlerfolge erst gar nicht; sie muß notgedrungen den Umschlag von Unmut und Protest in ein Votum für rechtsextreme Parteien als einen nahezu "natürlichen" oder "normalen" Prozeß erscheinen lassen und reflektiert ihn nicht hinsichtlich seiner inhaltlichen Bedingungsfaktoren.

In diesem Zusammenhang wäre auf den Einfluß ideologischer Motive zu verweisen. Sie machen die politische Richtung des Prozesses verständlich, wenn auch noch unklar bleibt, wo diese Ideologieelemente jeweils herkommen. Deren Bedeutung wird in einigen Analysen des rechtsextremen Wählerpotentials oft mit zwei Argumenten abgestritten: Erstens beziehe sich die ausländerfeindliche Einstellung der REP-Wähler auch auf deutschstämmige Aussiedler, was mit einer nationalistischen Ideologie nicht zu vereinbaren sei. Und zweitens bestehe eine recht geringe Bindung der DVU- und REP-Wähler an die rechtsextremen Parteien und eine stärkere zu den zuvor gewählten Volksparteien. Beides wird darüber hinaus als Bestätigung für den Protestcharakter von Voten angesehen. Dazu ist folgendes zu sagen: Rechtsextreme Ideologieelemente weisen keineswegs eine inhaltliche Geschlossenheit und Stimmigkeit im Sinne einer inneren Logik auf, von daher kann auch nicht die Ablehnung der Aussiedler verwundern. Hinzu kommt, daß sich der Nationalismus keineswegs nur in der traditionellen Form mit diesbezüglichen Trennungslinien artikulieren muß, sondern dieser sich durchaus neuen Rahmenbedingungen anpassen kann. Die geringe Bindung an rechtsextreme Parteien verwundert angesichts deren Uneinigkeit und innerer Zerstrittenheit kaum. Gerade dies schreckt rechtsextreme Wähler allein schon aufgrund der ihnen eigenen Wertvorstellungen ab. Hinzu kommt, daß sich in der Bundesrepublik Deutschland noch keine attraktiv wirkende Partei der extremen Rechten herausgebildet hat, wenngleich die REP seit ihrem Wahlerfolg von 1992 in Baden-Württemberg auf dem Weg dahin sein mögen. Trotzdem bestehen nach wie vor gewisse Vorbehalte gegenüber den rechtsextremen Parteien, auch hinsichtlich der Gefahr, aufgrund der noch nicht erfolgten Etablierung dieser Parteien bei Wahlen seine Stimme evtl. zu "verschenken". Die noch bestehende stärkere Bindung an die Volksparteien kann von daher auch nicht verwundern. Darüber hinaus bestätigen alle zum rechtsextremen Einstellungspotential existierenden Untersuchungen, daß innerhalb dieses die Bindung an die Volksparteien weitaus größer als an die bisher bestehenden rechtsextremen Parteien ist.

Hier soll nun keineswegs die Auffassung vertreten werden, daß allein und ausschließlich die rechtsextreme Orientierung der Wähler die Erfolge entsprechender Parteien erklärt und das Protestmotiv keine Rolle spielt. Vielmehr geht es um eine Klärung des Wechselverhältnisses von Protest und Ideologie als Einflußfaktoren. Dabei wird von dem Vorhandensein eines rechtsextremen Einstellungspotentials auf unterschiedlichen Bewußtseinsebenen ausgegangen. Dieses kann unter bestimmten Bedingungen durch eine Krisensituation (zumindest für eine bestimmte soziale Gruppe), das Vorhandensein einer attraktiv wirkenden rechtsextremen Partei und den Verlust der Integrationsfähigkeit der demokratischen Parteien zur Wahl einer rechtsextremen Partei aktiviert werden. Protest spielt dabei als auslösender Faktor wie auch als mögliches Zustrom-Motiv anderer Wähler eine wichtige Rolle. Damit ist mit der Zeit dann auch ein Politisierungsprozeß dieser Wähler verbunden, der sie zur immer stärkeren Übernahme rechtsextremer Orientierungen bringt.

VI. Politikwissenschaftliche Erklärungsansätze für den gegenwärtigen Rechtsextremismus

Immer wieder ist das politische Phänomen des Rechtsextremismus in den Politik- und Sozialwissenschaften mit ganz unterschiedlichen methodischen Ansätzen und Fragestellungen analysiert worden. Wie kommt es dazu, daß die extreme Rechte in bestimmten historischen und gesellschaftlichen Situationen Zulauf erhält und in anderen nicht? Welche politischen, sozialen und psychologischen Faktoren bedingen die Akzeptanz entsprechender Politikvorstellungen? Bei den Versuchen, diese Fragen zu beantworten, haben sich im Laufe der Zeit eine ganze Reihe von Erklärungsansätzen herausgebildet, die jeweils den Schwerpunkt auf einen als zentral erscheinenden Ursachenfaktor legten.[1]

Der faschismustheoretische Ansatz

Lange Zeit hat der faschismustheoretische Ansatz in der politikwissenschaftlichen Diskussion um Rechtsextremismus direkt oder indirekt eine wichtige Rolle gespielt. Zur Zeit wird er aber nur noch von einer kleineren Gruppe von Politikwissenschaftlern vertreten, weil er an der Realität eines aufkommenden Rechtsextremismus in den Ländern des ehemals "real existierenden Sozialismus" offensichtlich gescheitert ist. Aber gerade dieser Tatbestand macht den Ansatz zum interessanten Gegenstand für eine kritische Auseinandersetzung, denn dabei werden auch methodische Defizite und theoretische Fehlschlüsse deutlich, die man bei einer zukünftigen Analyse des Phänomens Rechtsextremismus vermeiden sollte.

---

[1] Vgl. die Übersicht weiterer in den vorstellten Ansätzen teilweise enthaltener älterer Theorien bei Uli Jäger/Annette Seeboth, Eine (r)echte Provokation. Der Rechtsextremismus und sein Umfeld, Tübingen 1990, S. 133-142; sowie die kritische Auseinandersetzung mit Ansätzen und Strategien der politischen Linken gegen den Rechtsextremismus bei Wolfgang Kowalsky, Rechtsaußen ... und die verfehlten Strategien der deutschen Linken, Berlin 1992.

Ausgangspunkt für den faschismustheoretischen Ansatz war die Auffassung, daß die Ursachen für das Aufkommen rechtsextremer Bestrebungen in der "kapitalistischen Gesellschaft" zu suchen seien. Dabei verstand man den Faschismus als eine neben dem Liberalismus existierende "Form bürgerlicher Herrschaft"[2] und behauptete, in wirtschaftlichen Krisensituationen tendiere der Kapitalismus um der Sicherung der Reproduktion willen auf politischer Ebene dazu, demokratische Rechte zugunsten autoritärer oder eben faschistischer Herrschaft einzuschränken bzw. aufzuheben. Von daher bestehe ein kausaler Zusammenhang zwischen Kapitalismus und Faschismus, entsprechend dem bekannten, meist jedoch oberflächtlich rezipierten Verdikt von Max Horkheimer "Wer aber vom Kapitalismus nicht reden will, sollte auch vom Faschismus schweigen". Rechtsextremismus habe in der "bürgerlichen Gesellschaft", so der Politologe Richard Stöss, ein Anhänger dieses Ansatzes, die "objektive Funktion", "faschistische" Krisenstrategien zur Bewahrung der ökonomischen Grundlagen einer kapitalistischen Gesellschaft bereitzuhalten.[3]

Dieser Ansatz sah also im Rechtsextremismus ein politisches Phänomen, das eng an kapitalistische Gesellschaftsformen gebunden war. Im Umkehrschluß bedeutete dies, daß solche Bestrebungen in nicht-kapitalistischen, also in sozialistischen Gesellschaftssystemen nicht vorkommen würden, weil dort derartige Grundlagen fehlten. Der faschismustheoretische Ansatz schloß dies objektiv aus, wenn auch entsprechende Positionen von dessen Vertretern nicht immer in der eigentlich notwendigen Klarheit formuliert wurden. Sehr deutlich in diesem Sinne ist lediglich eine Einschätzung des Politologen Reinhard Kühnl, der in einem vergleichenden Aufsatz zur "Auseinandersetzung mit dem Faschismus in

---

[2] Vgl. Reinhard Kühnl, Formen bürgerlicher Herrschaft. Liberalismus-Faschismus, Reinbek 1971.

[3] Vgl. Richard Stöss, Struktur und Entwicklung des Parteiensystems der Bundesrepublik, in: Ders. (Hrsg.), Parteienhandbuch. Die Parteien der Bundesrepublik Deutschland 1945-1980, Bd. 1 AUD-CDU, Opladen 1983, S. 17-309, hier S. 297, 304.

BRD und DDR" schrieb: "Unzweifelhaft aber ist, daß es in der DDR gelang, mit den faschistischen Traditionen zu brechen und eine Wiederkehr des Faschismus unmöglich zu machen. Seine ökonomischen und sozialen Grundlagen sind vernichtet, seine Repräsentanten wie seine Bundesgenossen sind ihrer Machtpositionen beraubt. Zwar gibt es sicherlich in den Denkformen der Angehörigen der älteren Generation noch Relikte faschistischer Ideologien, doch da ihnen jede Gelegenheit fehlt, sich publizistisch zu verbreiten, politisch zu formieren und mit ökonomischen und sozialen Machtgruppen zu verbünden, stellen sie keine Gefahr mehr dar. Dagegen bleibt in der Bundesrepublik der Faschismus als Tendenz und Drohung bestehen."[4] Gerade aber die Herausbildung eines Rechtsextremismus in der ehemaligen DDR, und zwar noch zu SED-Zeiten, belegt, daß der behauptete Zusammenhang so nicht bestand und besteht. Die Wirtschaftsordnung einer Gesellschaft ist offensichtlich nicht der entscheidende Faktor für das Aufkommen von Rechtsextremismus, diese hat dabei nur eine sekundäre Bedeutung. Noch deutlicher wird dies beim Blick in die aufgelöste Sowjetunion, wo sich in den achtziger Jahren immer stärker bestimmte Ideologien politisch ausbreiteten, die von dem oben formulierten Begriffsverständnis her eindeutig als rechtsextrem einzuschätzen sind - ganz zu schweigen von einem virulenten Antisemitismus, der selbst uralte Verschwörungsmythen wieder aufgreift.

Bemerkenswert ist, daß all dies die Anhänger des faschismustheoretischen Ansatzes nicht dazu nötigte, ihre Positionen grundlegend zu revidieren. Vorherrschend war das Ignorieren dieser Problematik oder ein unkritisches Beharren auf den beschriebenen Auffassungen.[5] Lediglich Kühnl sah sich aufgrund seiner früheren oben zitierten sehr deutlichen Auffas-

---

[4] Reinhard Kühnl, Die Auseinandersetzung mit dem Faschismus in BRD und DDR, in: BRD - DDR. Vergleich der Gesellschaftssysteme, Köln 1971, S. 248-271, hier S. 269.

[5] Vgl. Christoph Butterwegge/Horst Isola (Hrsg.), Rechtsextremismus im vereinten Deutschland, Bremen 1990; Reinhard Kühnl, Gefahr von rechts? Vergangenheit und Gegenwart der extremen Rechten, Heilbronn 1990, S. 12-16.

sung zu einer Reaktion auf damit zusammenhängende Kritik veranlaßt und ging auf diese in einem kleinen Beitrag "Zu einigen Selbstverständlichkeiten über den Zusammenhang zwischen Kapitalismus und Faschismus"[6] ein. Darin behauptet er weiterhin den funktionalen Zusammenhang zwischen Faschismus und Kapitalismus, der darin bestehe, daß faschistische Systeme unter bestimmten Bedingungen errichtet würden, um kapitalistische Interessen gegenüber der arbeitenden Bevölkerung und gegenüber Nachbarvölkern rigoros durchsetzen zu können. Faschistische Systeme könnten demnach auch nur auf dem Boden kapitalistischer Eigentumsverhältnisse entstehen. In der DDR habe man durch Aufhebung der Grundlagen einer kapitalistischen Gesellschaft auch die Wiederkehr eines faschistischen Systems unmöglich gemacht. Dies geschah, so Kühnl, durch entsprechende soziale und politische Maßnahmen. Letztere bestanden in der Errichtung einer Partei- und Bürokratie-Diktatur, die mit der allgemeinen Aufhebung der Menschen- und Bürgerrechte auch die politische Arbeit der Rechtsextremisten behinderte. Aufgrund der ökonomiezentrierten Sichtweise Kühnls, der es primär um die Abschaffung des Kapitalismus geht, scheint offenbar auch die Aufhebung der Demokratie gerechtfertigt, sofern sie unter "antifaschistischen" Vorzeichen erfolgt. Zwar betont er abschließend, daß die DDR in der Frage der Entfaltung der Demokratie versagt habe (eine Kritik, die in früheren Veröffentlichungen nie formuliert wurde), hält aber weiterhin an seiner ökonmiezentrierten Auffassung fest. Der im Zusammenhang mit der Ursachenforschung zum Rechtsextremismus wichtigen Frage, warum es trotz der von Kühnl so hervorgehobenen sozialen Sicherheit unter dem SED-Regime zur Herausbildung einer rechtsextremen Szene kam, stellt er sich erst gar nicht. Die Verbreitung des Antisemitismus in der ehemaligen Sowjetunion und dessen politische Instrumentalisierung durch die Staatsführung bleibt

---

[6] Reinhard Kühnl, Zu einigen Selbstverständlichkeiten über den Zusammenhang zwischen Kapitalismus und Faschismus, in: Ideen, Nr. IV/Feb. 1992, S. 31-36.

ebenfalls unreflektiert. So werden offenbar auch die Ursachen für das Aufkommen antidemokratischer Weltbilder und Verhaltensmuster allein im Kapitalismus gesehen, aber die Folgen diesbezüglicher politischer Sozialisation in der DDR thematisiert Kühnl nicht. Strukturelle Gemeinsamkeiten im extremismustheoretischen Sinne liegen darüber hinaus auch außerhalb des Blickfeldes einer Sicht, der es ausschließlich um die Überwindung des Kapitalismus geht.

Etwas stärker problematisiert wird der faschimustheoretische Ansatz von den Sprachwissenschaftlern Margret und Siegfried Jäger in einem Aufsatz, der bezeichenderweise "Rechtsextremismus auch im Sozialismus! - Einige Bemerkungen zur Tragfähigkeit materialistischer Erklärungsansätze" überschrieben ist. Gefragt wird darin, ob das von Theodor W. Adorno behauptete Zusammenwirken von Kapitalverhältnis, autoritären Charakterstrukturen und Faschismus als These angesichts des Rechtsextremismus und Rassismus in der DDR und in der Sowjetunion noch haltbar sei. Die "nichtautonomen Lebenspraxen" in den Ländern des "real existierenden Sozialismus", so die Autoren, hätten bei den dort lebenden Menschen autoritäre Dispositionen hervorgerufen. Ein "Reaktionspotential" im Sinne Adornos sei also durch die autoritäre Strukturiertheit der dortigen Gesellschaft entstanden. Ohne es so deutlich zu formulieren, nehmen die Verfasser doch Abschied von bisherigen Positionen und meinen den Autoritarismus als entscheidenden Bedingungsfaktor von Rechtsextremismus ausmachen zu können. Zwar schränken sie ein: "Im Prinzip wird aber unseres Erachtens weiterhin gelten: Wer vom Faschismus spricht, darf über seine gesellschaftlichen (politisch-ideologischen und ökonomischen) Ursachen nicht schweigen!"[7] Damit knüpfen sie verbal an ältere Interpretationsansätze an, verraten aber auch, daß deren inhaltliche Stoßrichtung so nicht mehr tragfähig ist.

---

[7] Margret Jäger/Siegfried Jäger, Rechtsextremismus auch im Sozialismus! Einge Bemerkungen zur Tragfähigkeit materialistischer Erklärungsansätze, in: Dies. (Hrsg.), Aus der Mitte der Gesellschaft (III), Dortmund 1991, S. 39-46, hier S. 46.

Der "Modernisierungsopfer"-Ansatz

Während somit der faschismustheoretische Ansatz in der beschriebenen Form zur Erklärung von Rechtsextremismus kaum noch ernsthaft vertreten wird, steht der "Modernisierungsopfer"-Ansatz im Mittelpunkt der Diskussion. Derartige Interpretationen werden von zahlreichen Rechtsextremismus-Experten geteilt, so etwa von dem Soziologen Arno Klönne[8], den Politologen Hajo Funke[9], Claus Leggewie[10] und Richard Stöss[11]. Sie gehen direkt oder indirekt auf die Theorie und Forschungsergebnisse des Pädagogen Wilhelm Heitmeyer zurück, die dieser 1987 in der Studie "Rechtsextremitische Orientierungen bei Jugendlichen"[12] veröffentlichte. Über Zusammenfassungen in Aufsatzform und durch öffentliche Stellungnahmen sind seine Thesen weit über den wissenschaftlichen Bereich hinaus bekannt geworden.

Untersuchungsobjekt für den Jugendforscher war nicht der organisierte Rechtsextremismus mit politischen Verfestigungen, sondern rechtsextreme Orientierungen bei Jugendlichen, die ihre Ursachen in den ökonomisch-sozialen Alltagserfahrungen hätten. Von daher lehnte Heitmeyer die Auffassung ab, Rechtsextremismus sei nur am Rande der Gesellschaft zu verorten, und er wies auf gesamtgesellschaftliche Aspekte hin. In diesem Zusammenhang knüpfte Heitmeyer an den Soziologen Ulrich Beck an, der mit dem Stichwort "Risiko-

---

[8] Vgl. Arno Klönne, Aufstand der Modernisierungsopfer, in: Blätter für deutsche und internationale Politik 34 (1989), S. 545-548.

[9] Vgl. Hajo Funke, "Republikaner". Rassismus, Judenfeindschaft, nationaler Größenwahn, Berlin 1989, S. 116.

[10] Vgl. Claus Leggewie, Die Republikaner. Ein Phantom nimmt Gestalt an, Berlin 1990.

[11] Vgl. Richard Stöss, Die "Republikaner". Woher sie kommen? Was sie wollen? Wer sie wählt? Was zu tun ist?, Köln 1990, S. 106; gleichzeitig referiert der Autor dieser Einschätzung widersprechende Untersuchungen, ebda., S. 102.

[12] Wilhelm Heitmeyer, Rechtsextreme Orientierungen bei Jugendlichen. Empirische Ergebnisse und Erklärungsmuster einer Untersuchung zur politischen Sozialisation, Weinheim-München 1987.

gesellschaft"[13] die vorherrschenden, prägenden Strukturen der gegenwärtigen Gesellschaft kennzeichnete. Die in ihr stattfindende Individualisierung von Lebenslagen führe zum Verlust der Bindungen an traditionelle Kollektive, Lebensformen und Milieus. Die sich dadurch ergebenden neuen Handlungsmöglichkeiten, so Heitmeyer, würden nicht genutzt, was insbesondere bei Jugendlichen zu Verunsicherungen, Ohnmachts- und Vereinzelungserfahrungen führe. Hier sieht er den Anknüpfungspunkt rechtsextremer Ideologien. Verarbeitet würden diese Erfahrungen einerseits durch Identifikation mit einer Gruppe nach äußeren Merkmalen wie "Nation" oder "Rasse", verbunden mit der Ideologie der Ungleichheit und Abwertung anderer, andererseits durch die Akzeptanz von Gewalt[14], die Eindeutigkeit schaffe und eine Selbstdemonstration zur Überwindung von Ohnmacht sei.

Diesen Auffassungen folgten die oben genannten Politik- und Sozialwissenschaftler ebenso wie zahlreiche Journalisten, Politiker und Wahlforscher. Der eigentlich nur auf Jugendliche bezogene Ansatz wurde dabei verallgemeinert und auch als Theorie für das Aufkommen von rechtsextremem Wahlverhalten gedeutet. Im Zusammenhang mit den Wahlerfolgen der REP von 1989 und der DVU und der REP 1991/92 war die Rede vom "Aufstand der Modernisierungsopfer"[15] oder vom "Protest der 'kleinen Leute'"[16]. Die Ursachen für

---

[13] Vgl. Ulrich Beck, Risikogesellschaft. Auf dem Weg in eine andere Moderne, Frankfurt/M. 1986; Ders., Gegengifte. Die organisierte Unverantwortlichkeit, Frankfurt/M. 1989; Ders., Politik in der Risikogesellschaft, Frankfurt M. 1991, hier auch der Nachdruck zahlreicher Kritiken an Becks Ansatz.

[14] Rechtsextremismus ist nach Heitmeyer durch zwei jeweils miteinander verkoppelte Grundelemente gekennzeichnet: die Ideologie der Ungleichheit der Menschen und die Gewaltperspektive und -akzeptanz. Problematisch ist diese Definition, da sie zu eng gefaßt ist und die Vielfältigkeit des politischen Phänomens Rechtextremismus nicht ausreichend berücksichtigt. Die Definition ist darüber hinaus zu sehr auf das Untersuchungsobjekt, die Jugendlichen der unteren sozialen Schichten, und das Untersuchungsergebnis, Rechtsextremismus als soziales Phänomen, konzentriert.

[15] Klönne (Anm. 8).

[16] Klaus-Dieter Frankenberger, Protest der "kleinen Leute", in:

Rechtsextremismus sah man in den Individualisierungstendenzen in modernen Industriegesellschaften, Arbeitslosgkeit und Wohnungsnot, zunehmenden Ohnmachtserfahrungen und Bindungsverlusten sowie der Auflösung sozialer Milieus. All dies lasse die unteren Einkommensschichten zur Wählerbasis der Parteien der extremen Rechten werden. In der Öffentlichkeit fand dieser "Modernisierungsopfer"-Ansatz breite Beachtung und Akzeptanz.

Allerdings stimmten die Behauptungen bei diesem Erklärungsversuch nur begrenzt mit den Ergebnissen der empirischen Sozialforschung bzw. der Wahlforschung überein. Bereits Heitmeyers eigene Untersuchung widerlegt eigentlich seine Theorie, denn sie kommmt u. a. zu dem Ergebnis, daß die Jugendlichen, die sozial und beruflich über den Einstieg in einen Ausbildungsplatz integriert waren, ausgeprägter rechtsextreme und fremdenfeindliche Positionen vertraten als andere, die über eine solche soziale Sicherheit nicht verfügten.[17] Darüber hinaus wies Heitmeyers Untersuchung einige Mängel methodischer Art auf: Er konzentrierte sich von vornherein auf Jugendliche aus Arbeiterfamilien, weil diese, so die Begründung, besonders von den genannten gesellschaftlichen Entwicklungen betroffen seien.[18] Hier ist erkennbar, daß Ergebnisse nicht aus der Untersuchung ermittelt, sondern vorher festgelegte Auffassungen dem empirischen Material recht willkürlich übergestülpt wurden. Anderslautende soziologische Erkenntnisse referierte Heitmeyer zwar, forderte auch deren Beachtung für die eigene Untersuchung[19], tat dies aber letztendlich nicht. Hinzu kommt, daß neuere Forschungsergebnisse dem auf Jugendliche bezogenen "Modernisierungsopfer"-Ansatz widersprechen. So kam etwa eine Tübinger Untersuchung zum Rechtsextremismus bei Jugendlichen zu dem Ergebnis, daß gutsituierte junge Menschen eher rechtsextreme Positionen vertreten als Jugendliche, die

---

Frankfurter Allgemeine Zeitung v. 1. Oktober 1991.

[17] Vgl. Heitmeyer (Anm. 12), S. 154-159.

[18] Ebda., S. 54.

[19] Ebda., S. 108.

auf der sozialen Leiter ganz unten stehen.[20] Von Heitmeyer wurden diese Forschungsergebnisse in seiner späteren "Bielefelder Rechtextremismus-Studie"[21] noch nicht einmal einbezogen.

Darüber hinaus widersprechen auch die bereits vorgestellten und analysierten Ergebnisse der Wahlforschung dem "Modernisierungsopfer"-Ansatz. Bei den Europa-Wahlen von 1989 erhielten die REP die meisten Stimmen gerade in den Bundesländern (Bayern, Baden-Württemberg), die (abgesehen vom Agrarbereich) nicht zu denen mit zugespitzten sozialen und strukturellen Problemen gehörten. Männer wählten überdurchschnittlich, Frauen weit unterdurchschnittlich die rechtsextremen Parteien, obwohl sie doch von den negativen Folgen des Modernisierungsprozesses in weit größerem Maße betroffen sind und von daher eigentlich für ein entsprechendes Wahlvotum prädestiniert waren. Detaillierte Untersuchungen zeigten, daß die Anhänger der REP sich als "auffällig durchschnittlich" darstellten. Angaben zu Haushalts-Nettoeinkommen sowie der Wohnsituation belegten, daß die Sympathisanten der Partei nicht ausschließlich aus dem Kreise der sogenannten sozial Benachteiligten stammten. Und schließlich sei hier nochmals auf die Einwände gegen das Protestmotiv als alleinige Ursache bei der Wahlentscheidung zugunsten der rechtsextremen Parteien verwiesen. Der

---

[20] Vgl. Josef Held/Hans Horn/Rudolf Leiprecht/Athanasios Marvakis, "Du mußt so handeln, daß Du Gewinn machst ..." - Empirische Untersuchungen und theoretische Überlegungen zu politisch rechten Orientierungen jugendlicher Arbeitnehmer, Dortmund 1991; vgl. auch Rudolf Leiprecht, "... da baut sich ja in uns ein Haß auf ...". Zur subjektiven Funktionalität von Rassismus und Ethnozentrismus bei abhängig beschäftigten Jugendlichen, Hamburg 1990.

[21] Wilhelm Heitmeyer u. a., Die Bielefelder Rechtsextremismus-Studie. Erste Langzeituntersuchung zur politischen Sozialisation männlicher Jugendlicher, Weinheim-München 1992; vgl. dazu die Kritik Armin Pfahl-Traughber, Die neue Heitmeyer-Studie. Eine erste Langzeituntersuchung zur politischen Sozialisation männlicher Jugendlicher, Teil I, in: Blick nach rechts, Nr. 18/ 1992, S. 3-5; Die neue Heitmeyer-Studie. Die Langzeituntersuchungen zwischen 1985 und 1990, in: Blick nach rechts, Nr. 19/1992, S. 4-6.

"Modernisierungsopfer"-Ansatz läßt ebenfalls das Verhältnis von Protest und Ideologie als Motive für rechtsextreme Orientierung unbestimmt. Das politische Bewußtsein bleibt als bedingender Faktor weitgehend unberücksichtigt, obwohl doch Umfragen gerade auf diesen Aspekt besonders hinwiesen.

Allerdings soll mit der hier vorgetragenen Kritik der "Modernisierungsopfer"-Ansatz nicht gänzlich verworfen werden. Hätten seine Anhänger den Begriff auf vom Wertewandel Betroffene ausgeweitet und die politischen Faktoren mehr berücksichtigt, könnte der Ansatz in weiter entwickelter Form durchaus analytisch brauchbar sein. Leider hat aber bisher keine politikwissenschaftliche Debatte zur Problematik eingesetzt und deshalb sahen sich die Vertreter des "Modernisierungsopfer"-Ansatzes nicht genötigt, ihre Positionen kritisch zu überdenken. Nur so kann wohl auch erklärt werden, warum derartige Interpretationen zur Erklärung des Rechtsextremismus in der ehemaligen DDR einfach auf dieses Phänomen übertragen wurden.

Heitmeyer sprach in diesem Zusammenhang[22] von der Zerstörung sozialer Lebenszusammenhänge, Handlungsunsicherheiten in beruflicher Hinsicht, Ohnmachtserfahrungen durch Auflösung von familiären oder Firmenzusammenhängen und Vereinzelungserfahrungen. Um die damit verbundenen Irritationen zu überwinden, verlange man nach Gewißheit, Klarheit und Stabilität, die über ein neues Freund-Feind-Bild in Vorurteilen gegen andere und Fremde gewonnen werde. Gleichzeitig suche man nach neuen Zusammengehörigkeiten, die einem keiner mehr nehmen könne und die noch am ehesten das abhanden gekommene Selbstwertgefühl wieder erstarken ließe. Dazu eigneten sich in besonderem Maße nationalistische Gefühle, verbunden mit entsprechenden Ressentiments gegen Ausländer. Die durch diese Entwicklungen ausgelöste Eskalation des Rechtsextremismus werde noch

[22] Vgl. Wilhelm Heitmeyer, Der Eisberg im Osten. Zu den Ursachen des jugendlichen Rechtsradikalismus und der wachsenden Gewaltbereitschaft in den neuen Bundesländern, in: Die Tageszeitung v. 18. Juni 1991.

beschleunigt, und zwar einerseits durch die von westlicher Politik mitbewirkte Zerstörung von Lebenszusammenhängen und andererseits durch die demonstrative Überlegenheit von Westdeutschen, die die Herausbildung von mehr Selbstbewußtsein erschwere und den Hang zu Schuldverschiebungen auf Fremde fördere. Es komme aufgrund der gesellschaftlichen Umbrüche zu einer anomischen Situation, zu Norm- und Regellosigkeit, die der Gewalt freien Lauf lasse, wenn Angst und Verunsicherung erfahren werden. Gefordert sei eine Politik, so Heitmeyer, die soziale Lebenszusammenhänge stifte und nicht zerstört.

Es gibt mehrere Gründe, die diese Interpretation bestätigen. So belegen etwa die Ergebnisse neuerer Studien über Jugendliche in den neuen Bundesländern einen Zusammenhang zwischen rechtsextremen und ausländerfeindlichen Orientierungen einerseits und der subjektiv als negativ eingeschätzten Lebensbefindlichkeit andererseits.[23] Allerdings haben kriminalpolizeiliche Untersuchungen, die noch zu DDR-Zeiten erstellt wurden, bei der Auswertung der Akten rechtsextremer Straftäter ergeben: "Es gibt keine Rekrutierung der Probanden aus einer besonderen Schicht oder Gruppe der Gesellschaft. Aus diesem Grund ist auszuschließen, daß es für die Herausbildung der besonderen Verhaltensweisen der Probanden, die zu gruppierungstypischen Straftaten führte, exklusiv nur für sie zutreffende Lebensumstände gäbe, die genau dies bewirkt hätten."[24] Und eine neuere Untersuchung zu politischen Einstellungen von ostdeutschen Jugendlichen kommt zu dem Ergebnis: "Angst vor Arbeitslosigkeit oder Ausbildungsproblemen schlägt nicht in dem Maße auf Ausländerfeindlichkeit durch, wie manchmal unterstellt wird. Zwischen Schülern, die nach der Schule einen Ausbildungs-

---

[23] Vgl. Walter Friedrich/Wolfgang Netzker/Wilfried Schubarth, Jugend in den neuen Bundesländern. Ihr Verhältnis zu Ausländern und zu einigen aktuellen politischen Problemen, Leipzig 1991, unveröffentlichtes Manuskript, S. 10-20.

[24] Studie über Erkenntnisse der Kriminalpolizei zu neofaschistischen Aktivitäten in der DDR, Berlin (Ost) 1989, unveröffentlichtes Manuskript, S. 10.

platz als völlig sicher, sicher oder als völlig unsicher wähnen, gibt es keine Unterschiede! Lehrlinge, die einen Arbeitsplatz für sich als völlig gesichert ansehen, sind sogar emotional häufiger gegen Ausländer eingestellt, als diejenigen, die dies noch als völlig unsicher ansehen."[25]

Damit bewegt sich auch für die neuen Bundesländer der "Modernisierungsopfer"-Ansatz auf unsicherem Boden. Ausreichende empirische Untersuchungen, die diesen bestätigen, liegen bislang noch nicht vor. Problematisch ist darüber hinaus auch der ausschließliche Rekurs auf die sozialen Aspekte. Sie erklären zwar das Vorhandensein von Unmut und auch von Aggressivität, aber nur begrenzt deren politische Orientierung. Warum sich dieses soziale Protestpotential nicht den politischen Oppositionskräften, sei es den Sozialdemokraten, den Grünen oder den Bürgerrechtsgruppen, zuwendet, kann so nicht erklärt werden. Das Abdriften zur extremen Rechten in politischer Orientierung wie politischer Praxis gilt es also genauer zu analysieren. Dazu müssen die Mentalitätsbestände der politischen Kultur einer Gesellschaft, aus der sich der Rechtsextremismus entwickelt hat, eingehend untersucht werden. In einer anderen Veröffentlichung zum Thema Jugend und Rechtsextremismus in Ostdeutschland bemerkt Heitmeyer: "Die Hauptquellen" des dortigen Rechtextremismus "liegen sicherlich im DDR-spezifischen Aufwachsen und Leben in autoritären und repressiven Verhältnissen, das mit Minderwertigkeitsgefühlen und Verletzungen einherging."[26] Im Osten macht der Jugendforscher die besondere politische Kultur als entscheidenden Faktor für den dortigen Rechtsextremismus aus, im Westen sind es die sozialen Folgen der

---

25 Peter Förster / Walter Friedrich / Harry Müller / Wilfried Schubarth, Jugendliche in Ostdeutschland 1992. Politische Einstellungen. Rechtsextreme Orientierungen / Gewalt. Verhältnis zu Ausländern / Lebenswerte Lebensbefindlichkeiten, Leipzig 1992, unveröffentlichtes Manuskript, S. 169.

26 Wilhelm Heitmeyer, Die Widerspieglung von Modernisierungsrückständen im Rechtsextremismus, in: Karl-Heinz Heinemann / Wilfried Schubarth (Hrsg.), Der antifaschistische Staat entläßt seine Kinder. Jugend und Rechtsextremismus in Ostdeutschland, Köln 1992, S. 100-115, hier S. 104.

kapitalistischen Produktionsweise. Hier geraten die Ebenen durcheinander, Widersprüche entstehen. Die Unfähigkeit, einzelne Erklärungsfaktoren in ihrem Wechselverhältnis zu bestimmen und ihren abhängigen bzw. unabhängigen Charakter differenziert zu unterscheiden, führen zu einen nur bedingt tauglichen Erklärungsansatz.

Der extremismustheoretische Ansatz

Als weiterer politikwissenschaftler Erklärungsansatz zum Rechtsextremismus soll hier der extremismustheoretische Ansatz vorgestellt und untersucht werden. Grundlegend für eine solche Interpretation ist ein Verständnis von politischem Extremismus, das diesen nicht nur als Abgrenzungsbegriff gegenüber den Prinzipien des demokratischen Verfassungsstaates ansieht[27], sondern davon ausgeht, daß dessen Ablehnung und Bekämpfung durch unterschiedliche politische Kräfte auf gemeinsamen Strukturmerkmalen beruht. Als solche Strukturelemente extremistischer Doktrine nennt der Politikwissenschaftler Uwe Backes u. a.: Absolutheitsansprüche, Dogmatismus, Freund-Feind-Stereotype, Fanatismus und Aktivismus.[28] Ergänzend bzw. konkretisierend dazu könnten noch genannt werden: ein antipluralistisches Politik- und Gesellschaftsverständnis, gestützt auf die Auffassung von der Homogenität des Volkes und auf Autoritarismus. Damit liegt ein theoretisches Raster für extremismustheoretische Analysen vor, dessen Tauglichkeit allerdings noch durch Fallstudien zu belegen wäre. Dieses Defizit in der bisherigen Extremismusforschung hat auch dazu geführt, daß Kritiker derartigen Theorieansätzen unterstellten, sie nähmen lediglich eine klassifizierende Einordnung vor und ließen das gesellschaftliche Bedingungsgefüge für den politischen Extremismus unberücksichitigt. Dieser teilweise durchaus berechtigte Einwand

---

[27] Vgl. Uwe Backes, Politischer Extremismus in demokratischen Verfassungsstaaten. Elemente einer normativen Rahmentheorie, Opladen 1989, S. 89, 103.

[28] Vgl. ebda., S. 298-311.

rechtfertigt jedoch nicht die Ablehnung der Extremismustheorie, sondern fordert vielmehr deren analytische Weiterentwicklung. Gerade im Falle des Rechtsextremismus in den neuen Bundesländern könnte sich die praktische Tauglichkeit und der analytische Wert des extremismustheoretischen Ansatzes erweisen.

So kann man etwa davon ausgehen, daß die zuvor genannten Strukturmerkmale extremistischer Doktrinen ebenso für die SED zu ihrer Zeit als herrschende Partei wie auch auf den Rechtsextremismus in Ostdeutschland unserer Tage zutreffen. Wohlgemerkt, hier soll keine Gleichsetzung völlig unterschiedlicher politischer Phänomene vorgenommen werden, wie es extremismustheoretischen Ansätzen immer wieder unterstellt wird. Vielmehr geht es darum, die strukturellen Gemeinsamkeiten in Betracht zu ziehen und als Erklärungsfaktor zu berücksichtigen. Schließlich sind die Bürger der ehemaligen DDR in einer Gesellschaft sozialisiert worden, die von einer als extremistisch einzuschätzenden Partei dominiert wurde. In dieser Zeit hat die SED durch ihre Propaganda ebenso wie durch Erziehungsmaßnahmen extremistische Mentalitätsbestände in die Bevölkerung heineingetragen. Dazu gehörte: der Anspruch, alles durch die Lehre des "Marxismus-Leninismus" absolut erklären zu können; der Dogmatismus entsprechender Vorstellungen, der nicht die kleinsten Abweichungen von der "reinen Lehre" erlaubte; das Freund-Feind-Denken insbesondere gegen den Westen, der als Inkarnation einer "imperialistischen Verschwörung" gegen die DDR dargestellt wurde; eine entsprechende Propaganda, die einen Fanatismus dieser Art schon im Schüler-Alter zu schüren suchte; ferner der durch staatliche Einrichtungen und SED-nahe Gruppierungen und Verbände eingeforderte Aktivismus, der eine fast vollständige Einheit von Regierung und Volk suggerieren sollte; sowie der Autoritarismus als Alltags- wie auch als politisches Phänomen.

Durch das Scheitern und die Auflösung des SED-Systems sind zwar seine konkreten Inhalte diskreditiert und hinfällig, aber die Formen bleiben als Mentalitätsbestände mehr oder minder bestehen. Es findet kein automatischer Demokratisierungsprozeß des politischen Bewußtseins statt, er vollzieht sich allmählich und setzt bestimmte Erfahrungen als Korrekturfaktoren voraus, die in der Regel nicht schon binnen weniger Jahre wirken. Die Tradierung der genannten Mentalitätsbestände darf nicht unterschätzt werden. Ihr langfristiges, wenn auch latentes Vorhandensein gilt es zu berücksichtigen, denn unter bestimmten Bedingungen können die alten Mentalitätsbestände auch mit neuen Inhalten gefüllt werden. Und genau in diesem Punkt besteht die Möglichkeit, diese durch rechtsextreme Agitation in die entsprechende politische Richtung zu drehen. In welchem Maße dies geschieht, kann noch nicht gesagt werden, aber daß es geschieht, belegt der virulente Rechtsextremismus in den neuen Bundesländern.

Die formulierten Annahmen können recht gut anhand eines bemerkenswerten Phänomens belegt werden: In den neuen Bundesländern bekommen die REP Zulauf von ehemaligen SED-Mitgliedern und früheren DDR-Offizieren. Nach einem Bericht des "Spiegel"[29] suchten viele der altautoritären Zwangscharaktere, denen die SED ein Hort der Ordnung war, bei den extremen Rechten neuen Halt. Eine heftige Abneigung gegen den liberalen Westen, eine Vorliebe für autoritäres Gehabe, vaterländische Phrasen und soziale Demagogie brächten viele der neuen ostdeutschen REP-Anhänger bereits aus ihrer alten Partei mit. Daß es diese Affinitäten gibt räumte auch eine Politikerin der SED-Nachfolgepartei PDS ein. "'Viele ehemalige SED-Funktionäre'", so die Dresdner PDS-Vorsitzende Christine Ostrowski, hätten "'ihre Denkweisen und Persönlichkeitstrukturen auf dem Weg zu den Republikanern kaum geändert und funktionieren auch heute noch prima weiter.'" Diese Gemeinsamkeiten gehen sogar über die strukturelle Ebene hinaus und beziehen sich teilweise auch auf politische Inhalte, wie sich anhand der Äußerungen eines führenden ostdeutschen REP-Funktionärs zeigen läßt. Der ehemalige Oberst der "Nationalen Volksarmee" Hermann Flemmig wechselte direkt nach Auflösung bzw. Umbenennung der SED zu den REP, wo er es inzwischen zum

[29] Feine Jungens, in: Der Spiegel 46 (1992), H. 19, S. 102-105.

Zweiten Vorsitzenden des Brandenburgischen Landesverbandes gebracht hat. In einem Gespräch mit einer Journalistin[30] gab Flemmig als Grund für diesen Schritt an, daß die REP gegenüber seiner Vergangenheit keine Vorbehalte hätten und die Mitglieder wüßten, was Ordnung und Disziplin bedeuten. Neben dem Strukturelement Autoritarismus existierten aber auch noch politisch-ideologische Gründe für seinen Wechsel: "'Ich lehne nichts so sehr ab wie diesen ungehemmten Liberalismus. Es gibt keine Freiheit des Individuums.'" In einem weiteren Interview mit Flemmig[31] verstärkt sich der Eindruck der Gemeinsamkeiten noch: Er verwirft darin die Arbeit kritischer Bundeswehrsoldaten und betont, er habe Schwierigkeiten mit einem Demokratieverständnis, das solche Soldaten gewähren lasse. Fasziniert zeigt sich Flemmig vom "'preußischen Militärstil'" der DDR-Armee und äußert, er wollte schon immer bei etwas sein, "'wo ich mich unterordnen kann'". In den beiden Gesprächen schimmern immer wieder die oben genannten Strukturmerkmale extremistischer Doktrinen durch, die eben auch den zunächst irritierend anmutenden politischen Wechsel von Flemming und anderen ehemaligen SED-Mitgliedern ins Lager der extremen Rechten erklärbar machen.

Der "Politische Kultur"-Ansatz

In der gegenwärtigen Diskussion um die Gründe und Ursachen für ein erneutes Aufkommen des Rechtsextremismus ist der Einflußfaktor der politischen Kultur bislang noch nicht systematisch erörtert worden. Es herrscht die Fixierung auf den "Modernisierungsopfer"-Ansatz in verschiedenen Varianten mehr oder minder stark vor. Dabei wird dem politischen Aspekt dieses Phänomens allerdings nicht genügend

---

[30] Birgit Weidt, Der Untertan. Vom NVA-Oberst zum Republikaner-Führer, in: Wochenpost v. 10. April 1992.

[31] ARD-Fernsehbericht: Rote Socken und braune Hemden. Linke DDR-Funktionäre auf dem Marsch nach rechts, in: Kontraste v. 12. Oktober 1992.

Aufmerksamkeit gewidmet, denn der Umschlag von Unmut in rechtsextreme Orientierungen erscheint darin als ein nahezu automatischer Prozeß. Es käme hier darauf an, die inhaltliche Artikulation des Protests, die eben überaus politisch ist, zu problematisieren und zu fragen, warum sie sich ausgerechnet in rechtsextremen Orientierungen und keinen anderen politischen Formen äußert. Genau dies will der "Politische Kultur"-Ansatz leisten.

Dazu bedarf es zunächst aber der Definition des Begriffs, denn von "politischer Kultur" wird in den unterschiedlichsten Zusammenhängen gesprochen. Darüber hinaus wäre ein normatives von einem empirischen Verständnis zu unterscheiden. Normativ wird der Begriff häufig im alltäglichen Sprachgebrauch und politischen Diskurs verwendet, wobei dieser einen moralischen Bezug erhält, der sich auf die Respektierung der Regeln und Konventionen in der politischen Auseinandersetzung bezieht. Demgegenüber verwenden die Politik- und Sozialwissenschaften[32] den Begriff "politische Kultur" empirisch, d. h. ohne damit zusammenhängende normative Wertungen. Kreiert wurde der Terminus von US-amerikanischen Politikwissenschaftlern der strukturell-funktionalen Schule, in erster Linie von Gabriel Almond[33]. Damit sollten Aussagen zu Auffassungen, Einstellungen und Verhaltensweisen der Bürger gegenüber der Politk formuliert werden. Mittels der Methoden der modernen empirischen Sozialforschung, insbesondere repräsentativen Umfragen, ermittelte man die subjektiven Einstellungen und Meinungen der Bevölkerung. Darüber hinaus wurde aber auch das durch die historische Entwicklung geprägte besondere politische Denken in einem Land untersucht und nach Eigentümlichkeiten der politischen Traditionen gefragt, wozu sich insbe-

---

[32] Vgl. Wolf Michael Iwand, Paradigma Politische Kultur. Konzepte, Methoden, Ergebnisse der Political Culture-Forschung in der Bundesrepublik, Opladen 1985; Dirk Berg-Schlosser/Jakob Schissler (Hrsg.), Politische Kultur in Deutschland. Bilanz und Perspektiven der Forschung, Opladen 1987.

[33] Gabriel A. Almond/Sidney Verba, The Civic Culture. Political Attitudes and Democracy in five Nations, Princeton 1963.

sondere vergleichende Länderstudien gut eigneten. Politische Kultur kann also allgemein verstanden werden als ein aus Einstellungen, Meinungen und Werten der Individuen in einem Land sich ergebendes spezifisches Muster von politischem und gesellschaftlichem Bewußtsein, das zum einen durch die jeweilige Geschichte und zum anderen durch aktuelle politische, soziale und ökonomische Prozesse beeinflußt ist. Politische Kultur stellt somit ein Bindeglied zwischen den einzelnen Individuen und den Institutionen und Strukturen des politischen Systems dar und bildet neben diesen seine eigentliche Stütze.

Hinsichtlich der Traditionen der politischen Kultur in Deutschland geht der Politikwissenschaftler Kurt Sontheimer[34] davon aus, daß die Deutschen nach 1945 ihre nationalistischen, militaristischen und antidemokratischen Auffassungen weitgehend unterdrückt hätten und diese somit keinen direkt bestimmenden Einfluß mehr auf das politische Bewußtsein der Bundesdeutschen gewinnen konnten. Man schloß sich den Wertvorstellungen der westlichen demokratischen Verfassungsstaaten an. Gleichwohl wirkten für Sontheimer innerhalb dieses Rahmens einige der alten Traditionen nach. Als solche werden von ihm genannt: *Erstens* die etatistische Tradition: Damit ist eine Einstellung gemeint, die den Staat nicht als politische Organisation der Gesellschaft, sondern als unanfechtbares Instrument zur Sicherung und Ordnung der gesellschaftlichen Verhältnisse ansieht. Dabei gelten die Werte der Zucht, der Pflicht und des Gehorsams jeweils mehr als die der Freiheit, der Individualität und der Opposition. Der Staat wird im Sinne eines autoritären Staates verstanden. *Zweitens* die unpolitische Tradition, die als Fortsetzung der obrigkeitsstaatlichen Untertanengesinnung in die Zeit der Demokratie hinein gilt. Angesprochen ist damit einerseits das Desinteresse an politischem Geschehen und die geringe aktive Teilnahme am politischen Prozeß und andererseits das Zurückziehen in die Privatsphäre, verbunden mit der

[34] Vgl. Kurt Sontheimer, Deutschlands politische Kultur, München 1990, S. 33-59.

Auffassung, Politik sei ein schmutziges Geschäft. *Drittens* die Tradition des "deutschen Idealismus", die ihre charakteristische Ausprägung in einer Denkhaltung findet, welche die bestehenden politischen und sozialen Verhältnisse an einem idealen Maßstab mißt und von daher zu einem mehr oder minder vernichtenden Urteil über die bestehenden Verhältnisse kommt. Vor allem diese Tradition erschwere es, sich mit den gegebenen Verhältnissen zu arrangieren bzw. sie reformerisch-konstruktiv zu verändern. *Viertens* die Tradition der Konfliktscheu, womit das Unvermögen gemeint ist, im begrenzten und geregelten Konflikt ein Mittel produktiver Gesellschaftsgestaltung zu erblicken. Harmonie gilt auch im politischen Bereich als Ideal und insofern strebt man einen Zustand ohne Konflikte an. Und *fünftens* die Tradition des Formalismus, die zum Ausdruck kommt in der Tendenz, politische Probleme in Rechtsprobleme zu kleiden und unter juristischen Gesichtspunkten zu diskutieren. Hierbei werden formale Regelungen durch das vermeintlich über den Parteien stehende Recht gegenüber informellen politischen Regelungen zur Kompromißbildung bevorzugt.[35]

Die angesprochenen Traditionen können als Mentalitätsbestände der politischen Kultur angesehen werden, die vor allem rechtsextreme (teilweise aber auch ganz allgemein extremistische) Orientierungen nähren. Allerdings wird das Gewicht dieser politischen Traditionen von Sontheimer als nicht mehr so stark eingeschätzt, daß es das politische Bewußtsein der deutschen Bevölkerung in einen direkten Gegensatz zu den Prinzipien des demokratischen Verfassungsstaates bringen könnte. In der Tat belegen die Veränderungen der politischen Kultur vor allem seit dem Ende der sechziger Jahre die zunehmende Akzeptanz demokratischer Prinzipien, was etwa anhand der Ergebnisse vergleichender Analysen von

---

[35] Diese Traditionen der politischen Kultur in Deutschland sind von anderen Politik- und Sozialwissenschaftlern ähnlich wie von Sontheimer eingeschätzt worden, vgl. u.a. Ralf Dahrendorf, Gesellschaft und Demokratie in Deutschland, München 1965; Martin Greiffenhagen/Sylvia Greiffenhagen, Ein schwieriges Vaterland. Zur Politischen Kultur Deutschlands, München 1979.

Umfrageergebnissen deutlich aufgezeigt werden kann.[36] Darüber hinaus ließ sich ein steigendes politisches Bewußtsein und Interesse, stärkere politische Partizipation der Bürger und eine massive Zunahme bei der Unterstützung für das politische System nachweisen.[37] Deutlich wird der Wandel der politischen Kultur auch in einer größeren Liberalität gegenüber Minderheiten, durch neue Partizipationsformen (etwa Bürgerinitiativen), das offenere Austragen von sozialen Konflikten oder die breiteren Möglichkeiten zur Artikulation von Kritik. Und schließlich ist durch eine zwar nicht immer unproblematische öffentliche Auseinandersetzung mit der NS-Vergangenheit eine ganze Reihe von rechtsextremen Ideologieelementen zumindest im öffentlichen Diskurs marginalsiert worden, was etwa für antisemitische Einstellungen gilt, die man in die "Kommunikationslatenz" abdrängte.[38]

Allerdings darf bei dem notwendigen Verweis auf den Wandel der politischen Kultur wie der gesellschaftlichen Werte nicht die weitere Existenz von Mentalitätsbeständen im Sinne der oben skizzierten Traditionen unterschlagen werden. Zwar ließ sich in den letzten Jahrzehnten eine immer breitere Akzeptanz demokratischer Prinzipien in der Bundesrepublik feststellen, aber auch ein Spannungsverhältnis zwischem dem abstrakten Bekenntnis zu den Funktionsprinzipien der parla-

---

[36] Vgl. Oscar W. Gabriel, Demokratiezufriedenheit und demokratische Einstellungen in der Bundesrepublik Deutschland, in: Aus Politik und Zeitgeschichte. Beilage zur Wochenzeitung "Das Parlament", B 22/1987, S. 32-45.

[37] Vgl. David P. Conradt, Changing German Political Culture, in: Gabriel A. Almond/Sidney Verba (Hrsg.), The Civic Culture revisted, Boston-Toronto 1980, S. 212-272; siehe auch Heinz Rausch, Politische Kultur in der Bundesrepublik Deutschland, Berlin 1980 sowie die Einschätzung bei Martin Greiffenhagen, Von Potsdam nach Bonn. Zehn Kapitel zur politischen Kultur Deutschlands, München 1986, S. 197 f.

[38] Vgl. Werner Bergmann/Rainer Erb, Kommunikationslatenz, Moral und öffentliche Meinung. Theoretische Überlegungen zum Antisemitismus in der Bundesrepublik Deutschland, in: Kölner Zeitschrift für Soziologie und Sozialpsychologie 38 (1986), S. 223-246; Dies., Antisemitismus in der Bundesrepubik. Ergebnisse der empirischen Forschung von 1946 - 1989, Opladen 1991.

mentarischen Demokratie und dem unzureichenden Verständnis für die damit zusammenhängenden Verhaltensimplikationen.[39] Neue Partizipationsformen, größere Liberalität und stärkere Kritikpotentiale blieben darüber hinaus doch eher auf bestimmte soziale Gruppen beschränkt und sollten bei der Beurteilung der gesamten politischen Kultur nicht vorbehaltlos verallgemeinert auf diese übertragen werden. Und schließlich ist es keineswegs so sicher, daß das politische Bewußtsein in der Bundesrepublik Deutschland schon ein so starker Garant für eine Sicherung des demokratischen Verfassungsstaates auch in Krisenzeiten ist. Man muß nicht unbedingt so weit gehen wie der Politikwissenschaftler Manfred Hättich, der meint: "Die Loyalität der Westdeutschen zu ihrem Staat ist zu einem guten Teil von der wirtschaftlichen Prosperität gestützt."[40] Es hat sich jedoch bei vergleichsweise relativ schwachen ökonomischen Krisenerscheinungen bereits gezeigt, daß ein nicht geringer Teil der Bevölkerung zu rechtsextremen Orientierungen und entsprechendem Wahlverhalten neigt. Dies war Ende der sechziger Jahre im Zusammenhang mit dem Aufschwung der NPD der Fall und dasselbe deutet sich für die Zeit ab 1989 mit der vereinigungsbedingten Unterbrechung bis Herbst 1991 ebenfalls an. Die direkte, indirekte oder vermeintliche Betroffenheit von einer sozialen Krisensituation hat offenbar eine Auslöserfunktion, die latente rechtsextreme Orientierungen aktiviert. Zeigt sich dadurch, daß entsprechende Stimmen nicht "verschenkt" werden, stößt, wie oben aufgezeigt, ein sozial breiteres Wählerpotential nach. Voraussetzungen für diese besondere politische Artikulation sind entsprechende Mentalitätsbestände in der politischen Kultur, die zwar offensichtlich nicht mehrheitsfähig, allerdings auch nicht unbedeutend sind, wie die Ausführungen zum rechtsextremen Einstellungspotential gezeigt haben. Die angesprochenen Menta-

[39] Diese Unterscheidung ist auch für die oben aufgezeigte methodisch divergierende Auffassung von einem politikwissenschaftlichen und verfassungsrechtlichen Extremismusbegriff von Bedeutung.

[40] Manfred Hättich, Deutschland - eine zu späte Nation, Mainz - München 1990, S. 101.

litätsbestände können zwar nicht immer als eindeutig rechtsextrem bewertet werden, wären aber sehr wohl in diesem Sinne mobilisierbar.

Deutlich wird dies etwa an der Frage nach dem Staatsverständnis der Bundesrepublik Deutschland: Versteht sie sich als Nationalstaat oder als Republik? Diesen idealtypischen Gegensatz hat der Politikwissenschaftler Dieter Oberndörfer[41] hervorgehoben und problematisiert. Danach legitimiert sich die Republik im modernen Sinne aus universalgültigen Werten, nämlich den aus der Natur des Menschen abgeleiteten individuellen politischen und sozialen Grundrechten, die als allgemein gültige Menschenrechte angesehen werden. Es handelt sich bei der Republik also um eine weltbürgerliche Ordnung, die es prinzipiell allen Menschen erlaubt, durch Willenserklärung Bürger zu werden[42], sofern sie sich zur republikanischen Ordnung bekennen und sich in ihre kulturellen Traditionen einordnen. Der Nationalstaat gründet sich indessen auf partikulare "nationale" Werte in Abgrenzung von anderen Nationen, d. h., der Zusammenhalt der Bürger basiert hier nicht primär auf der Grundlage von Freiheit und Recht, sondern auf der sogenannten "nationalen Identität" der Abstammungsgemeinschaft. Um Bürger des Nationalstaates zu werden, muß man einem bestimmten Volk angehören, denn der Staat ist nur für dieses da und wird als politische Realisierung seiner Tradition und Kultur verstanden.

In der westlichen Verfassungsgeschichte hat es mehrere Versuche gegeben, die Prinzipien "Nation" und "Republik" zu einer Symbiose zu bringen, was in der Realität allerdings nie konsequent durchgehalten wurde. In Deutschland, wo lange Zeit der Primat der "Nation" galt, gab es derartige Bestrebungen erst im Zusammenhang mit der Entstehung des

---

41 Vgl. Dieter Oberndörfer, Nationales oder republikanisches Selbstverständnis?, in: Sonde 21 (1988), H. 3, S. 3-10.

42 Dies schließt selbstverständlich nicht aus, daß sich Republiken unter bestimmten Umständen der Einbürgerung und Einwanderung verweigern, wenn diese die Überlebensfähigkeit ihrer politischen und sozialen Ordnung und damit ihre normative politische Legitimation - tatsächlich - gefährden.

Grundgesetzes. Aber auch hier führte der beschriebene Gegensatz im Begründungszusammenhang zu einer widersprüchlichen Lösung: So wurden die Grundrechte zwar nicht aus der "Würde des Deutschen", sondern aus der "Würde des Menschen" (GG 1,1) abgeleitet und die Grundrechte zur persönlichen Freiheit, Gleichheit vor dem Gesetz, Glaubens- und Meinungsfreiheit "jedem" (GG 2) und "allen Menschen" (GG 3) gewährt, demgegenüber die Versammlungs-, Vereinigungs- und Berufsfreiheit (GG 8, 9, 11, 12) nur noch Deutschen zuerkannt. Die damit verbundene Einschränkung fundamentaler Grundrechte für Nicht-Deutsche, so Oberndörfer, widerspricht dem Postulat der universalgültigen Menschenrechte. Im Gegensatz zu seinem eigenen republikanischen Wertfundament bezog sich das Grundgesetz somit auch auf ein nationalistisches Substrat.[43]

Dieses hat sich trotz eines eher rückläufigen Nationalismus im Meinungsbild der Bevölkerung[44] in der politischen Kultur der Bundesrepublik gehalten. Dadurch wurde nicht nur das dauerhafte Zusammenleben mit ethnischen Minderheiten[45] und eine realistische Ausländerpolitik[46] erschwert, sondern auch die Möglichkeit eröffnet, im Zusammenhang mit der nationalen Wiedervereinigung wieder an alte Nationalstaats-

---

[43] Vgl. Dieter Oberndörfer, Die Bundesrepublik Deutschland, Europa und die Dritte Welt: Zum "nationalen" Selbstverständis der Bundesrepublik, in: Akademie der politischen Bildung, Tutzing (Hrsg.), Zum Staatsverständnis der Gegenwart, München 1987, S. 221-244, hier S. 226-230.

[44] Vgl. Klaus von Beyme, Das deutsche Nationalbewußtsein im internationalen Vergleich, in: Ders., Der Vergleich in der Politikwissenschaft, München 1988, S. 302-323.

[45] Vgl. Dieter Oberndörfer, Der Nationalstaat - ein Hindernis für das dauerhafte Zusammenleben mit ethnischen Minderheiten?, in: Zeitschrift für Ausländerecht und Ausländerpolitik, 9 (1989), S. 3-13.

[46] Vgl. Heiner Geißler, Zugluft. Politik in stürmischer Zeit, München 1990, S. 177-218; Lutz Hoffmann, Die unvollendete Republik. Zwischen Einwanderungsland und deutschem Nationalstaat, Köln 1990; Daniel Cohn-Bendit/Thomas Schmid, Heimat Babylon. Das Wagnis der multikulturellen Gesellschaft, Hamburg 1992.

ideen anzuknüpfen.[47] Entsprechende Tendenzen münden keineswegs notwendigerweise in einem antidemokratischen Nationalismus, sie relativieren aber die Wertvorstellungen des demokratischen Verfassungsstaates und eröffnen für die rechtsextreme Agitation Einbruchstellen in die demokratische Mehrheitskultur.[48] Dies fällt um so leichter, als ein so heftig und kontrovers diskutiertes Thema wie die Ausländerpolitik emotionale Stimmungen weckt, auf die der Rekurs auf nationalistische Ideologieelemente sich beziehen kann. Von daher verwundert es auch nicht, daß rechtsextreme Parteien und Gruppen vor allem diesen Zusammenhang thematisieren und zur Mobilisierung von Anhängern, Sympathisanten und Wählern nutzen. Erleichtert wird dies dadurch, daß Politik im weitesten Sinne nicht im Bereich der politischen Kultur die notwendigen Voraussetzungen für die Annahme eines Konzepts von "offener Republik" (Oberndörfer) geschaffen hat und sich dort ein nationalistisches Substrat erhalten konnte. Dieses existierte offensichtlich längere Zeit eher latent fort und wird in einer Konfliktsituation durch es ansprechende Parolen manifest.

Neben dem Nationalismus haben sich noch zahlreiche andere Mentalitätsbestände in der politischen Kultur gehalten, die als extremistische Strukturmerkmale bzw. rechtsextreme Ideologieelemente oder diffuse Orientierungen in diesem Sinne anzusehen sind. Sie wurzeln in den genannten Traditionen der politischen Kultur Deutschlands. Über die Verbreitung derartiger Einstellungen im Meinungsbild der Bevölkerung geben die oben zitierten diesbezüglichen Ergebnisse der empirischen Sozialforschung Auskunft. Unabhängig davon, wie deren Größe jeweils beziffert wird, zeigt sich doch, daß diese Einstellungen gegenwärtig keine mehrheitlichen Zu-

---

[47] Vgl. Dieter Oberndörfer, Die offene Republik. Zur Zukunft Deutschlands und Europas, Freiburg 1991, S. 7 f. sowie allgemein Peter Glotz, Der Irrweg des Nationalstaats. Europäische Reden an ein deutsches Publikum, Stuttgart 1990.

[48] Ein gutes Beispiel dafür ist der Versuch einer nationalistischen Umdeutung des Grundgesetzes im neuen Programm der REP, vgl. Die Republikaner (Hrsg.), Programm 1990, Bonn 1990, S. 2-5.

stimmungen finden. Gleichwohl bestehen sie bei einer nicht zu unterschätzenden Minderheit der Bevölkerung und sind von rechtsextremer Seite mobilisierbar, wobei der damit verbundene Prozeß hin zur Wahlentscheidung zugunsten einer entsprechenden Partei keineswegs direkt verlaufen muß. Dies ist von den verschiedensten Faktoren abhängig: von der Instabilität des politischen Systems, der sozialen Krisensituation und der Attraktivität einer rechtsextremen Partei. All dies zeigt, daß das Aufkommen und die mögliche Etablierung einer Partei der extremen Rechten, ähnlich wie in anderen europäischen Ländern, zwar nicht notwendigerweise zur Abwendung von den Prinzipien eines demokratischen Verfassungsstaates führen muß, sich dabei aber durchaus eine Verschiebung der politischen Orientierungen nach rechts ergeben wird, die wiederum zur Stärkung der extremen Rechten führen dürfte. Gleichzeitig nähert sich dadurch die politische Kultur wieder den oben genannten Traditionsbeständen. Hier wird alles darauf ankommen, inwieweit die politischen Parteien und die demokratische Öffentlichkeit ihrer Verantwortung und auch ihren Verpflichtungen nachkommen, auf die politische Kultur in der Bundesrepublik so einzuwirken, daß die Akzeptanz der Prinzipien und Werte des demokratischen Verfassungsstaates in sozialen Krisensituationen nicht zur Gefährdung des demokratischen Systems führen.

Abschließend noch einige Anmerkungen zur Kompatibilität der vorgestellten Erklärungsansätze, also zur Frage, in welchem Maß sie sich ergänzen oder widersprechen. Der faschismustheoretische wie der "Modernisierungsopfer"-Ansatz gehen beide von sozialen Faktoren als den entscheidenden Ursachen aus. Soweit sie für das Aufkommen von Rechtsextremismus die "kapitalistische Produktionsweise" bzw. deren politische Verteidigung als Ursache erkennen, bestehen sogar große Gemeinsamkeiten. Allerdings muß darauf hingewiesen werden, daß der "Modernisierungsopfer"-Ansatz nicht unbedingt mit dem Rekurs auf den Kapitalismus einhergehen muß. Die diesem zugrunde liegenden sozialen Veränderungen werden auch ganz allgemein als typische Entwicklungstendenzen in fortgeschrittenen Industriegesellschaften angesehen. Der extremismustheoretische und der "Politische Kultur"-Ansatz legen das Schwergewicht demgegenüber auf politische Faktoren, und zwar bezogen auf extremistische Mentalitätsbestände in der politischen Kultur. Insofern könnten sie sich beide ergänzen. Allerdings müßten die Ansätze hinsichtlich ihrer analytischen Schärfe noch weiter entwickelt werden. Auch wäre es möglich einige Thesen des "Modernisierungsopfer"-Ansatzes dabei in ein komplexes Ursachenbündel für das Aufkommen des Rechtsextremismus zu integrieren, indessen nur als abhängige bzw. auslösende Faktoren. Allerdings steht die politikwissenschaftliche Diskussion zu diesem Thema noch am Anfang.

VII. Vergleichende Betrachtungen zum Rechtsextremismus im geeinten Deutschland

Um den Rechtsextremismus im geeinten Deutschland einschätzen zu können, muß man vergleichende Betrachtungen anstellen, die unterschiedliche Aspekte in den Vordergrund rücken und dadurch den Maßstab für eine Bewertung liefern. Im einzelnen soll hier in diesem Zusammenhang nach den Verbindungen und Divergenzen der extremen Rechten, nach der Ausbreitung dieses politischen Phänomens im westlichen und östlichen Teil der Bundesrepublik Deutschland gefragt sowie ein historischer und internationaler Vergleich vorgenommen werden. Die dadurch gewonnenen Erkenntnisse dienen der Gesamteinschätzung des Rechtsextremismus in Deutschland, insbesondere hinsichtlich des von ihm ausgehenden Gefahrenpotentials für die Prinzipien und Wertvorstellungen des demokratischen Verfassungsstaates.

Verbindungen und Divergenzen in rechtsextremen Subkulturen

Der Begriff Rechtsextremismus wurde oben im extremismustheoretischen Sinne als Sammelbegriff für antidemokratische Gesinnungen und Bestrebungen mit traditionell politisch rechts einzuordnenden Ideologieelementen definiert. Dazu gehören im Kern: Nationalismus, Autoritarismus, identitäre Politik- und Gesellschaftsvorstellungen und die Ideologie der Ungleichheit. All diese Ideologieelemente finden sich bei den unterschiedlichen Formen von Rechtsextremismus in verschiedenen Varianten mit der direkten oder indirekten Frontstellung gegen den demokratischen Verfassungsstaat, und damit kann man sie auch unter einer Sammelbezeichnung gemeinsam erfassen. Einem derartigen Terminus ist somit eine gewisse Abstraktheit eigen, da er einen bestimmten Aspekt als den zentralen gegenüber anderen eher zu vernachlässigenden hervorhebt. Insofern behauptet ein solcher Begriff wie Rechtsextremismus auch nicht, daß es zwischen den einzelnen diesem zuzuordnenden politischen Phänomenen keine Unterschiede gibt, sie gleichsam einen homogenen Block bilden. Vielmehr handelt es sich um verschiedene politische Subkulturen, die sich über ein System von Werten, Normen, Symbolen und Verhaltensweisen definieren, das von der demokratischen Mehrheitskultur abweicht und ein relatives Eigenleben führt. Zwischen diesen einzelnen bereits vorgestellten unterschiedlichen rechtsextremen Subkulturen bestehen Verbindungen und Divergenzen, die hier anhand bestimmter Kriterien systematisch dargestellt werden sollen.[1]

Zunächst kann man den Rechtsextremismus nach den jeweiligen ideologischen Orientierungen unterscheiden: Erstens hat man es mit einem *antidemokratischen Konservativismus* zu tun, also einem politischen Konservativismus, der die Wertvorstellungen des demokratischen Verfassungsstaates nicht übernommen hat. Dieser versucht nach außen über den Populismus, also den politischen Appell und Rekurs auf Ressentiments und Vorstellungen des Alltagslebens, in die demokratische Mehrheitskultur hineinzuwirken. Einer solchen ideologischen Form des Rechtsextremismus wäre etwa die Partei der REP oder auf publizistischer Ebene die Zeitung "Junge Freiheit" - allerdings ohne die populistischen Züge - zuzuordnen. Eine zweite Variante kann im traditionellen *Deutsch-Nationalismus* gesehen werden, einer Ideologie, die durch einen völkischen Nationalismus und besitzbürgerliches Denken gekennzeichnet ist. Man findet derartige Vorstellungen vor allem in der DVU und der NPD. Trotz mancher Anklänge an NS-Ideologieelemente können diese Parteien bzw. Strömungen allerdings nicht als neonationalsozialistisch verstanden werden, weil ihnen der verbale Antikapitalismus und Radikalismus der Nationalsozialisten nicht eigen ist. Drittens wäre die Strömmung der *Neuen Rechten* zu nennen, meist Intellektuellengruppen, die sich auf die Theoretiker der

---

[1] Vgl. Armin Pfahl-Traughber, Rechtsextreme Subkultur - Verbindungen und Divergenzen im östlichen und westlichen Deutschland, in: Konrad Löw (Hrsg.), Terror und Extremismus in Deutschland. Ursachen - Erscheinungsformen - Wege zur Überwindung, Berlin 1993, i. E.

Konservativen Revolution der Weimarer Republik und/oder der Neuen Rechten Frankreichs beziehen. Sie lehnen die Theorie- und Kulturfeindlichkeit der alten traditionellen extremen Rechten sowie deren Fixierung auf die Vergangenheit ab und beziehen sich primär auch nicht auf die eigene Nation, sondern auf ihr besonderes Europa-Bild. Insbesondere der letztgenannte Aspekt sowie die erklärte Gegnerschaft zum Christentum unterscheidet diese Gruppen von dem oben genannten antidemokratischen Konservativismus. Man findet Vertreter der Neuen Rechten etwa im "Thule-Seminar" oder um Publikationsorgane wie "Europa vorn" oder die "Junge Freiheit". Eine vierte Variante kann im *Neonationalsozialismus* gesehen werden, also dem ausdrücklichen Bezug auf die historische NS-Ideologie. Allerdings interpretiert man den Nationalsozialismus keineswegs einheitlich. Es haben sich etwa neonationalsozialistische Aktivistengruppen herausgebildet, die sich eher im Sinne der Brüder Otto und Gregor Strasser oder Ernst Röhms denn Hitlers, eher im Sinne der SA denn der SS als Nationalsozialisten verstehen. Schließlich wäre fünftens noch die Gruppe der *Nationalrevolutionäre* zu nennen. Sie geben sich als Befreiungsnationalisten, sind weniger auf den Staat und mehr auf Region und Volk bezogen und knüpfen verbal ganz bewußt an einen eher linken politischen Diskurs an. Gerade diese Besonderheiten unterscheiden sie auch von der Neuen Rechten, und von daher wären sie auch als eine eigenständige ideologische Variante der extremen Rechten anzusehen. Zu der Gruppe der Nationalrevolutionäre gehört vor allem der Kreis um die Zeitschrift "Wir selbst", aber auch Vertreter aus dem Umfeld anderer Publikationsorgane wie etwa "Europa Vorn".

Ein weiteres Unterscheidungskriterium für die politische Ausrichtung der jeweiligen rechtsextremen Subkulturen wäre die Orientierung im *traditionellen* oder *modernen* Sinne: Gemeint ist mit ersterem der primäre Bezug auf überkommene Politikvorstellungen und politische Systeme sowie die thematische Orientierung auf die Vergangenheit. In diesem Sinne betätigen sich DVU, NPD, DL und FAP, die Neonationalsozialisten, die meisten älteren rechtsextremen Verlage oder die heidnischen Glaubensgemeinschaften. Sich modern verstehende rechtsextreme Strömungen wollen weg von der Vergangenheitsfixierung und sich stärker den gegenwärtigen Problemen und Themen stellen, weil sie der Auffassung sind, nur so über das politische Ghetto hinauszukommen. Hierzu gehören die REP als Partei sowie die sich herausbildenden Intellektuellenzirkel. Selbstverständlich kann die diese Unterscheidung nicht immer eindeutig getroffen werden: So stellt sich etwa auch die NPD mit ihrer ausländerfeindlichen Agitation dem Thema der gegenwärtigen Ausländerpolitik. Sie ist aber hinsichtlich ihrer ideologischen Vorstellungen wie Themenschwerpunkte, jüngst etwa wieder der "Revisionismus", sehr stark auf die Vergangenheit bezogen. Auf der anderen Seite spielt etwa die öffentliche Auseinandersetzung um die NS-Zeit durchaus eine Rolle für eine moderne rechtsextreme Partei wie die REP, allerdings primär als Bestandteil gegenwärtiger Diskussion um Vergangenheitsbewältigung.

Und schließlich können die rechtsextremen Parteien und Organisationen nach ihrem *taktisch/strategischen Verhältnis zum politischen System* des demokratischen Verfassungsstaates unterschieden werden: Offen abgelehnt wird es etwa von den neonationalsozialistischen Aktivistengruppen und Skinheads, teilweise verbunden mit der Akzeptanz von militanten und terroristischen Praktiken, aber auch von bestimmten Publikationsorganen, etwa der "Staatsbriefe", die das parlamentarische System durch ein "viertes Reich" ablösen wollen. Die Mehrheit der rechtsextremen Parteien und Organisationen bekennen sich verbal im Sinne einer "Legalismus"-Strategie zum Grundgesetz, weil sie verständlicherweise den in der jetzigen Situation als nachteilig empfundenen Vorwurf der Verfassungsfeindlichkeit von sich weisen wollen. Allerdings hat dies das Bundesamt und die Landesämter für Verfassungsschutz nicht davon abgehalten, derartige Erklärungen als "Lippenbekenntnisse" zu bewerten und die entsprechenden Organisationen in der Regel auch als rechtsextrem zu bezeichnen. Eine Ausnahme waren hier zeitweise die REP, die durchaus geschickt bemüht sind, sich durch eine bestimmte

Außenwirkung den relativ eng gefaßten verfassungsrechtlichen Untersuchungskriterien zu entziehen.

Entlang dieser drei Unterscheidungsfaktoren gruppieren sich die diversen rechtsextremen Subkulturen, die somit nicht über eine ideologisch homogene Ausrichtung und gemeinsame strategisch/taktische Optionen verfügen und von daher auch keine einheitliche politische Kraft darstellen. Vielmehr sind sie in hohem Maße zersplittert, was einer Kooperation und einem Zusammenschluß gewisse Grenzen setzt. Gemeinsame politische Arbeit wird darüber hinaus noch durch die persönliche Feindschaft ihrer führenden Funktionäre und das machtpolitisch begründete Beharren auf der Eigenständigkeit der jeweiligen Organisationen weiter erschwert. Allerdings bedeutet diese Zersplitterung keineswegs, daß damit eine gemeinsame politische Aktivität einzelner Teilgruppen grundsätzlich ausgeschlossen ist. Eine Vereinheitlichung der extremen Rechten dürfte jedoch kaum möglich sein, wie für die Parteiebene das politisch offensichtlich gescheiterte Projekt der DL vermuten läßt. Die Zersplitterung der extremen Rechten hat deren politisches Wirken in der Vergangenheit beschränkt, weil die jeweiligen Teilgruppen sich gegenseitig blockierten. Dies bedeutet für die Zukunft allerdings keinesfalls, daß sich von seiten des organisierten Rechtsextremismus keine Gefahren für die demokratische Kultur in Deutschland ergäben, denn einzelne Teilgruppen können sehr wohl in bestimmten Zusammenhängen politisch erfolgreich wirken.

Rechtsextremismus in den alten und neuen Bundesländern im Vergleich

Rechtsextremismus gab und gibt es nicht nur in den alten, sondern auch in den neuen Bundesländern - und zwar, wie aufgezeigt, schon zu DDR-Zeiten. Dies belegt, daß es einer sich als "antifaschistisch" verstehenden Erziehungsdiktatur nicht gelungen ist, ihre Bevölkerung gegen rechtsextreme Ideologieelemente zu immunisieren. Die durch den Beitritt der Länder der ehemaligen DDR zur Bundesrepublik möglich gewordene vergleichende Betrachtung des Rechtsextremismus im Westen und Osten Deutschlands erlaubt es aus extremismustheoretischer Sicht aufschlußreiche Analysen zu den Folgen politischer Sozialisation in unterschiedlichen gesellschaftlichen Systemen anzustellen. Allerdings gibt es trotz der Bedeutung und Relevanz damit zusammenhängender Fragestellungen bislang noch keine systematischen Untersuchungen. Von daher können hier auch lediglich vorläufige Trendeinschätzungen formuliert werden.

Ausgangspunkt für eine vergleichende Betrachtung in dem skizzierten Zusammenhang muß die Berücksichtigung des Umgangs der beiden ganz unterschiedlichen Systeme mit dem politischen und sozialen Phänomen des Rechtsextremismus sein. Im westlichen Teil Deutschlands ließ ein demokratischer Verfassungsstaat im Rahmen einer Konzeption von "streitbarer Demokratie"[2], die eben auch politischen Extremisten Menschen- und Bürgerrechte nicht versagt, rechtsextremen Kräften einen Freiraum. Zwar wurden einige Verbotsverfügungen erlassen, ansonsten gestattete man politischen Extremisten gleich welcher Ausrichtung eine relativ freie Betätigung. Die extreme Rechte konnte Parteien gründen, an Wahlen teilnehmen, für die eigenen politischen Positionen werben oder in anderer Form politisch aktiv sein. Aufgrund ihres mangelnden Erfolges, sieht man einmal von den zeitweiligen Wahlerfolgen der NPD in der zweiten Hälfte der sechziger Jahre ab, blieb der organisierte Rechtsextremismus am Rande der Gesellschaft und bildete dort verschiedene Subkulturen aus. Innerhalb der politischen Kultur nahm die

---

[2] Vgl. Eckhard Jesse, Der Verfassungsauftrag der abwehrbereiten Demokratie: Theorie und Praxis, in: Bundesminister des Inneren (Hrsg.), Wehrhafte Demokratie und Rechtsextremismus, Bonn 1992, S. 7-18; Uwe Backes/Ders., Extremismus und streitbare Demokratie in der Bundesrepublik Deutschland. Von der Gründung bis zur Vereinigung, in: Dies. (Hrsg.), Jahrbuch Extremismus und Demokratie 2, Bonn 1990, S. 7-36; sowie kritisch dazu Hans-Gerd Jaschke, Streitbare Demokratie und innere Sicherhheit. Grundlagen, Praxis und Kritik, Opladen 1991.

Verbreitung rechtsextremer Auffassungen im Laufe der Zeit stark ab, sie verschwanden sogar weitgehend aus dem öffentlichen Diskurs, was allerdings nicht automatisch mit deren Aufhebung verbunden war. Wie Untersuchungen zum rechtsextremen Einstellungspotential belegen, bestanden derartige politische Auffassungen durchaus noch weiter, allerdings mehrheitlich nicht in politisch manifester Form, sondern vielmehr in Gestalt latenter Orientierungen. Diese konnten lange Zeit nicht vom organisierten Rechtsextremismus mobilisiert werden, und sie entfalteten von daher auch keine direkte politische Wirkung. Eine allgemeine Zunahme des demokratischen Bewußtseins marginalisierte die rechtsextremen Auffassungen darüber hinaus immer mehr, allerdings ohne sie gänzlich aufzuheben. Sie blieben auf der Ebene meist eher diffuser Einstellungen und Mentalitäten existent.

Ganz anders sah es hinsichtlich des Rechtsextremismus in der ehemaligen DDR aus. Im Sinne einer Erziehungsdiktatur wurde von oben ein "Antifaschismus" verordnet, der alle diesbezüglichen Regungen unterband. Nach 1945 führte man im Osten Deutschlands eine weitgehende, aber keineswegs einheitliche und vollständige "Entnazifizierung" personeller und ideologischer Art durch und verbot danach strikt sämtliche Bestrebungen im Sinne des Rechtsextremismus. Dies bedeutete aber auch, daß eine wirkliche Auseinandersetzung mit der NS-Vergangenheit nie stattfand: Die Nationalsozialisten galten als Agenten des Monopolkapitals, und damit erübrigten sich weitere Fragen nach gesellschaftlichen Bedingungen für deren Aufstieg. Trotz der offiziellen Ablehnung rechtsextremer Ideologieelemente, bediente man sich in der SED-Diktatur aber durchaus dieses Kontexts zuzuordnender Ideologiefragmente, um damit für die politische Akzeptanz des Systems zu werben. So sprach man etwa in unterschiedlichen Phasen der DDR-Geschichte je nach politischer Notwendigkeit "vaterländische" und "nationale" Vorstellungen an, versuchte sich als Erbe nationaler historischer Entwicklungen darzustellen, propagierte einen autoritären Staat und förderte über die Erziehung die Verbreitung von militaristischen Wertvorstellungen. Von daher verwundert es nicht, daß sich eine nicht unbedeutende Minderheit der dortigen Bevölkerung durchaus von bestimmten rechtsextremen Ideologieelementen angesprochen fühlte. Bei der Ausländerfeindlichkeit war hier darüber hinaus noch bedeutsam, daß die immer wieder herbeizitierte "internationale Solidarität" in einem direkten Kontrast zur Realität einer monokulturellen Gesellschaft stand, die reale Erfahrungen des Zusammenlebens mit Ausländern nicht ermöglichte.

Welchen Einfluß haben nun diese beiden ganz unterschiedlichen Rahmenbedingungen für das Wirken des Rechtsextremismus im Westen und Osten Deutschlands? Welche Gemeinsamkeiten und Unterschiede bestehen, und wo ist welche Erscheinungsform des Rechtsextremismus stärker ausgeprägt? Auf der Ebene der Parteien kann festgestellt werden, daß diese im Westen organisatorisch als auch bei Wahlen stärker entwickelt sind. Dies ist insofern auch verständlich, da es selbst für größere Parteien des Westens, die nicht mit einer ehemaligen Blockpartei kooperierten, überaus schwierig war, funktionierende Parteistrukturen aufzubauen. Kleinparteien sind von diesen Rahmenbedingungen wesentlich stärker betroffen. Ähnliches gilt für den organisatorischen Aufbau parteiungebundener politischer Organisationen. Von daher kann auch nicht das Übergewicht rechtsextremer Stimmabgabe im Westen verwundern: Bei der bislang einzigen gesamtdeutschen Wahl, der Bundestagswahl von 1990, erzielten die rechtsextremen Parteien in allen neuen Bundesländern jeweils unter zwei Prozent der Stimmen und blieben damit unter den Resultaten in den alten Bundesländern. Auch hinsichtlich des rechtsextremen Einstellungspotentials lassen vergleichende Untersuchungen ein Übergewicht im Westen vermuten, was offenbar sogar für die Ausländerfeindlichkeit gilt. Für den Osten Deutschlands muß jedoch noch mit berücksichtigt werden, daß die Verbreitung bestimmter extremistischer Strukturmerkmale als Mentalitätsbestände sich eben nicht nur in Richtung der extremen Rechten, sondern auch und gerade in die andere politische Ecke, hier in Gestalt der PDS, orientieren kann. Das erklärt wohl auch, warum der Autoritarismus im Osten stärker als im Westen verbreitet ist und daß es sich beim rechtsextremen Einstellungspotential zur Zeit umgekehrt verhält.

Allerdings kannn die Auffassung vom Übergewicht des Rechtsextremismus im Westen nicht verallgemeinert werden, denn in bestimmten Teilbereichen der extremen Rechten läßt sich ein Übergewicht im Osten der Bundesrepublik Deutschland feststellen: Die neonationalsozialistischen Aktivistengruppen haben dort ebenso wie die Skinhead-Szene größeren Zulauf. Deren primäres Betätigungsfeld sind militante Aufmärsche und Aktionen, bei denen das erkennbare Gewaltpotential höher als das bislang aus dem Westen bekannte war. Offensichtlich gibt es darüber hinaus auch in der Bevölkerung eine stärkere Gewaltakzeptanz, wenn sich diese gegen Ausländer richtet, zumindest ist solches in manifester Form (offener Beifall bei gewalttätigen Übergriffen auf Asylbewerberheime) feststellbar. Bestätigt wird diese Einschätzung auch durch die 1992er Bilanz der rechtsextremen Gewalttaten, die belegt, daß die Quote solcher Delikte in den neuen Bundesländern auf die Einwohnerzahl bezogen doppelt so hoch ist wie im Westen.[3] Als weitere Besonderheiten des Rechtsextremismus im Osten Deutschlands wären darüber hinaus zu nennen: neue Aktionsformen, die man bislang noch nicht in der extremen Rechten beobachten konnte (etwa Hausbesetzungen), die größere Bereitschaft zur Zusammenarbeit von im Westen stärker zersplitterten Teilgruppen der Subkultur (etwa von REP-Mitgliedern und neonationalsozialistischen Aktivisten) und die größere Akzeptanz für das Verknüpfen politischer Aktivitäten mit Gesetzesübertretungen.

Rechtsextremismus in Deutschland im historischen Vergleich

Um den Rechtsextremismus in Deutschland vor allem hinsichtlich des von ihm ausgehenden politischen Gefahren-

---

[3] Die durchschnittliche Häufigkeit rechtsextremer Gewalttaten auf jeweils 100.000 Einwohner bezogen betrug in den östlichen Bundesländern 5,7, in den westlichen Bundesländern 2,4, vgl. Mehr Terror im Osten, in: Der Spiegel 47 (1993), H. 2, S. 16.

potentials realistisch einschätzen zu können, benötigt man einen Maßstab, der Vergleiche auch ermöglicht. In diesem Zusammenhang bieten sich zwei Kriterien an: erstens der *historische* und zweitens der *internationale* Aspekt. Der historische Vergleich soll dabei die extreme Rechte in der Weimarer Republik und in der Bundesrepublik hinsichtlich der von ihr ausgehenden Bedrohungen für den demokratischen Verfassungsstaat und seine politische Kultur untersuchen und bewerten. Es geht dabei um die immer wieder stark diskutierte Frage, inwieweit "Bonn" "Weimar" ist bzw. nicht ist.

Methodischer Ausgangspunkt für einen solchen Vergleich ist ein Untersuchungsraster, das die beiden Extremismusforscher Uwe Backes und Eckhard Jesse zur Einschätzung der extremistischen Gefahrenpotentiale im demokratischen Verfassungsstaat entwickelt haben.[4] Ihnen geht es dabei einerseits um die Kriterien für die Stärke des politischen Extremismus, wozu folgende Elemente gehören: erstens die Wahlergebnisse extremistischer Parteien, zweitens die organisatorische Stärke des politischen Extremismus, drittens dessen ideologisch-programmatische Attraktivität, viertens der sich nach den Möglichkeiten Legalitätsorientierung oder Militanz richtende Handlungsstil, fünftens das extremistische Einstellungspotential und sechstens die Einwirkungsmöglichkeiten des politischen Extremismus auf die demokratische Mehrheitskultur. Andererseits bilden die Rahmenbedingungen für die Einflußmöglichenkeiten politischer Extremisten ein wichtiges Kriterium zur Einschätzung des von diesen ausgehenden politischen Gefahren für den demokratischen Verfassungsstaat und seine Werte. Backes und Jesse nennen dafür folgende Faktoren: erstens die unter dem Begriff der politischen Kultur zu fassenden politischen Einstellungen zur Demokratie, zweitens damit eng verbunden die Verankerung eines antiextremistischen Grundkonsensus, drittens das Vorhandensein konkreter

---

[4] Vgl. Uwe Backes/Eckhard Jesse, Extremistische Gefahrenpotentiale im demokratischen Verfassungsstaat - Am Beispiel der ersten und der zweiten deutschen Demokratie, in: Dies. (Hrsg.), Jahrbuch Extremismus und Demokratie 3, Bonn 1991, S. 7-32.

Abwehr- und Schutzmechanismen, viertens die Akzeptanz und Funktionsfähigkeit der politischen Institutionen und fünftens die Sicherheit vor äußerer Bedrohung. Diese Kriterien sollen nun auf den Rechtsextremismus in der Weimarer Republik und der Bundesrepublik Deutschland im Sinne eines problemorientierten historischen Vergleichs angewandt werden. Allerdings ist hier keine ausführliche Erörterung beabsichtigt, es geht lediglich um relativ knappe ergebnisorientierte Aussagen.

Zunächst zur Untersuchung der Stärke des Rechtsextremismus: Bei Wahlen in der Weimarer Republik konnten die diesem politischen Lager zuzuordnenden Parteien, insbesondere die "Deutschnationale Volkspartei" (DNVP) und die "Nationalsozialistische Deutsche Arbeiter Partei" (NSDAP), durchweg hohe Stimmengewinne bei Wahlen verbuchen; sie lagen jeweils knapp über 10 Prozent bis über 40 Prozent. Demgegenüber kann für die Bundesrepublik lediglich für bestimmte Phasen eine relativ bedeutsame Zustimmung für rechtsextreme Parteien festgestellt werden, etwa Anfang der fünfziger Jahre zugunsten der "Sozialistischen Reichspartei", in der zweiten Hälfte der sechziger Jahre zugunsten der NPD und Ende der achtziger/Anfang der neunziger Jahre zugunsten der REP und DVU. Darüber hinaus lag die Zustimmung im Höchstfall bislang um die 10 Prozent der Stimmen. Von daher verwundert es auch nicht, daß die organisatorische Entwicklung der extremen Rechten in der Weimarer Republik wesentlich weiter fortgeschritten war als in der Bundesrepublik Deutschland: Während die Mitgliederzahl bei DNVP und NSDAP in die 100.000, phasenweise sogar über eine halbe Million, ging, bewegt sich die Parteimitgliederzahl von DVU und REP jeweils lediglich über 20.000.

Was den Handlungsstil angeht, beschränkte sich die extreme Rechte in der Weimarer Republik nicht auf die "Legalismus"-Strategie, sondern führte putschähnliche Aktionen durch und schürte mit paramilitärischen Verbänden ganz offen bürgerkriegsähnliche Auseinandersetzungen. Demgegenüber beschränkt sich die Militanz der bundesdeutschen Rechtsextremisten meist auf die neonationalsozialistischen

Aktivistengruppen und die Skinheads, deren Gewaltbereitschaft zwar in letzter Zeit enorm gestiegen, allerdings keinesfalls mit dem aus der Weimarer Republik bekannten Ausmaß vergleichbar ist. Einer der wichtigsten Unterschiede hinsichtlich der Stärke des Rechtsextremismus in den beiden hier miteinander zu vergleichenden politischen Systemen dürfte sich auf die Attraktivität einer rechtsextremen Ideologie und die Existenz eines rechtsextremen Einstellungspotentials beziehen: In der Weimarer Republik hatte etwa der Nationalismus und Autoritarismus große Überzeugungskraft, fand auch bei Intellektuellen Akzeptanz, und von daher bestand in der Bevölkerung ein bedeutendes rechtsextremes Einstellungspotential. In der Bundesrepublik Deutschland spielten rechtsextreme Ideologieelemente im öffentlichen Diskurs nur eine geringe Rolle, wenngleich gerade in der Auseinandersetzung um die Ausländerpolitik teilweise latent mit diesbezüglichen Orientierungen gearbeitet wird. Ein rechtsextremes Einstellungspotential besteht zwar weiterhin, wie die oben genannten Untersuchungen belegen, allerdings ist dies nicht im entferntesten so stark wie in der Weimarer Republik. Hinzu kommt, daß sich dieses weitgehend auf der Ebene der Latenz bewegt und dessen politische Artikulation nur unter bestimmten, allerdings sich tendenziell ergebenden Bedingungen möglich ist. Und schließlich muß auf das unterschiedliche Ausmaß des gesellschaftlichen Einflusses von Rechtsextremisten eingegangen werden: Während in der Weimarer Republik Repräsentanten dieses politischen Lagers in maßgeblichen gesellschaftlichen Bereichen (Beamtenschaft, Medien, Militär etc.) eine wichtige, teilweise sogar vorherrschende Bedeutung hatten, kann dies für die Bundesrepublik Deutschland, von einzelnen Ausnahmen abgesehen, nicht festgestellt werden.

Ebenso grundlegende Unterschiede zwischen der ersten und zweiten Republik in Deutschland bestehen hinsichtlich der Rahmenbedingungen für die Wirksamkeit des Rechtsextremismus: Während die politische Kultur der Weimarer Republik von obrigkeitsstaatlichen Vorstellungen geprägt war, und ihr somit auch das demokratische Einstellungsfundament fehlte, hat sich die Bundesrepublik Deutschland im Laufe der

Jahre auf der Ebene der politischen Kultur immer stärker im Sinne einer Zunahme der Liberalität gewandelt.[5] Insofern besteht auch ein breiter gesellschaftlicher Abgrenzungskonsens gegenüber der extremen Rechten, der allerdings von konservativer Seite gegenüber bestimmten Erscheinungsformen dieses politischen Lagers zu schwinden droht. Gleichwohl sind diese Tendenzen nicht im entferntesten mit der Situation in der Weimarer Republik vergleichbar, wo es an einem eindeutigen anti-extremistischen Grundkonsens fehlte. Von daher mangelte es auch an einer ausreichenden Schutzvorkehrung, und so stand man der "Legalismus"-Strategie von Teilen der extremen Rechten politisch relativ hilflos gegenüber. In der Bundesrepublik Deutschland wurden demgegenüber im Sinne des Konzepts der "streitbaren Demokratie" administrative Maßnahmen gegen den Rechtsextremismus in nicht immer ausreichend gewürdigter Form durchgeführt.[6]

Und schließlich sei auch auf den bedeutenden Unterschied der Systemstabilität verwiesen: Während die Weimarer Republik von politischen Krisen geschüttelt war, und die ohnehin geringe Unterstützung für das parlamentarische System zunehmend schwand und die äußere Sicherheit nur begrenzt bestand, zeichnet sich die Bundesrepublik Deutschland nicht nur durch eine vergleichsweise hohe politische Stabilität, sondern auch durch eine zunehmende Unterstützung des parlamentarischen Systems durch die Mehrheit der Bevölkerung aus. Wenngleich der Unmut über dessen Repräsentanten und eine Politikverdrossenheit in letzter Zeit zugenommen hat, so ist dieser Trend bislang überhaupt nicht mit der Entwicklung in der Weimarer Republik - selbst während ihrer stabilsten Phase - vergleichbar.

Angesichts dieses historischen Vergleichs relativiert sich die Bedeutung des Rechtsextremismus im geeinten Deutsch-

---

[5] Vgl. Kurt Sontheimer, Deutschlands Politische Kultur, München 1990.

[6] Vgl. Hans-Gerd Jaschke, Auf dem rechten Auge blind? Innere Sicherheit, streitbare Demokratie und der Primat der Gesinnungsjustiz, in: Gerhard Paul (Hrsg.), Hitlers Schatten verblaßt. Die Normalisierung des Rechtsextremismus, Bonn 1989, S. 164-194.

land, was hinsichtlich der auch historischen Besonderheit der Zerstörung der Weimarer Republik und folgenden Diktatur einer rechtsextremen Partei nicht verwundern kann. Indessen soll damit keineswegs das Gefahrenpotential der extremen Rechten im geeinten Deutschland verharmlost werden. Vielmehr ging es hier darum aufzuzeigen, welche Rahmenbedingungen und Voraussetzungen gegeben sein müßten, bis es einer rechtsextremen Partei gelingen kann, in einem demokratischen Verfassungsstaat die politische Macht zu übernehmen. Von daher gilt für heute in der Tat: "Von Weimar kann keine Rede sein".[7] Doch kann und soll damit nicht ignoriert werden, daß dieses Ausmaß der Bedrohung des parlamentarischen Systems nicht das alleinige Kriterium für die Bestimmung des vom Rechtsextremismus ausgehenden Gefahrenpotentials ist. Dies soll in der Schlußbetrachtung noch näher erörtert werden.

Rechtsextremismus in Deutschland im internationalen Vergleich

Der zweite oben genannte Aspekt, der es erlaubt den Rechtsextremismus in Deutschland realistisch einzuschätzen, wäre der internationale Vergleich[8]. Gefragt werden soll hier nach der Situation in anderen Ländern mit einem demokratischen Verfassungsstaat. Welchen Einfluß haben dort die Kräfte der extremen Rechten, und inwieweit bilden sie ein Gefahrenpotential für die Demokratie? Diese Frage kann hier nicht umfassend beantwortet werden, weil sie genauere Darstellungen und Analysen voraussetzt. Im wesentlichen soll es in der Erörterung damit zusammenhängender Fragestellungen auch nur

---

[7] Vgl. Marion Dönhoff, Von Weimar kann keine Rede sein, in: Die Zeit v. 20. November 1992; Freimut Duve, Die Weimarfalle, in: Die Tageszeitung v. 27. November 1992.

[8] Vgl. Uwe Backes/Eckhard Jesse, Politischer Extremismus in europäischen Demokratien. Rechtsextremismus, Linksextremismus und Terorismus im Vergleich, in: Dies. (Hrsg.), Jahrbuch Extremismus und Demokratie 1, Bonn 1989, S. 7-44.

um eine Ebene des Rechtsextremismus, die organisatorische Entwicklung der entsprechenden Parteien und deren Wahlergebnisse, gehen. Der internationale Vergleich im hier skizzierten Kontext soll und kann indessen nicht ignorieren, daß es in Deutschland bereits einmal einer rechtsextremen Partei in einem demokratischen Verfassungsstaat gelang, an die Macht zu kommen. Damit waren historisch einzigartige Folgen verbunden: der Ausbruch des Zweiten Weltkriegs und der Massenmord an den Juden. Diese "historische Last" hat die politische Kultur in der Bundesrepublik Deutschland in besonderer Weise geprägt, und zwar nicht nur hinsichtlich einer eventuellen politischen Anfälligkeit für damit zusammenhängende Phänomene, sondern auch bezüglich einer besonderen Sensibilität für mit dem Aufkommen einer extremen Rechten verbundene politische Veränderungen.

Hinsichtlich des internationalen Vergleichs soll hier mit Italien[9] begonnen werden, denn allein in diesem europäischen Land ist seit 1948 mit dem "Movimento Sociale Italiano" (MSI) (Italienische Sozial Bewegung)[10] kontinuierlich eine rechtsextreme Partei im Parlament vertreten. Gegründet von ehemaligen Funktionsträgern der faschistischen Mussolini-Diktatur stand und steht die MSI trotz einiger Modernisierungstendenzen auch heute noch in dieser historischen Tradition. Ungeachtet dieser eindeutigen politischen Verortung blieb die Zustimmung zu dieser Partei bei Wahlen selbst über die Jahrzehnte hinaus relativ stabil, sie erhielt durchschnittlich zwischen fünf und acht Prozent der Stimmen. In den fünfziger und siebziger Jahren gelang es der MSI darüber hinaus in einer besonderen politischen Konstellation mit den

---

[9] Vgl. Michael Braun, Rechtsextremismus und Rassismus in Italien, in: Christoph Butterwegge/Siegfried Jäger (Hrsg.), Rassismus in Europa, Köln 1992, S. 119-134.

[10] Vgl. Mario Caciagli, The Movimento Sociale Italiano - Destra Nazionale and Neo-Fascism in Italy, in: West European Politics 11 (1988) H.2, S. 19-33; K. Peter Fritzsche, Vom Postkommunismus zum Postfaschismus? Das Beispiel des Movimento Sociale Italiano, in: Uwe Backes/Eckhard Jesse (Hrsg.), Jahrbuch Extremismus und Demokratie 3, Bonn 1991, S. 52-69.

Christdemokraten punktuell zusammenzuarbeiten und damit phasenweise ihre Ausgrenzung und Isolation zu überwinden. Nachdem diese Kooperationen politisch weitgehend scheiterten, nahm die Bedeutung der Partei immer weiter ab. Selbst von der Mitte der achtziger Jahre begonnenen europaweiten Renaissance rechtextremer Parteien konnte die MSI nicht profitieren, da entsprechende Stimmen und Stimmungen von einer anderen Partei aufgesogen wurden. Vor allem in Norditalien konnte die populistisch agierende "Lega Lombarda"[11] mit Regionalismus und "Wohlstandschauvinismus" sowie einem nach innen und außen gerichteten Rassismus seit Ende der achtziger Jahre herausragende Wahlerfolge erlangen.

In Frankreich hat sich mit dem "Front National" (FN)[12] ebenfalls eine rechtsextreme Partei entwickelt, die im Parteienspektrum des Landes zwischenzeitlich fest etabliert ist. Im Gegensatz zum MSI kann davon allerdings erst seit Mitte der achtziger Jahre gesprochen werden, denn die 1972 gegründete Partei kam zunächst nicht über unbedeutende Wahlergebnisse hinaus und konnte erst seit 1984 Wahlerfolge verbuchen. Als eine modernisierte Partei der extremen Rechten wirbt der FN, der sich bewußt um ein seriöses Image bemüht, um Stimmen. Insbesondere nationalistische und ausländerfeindliche Parolen, die populistisch mit sozialpolitischen Themen verbunden werden, bilden den Schwerpunkt der Agitation. Eine zwar gewünschte Kooperation mit den konservativen Parteien kam indessen noch nicht zustande. Trotz ihrer relativ hohen Wahlerfolge konnte die von Jean-Marie Le Pen geführte Partei somit bislang noch nicht wesentlich ihre politische Isolation aufbrechen, wenngleich ihr in indirekter Form ein Erfolg gelang, der sich im Aufgreifen ihrer Themen und einer Rechtsverschiebung der politischen Kultur Frankreichs ausdrückt.

In Österreich zeichnete sich in der zweiten Hälfte der

---

[11] Vgl. Rolf Uesseler, Die regionalistischen "Leghe" und das Unbehagen an Italien, in: Neue Gesellschaft/Frankfurter Hefte 39 (1992), S. 339-343.

[12] Vgl. Dietmar Loch, Der schnelle Aufstieg des Front National. Rechtsextremismus im Frankreich der 80er Jahre, München 1990.

achtziger Jahre eine besondere Entwicklung ab: Innerhalb der im Parteienspektrum fest etablierten, sich "national-liberal" verstehenden "Freiheitlichen Partei Österreichs" (FPÖ)[13] setzte sich 1986 bei einer Kampfabstimmung um den Parteivorsitz der zum äußersten rechten Flügel gehörende Jörg Haider[14] durch. Unter seiner Führung verzeichnete die Partei fortan einen Wahlerfolg nach dem anderen. Bei den Nationalratswahlen vom Oktober 1990 erhielt die FPÖ landesweit 16,6 Prozent der Stimmen. Allerdings rückte die Partei unter Haiders Leitung immer weiter nach rechts, was u. a. daran ablesbar war, daß immer mehr noch als Liberale einzuschätzende Parteifunktionäre von ihren Posten gedrängt wurden, während gleichzeitig Rechtsextremisten erstaunliche Karriere machen konnten. Haider selbst trieb diesen Wandel mit viel taktischem Geschick voran und kann nicht nur von daher bei aller notwendiger Differenzierung angesichts seiner politischen Positionen durchaus als moderner Rechtsextremist bezeichnet werden.[15] Auf die FPÖ als ganze dürfte diese Einschätzung allerdings nur begrenzt übertragen werden, da sie noch über einen - allerdings politisch immer bedeutungsloser werdenden - liberalen Flügel verfügt, der sich obendrein Haider weitgehend unterworfen hat. Der FPÖ-Vorsitzende gilt darüber hinaus den Rechtsextremisten in Deutschland und anderen Ländern als politisches Vorbild[16], was angesichts der erfolgreichen Wirkung seines Rechtspopulismus nicht verwundern kann.

Neben den genannten rechtsextremen Parteien in den europäischen Demokratien gibt es auch in den anderen Ländern

---

[13] Vgl. Kurt Richard Luther, Die Freiheitliche Partei Österreichs, in: Herbert Ochs u. a. (Hrsg.), Handbuch des politischen Systems Österreichs, Wien 1991, S. 247-262.

[14] Vgl. Brigitte Bailer-Galanda, Ein teutsches Land. Die rechte Orientierung des Jörg Haider. Eine Dokumentation, Wien 1987; Armin Pfahl-Traughber, Der Rechtspopulismus des Jörg Haider, in: Vorgänge 29 (1990), H. 108, S. 26-34.

[15] Vgl. Hans-Henning Scharsach, Haiders Kampf, Wien 1992.

[16] Vgl. Armin Pfahl-Traughber, "Modell Haider". Rechtsextreme Theorieorgane sehen in dem FPÖ-Vorsitzenden ein nachahmenswertes Vorbild, in: Blick nach rechts, Nr. 26/1991, S. 1 f.

mit einem demokratischen Verfassungsstaat ebenfalls der extremen Rechten zuzuordnende Parteien, die allerdings bislang noch keine nennenswerten Erfolge vorweisen konnten.[17] Darüber hinaus existieren auf den anderen genannten Ebenen des Rechtsextremismus besondere Formen: So gibt es etwa auch in der Schweiz kleine neonationalsozialistische Gruppen.[18] Eine Zusammenarbeit von Neonationalsozialisten und rassistischen Aktivistengruppen mit Skinheads läßt sich auch in anderen Ländern, so etwa den USA[19], beobachten. Der zeitgeschichtliche "Revisionismus" ist hinsichtlich seines Einflusses nicht in der Bundesrepublik Deutschland, sondern in den USA am weitesten entwickelt. Dort besteht sogar ein sich wissenschaftlich gebendes Institut, das eine eigene Zeitschrift herausgibt und internationale Kongresse veranstaltet.[20] Eine Intellektualisierung der extremen Rechten in Europa ging von Frankreich aus, wo ein Denkzirkel die Theoriearbeit vorantrieb und auch im Ausland ähnliche Bestrebungen auslöste.[21] Im internationalen Vergleich fällt die rechtsextreme Szene in Deutschland zur Zeit vor allem wegen ihrer hohen Gewaltbereitschaft und der Ausschreitungen gegen Ausländer auf.

Zu einem umfassenden länderübergreifenden Vergleich

---

17 Vgl. Europäisches Parlament (Hrsg.), Untersuchungsausschuß "Wiederaufleben des Faschismus und Rassismus in Europa". Bericht über die Ergebnisse der Arbeiten, o.O. 1985; Das. (Hrsg.), Untersuchungsausschuß Rassismus und Ausländerfeindlichkeit. Bericht über die Untersuchungsergebnisse, Luxemburg 1991; sowie die (von der Qualität her ganz unterschiedlichen) Beiträge in den folgenden Sammelbänden: Butterwegge/Jäger (Anm. 9); Martina Kirfel/Walter Oswalt (Hrsg.), Die Rückkehr der Führer. Modernisierter Rechtsradikalismus in Westeuropa, Wien 1989; Hans-Jürgen Schulz (Hrsg.), Sie sind wieder da! Faschismus und Reaktion in Europa, Frankfurt/M. 1990.

18 Vgl. Jürg Frischknecht, "Schweiz wir kommen". Die neuen Fröntler und Rassisten, Zürich 1991.

19 Vgl. The Anti-Defamation League of B'nai B'rith (Hrsg.), Neo Nazi Skinheads: A 1990 Status Report, New York 1990.

20 Vgl. The Anti-Defamation League of B'nai B'rith (Hrsg.), Holocaust "Revisionism". Reinventing the big Lie, New York 1989.

21 Vgl. Armin Pfahl-Traughber, GRECE - Die Neue Rechte in Frankreich, in: Vorgänge 30 (1991), H. 113, S. 15 - 27.

fehlen bislang noch die Basisinformationen für bestimmte Detailaspekte. Würde man aber einen solchen auf alle genannten Ebenen von Rechtsextremismus bezogenen internationalen Vergleich vornehmen, so dürfte die Bundesrepublik Deutschland zwar nicht die Spitenzenposition einnehmen, aber durchaus im oberen Drittel liegen. Der Blick über die Grenzen belegt: In anderen Ländern ist die extreme Rechte bereits wesentlich weiter, wie das Beispiel Frankreich zeigt. Dort hat sich nicht nur der "Front National" als Partei im Parlament relativ fest etabliert, sondern ihm ist es darüber hinaus als einer Sammelorganisation gelungen, die unterschiedlichen ideologischen Flügel der extremen Rechten zu bündeln. Auch auf der intellektuellen Ebene spielte die französische Neue Rechte eine Vorreiterrolle. Diese vergleichende Sicht will nicht die Bedeutung des Rechtsextremismus im geeinten Deutschland verharmlosend relativieren, sondern gegen eine wenig sachbezogen Dramatisierung ein etwas differenzierteres Bild vermitteln. So belegen etwa die Erfahrungen im Ausland, daß mit der Etablierung einer rechtsextremen Partei im Parlament keinesfalls eine unmittelbare Existenzgefährdung des demokratischen Verfassungsstaates verbunden ist. Vielmehr kann eine solche Partei eine relativ einflußlose Randexistenz führen, wie etwa der MSI in Italien, aber auch zu einer Rechtsverschiebung in der politischen Kultur eines Landes beitragen, wie etwa der FN in Frankreich. Das vom Rechtsextremismus ausgehende Gefahrenpotential muß, dies zeigt der internationale Vergleich, differenzierter untersucht und eingeschätzt werden, als dies bislang geschah.

Schlußwort: Das Gefahrenpotential des Rechtsextremismus im geeinten Deutschland

Die vorstehenden unterschiedlichen vergleichenden Betrachtungen sollten fern von dramtisierenden Darstellungen eine realistische Einschätzung der vom Rechtsextremismus im geeinten Deutschland ausgehenden Bedrohung für den demokratischen Verfassungsstaat und der ihn tragenden Wertvorstellungen ermöglichen. Die damit verbundene Relativierung des Gefahrenpotentials darf allerdings keinesfalls als Beruhigung oder gar Verharmlosung verstanden werden, denn von bestimmten Ebenen her könnten sich tatsächlich Entwicklungen ergeben, die zwar nicht das politische System in seinem Grundbestand bedrohen, aber aus demokratietheoretischer Sicht als überaus problematisch eingeschätzt werden sollten. Dabei handelt es sich im wesentlichen um drei Aspekte, die sich auf unterschiedlichen Ebenen bewegen und nicht direkt gleichgesetzt werden dürfen.

Erstens zeichnet sich die *Herausbildung eines rechtsextremen Terrorismus* in aller Deutlichkeit ab. Allein bis Anfang November 1992 verzeichnete man für dieses Jahr mehr als 1.600 Gewalttaten, darunter über 500 Brand- und Sprengstoffanschläge, die rund 800 Verletzte und 11 Tote forderte.[1] Die Zahl der Toten nahm Ende November noch einmal zu, als in der schleswig-holsteinischen Stadt Mölln zwei Mehrfamilienhäuser in Brand gesetzt wurden, die ausschließlich von türkischen Familien bewohnt waren. Dabei kamen zwei Frauen und ein zehnjähriges Kind ums Leben. Die sich in zwei anonymen Telefonanrufen bekennenden Täter verabschiedeten sich jeweils mit der Parole "Heil Hitler".[2] Allein das Ausmaß des rechtsextremen Terrors forderte somit allein 1992 mehr Todesopfer als der RAF-Terror in seiner blutigsten Phase: 1977 fielen dem Links-

---

[1] Vgl. Angst vor dem Volkszorn, in: Der Spiegel 46 (1992), H. 45, S. 20-23.

[2] Vgl. Sannah Koch, Es brennt! Heil Hitler!, in: Die Tageszeitung v. 24. November 1992; Cordt Schnibben, Die Stammtischtäter, in: Der Spiegel 46 (1992), H. 50, S. 35-37.

terrorismus zehn Menschen zum Opfer. Auch hinsichtlich anderer Aspekte erweist sich der Terror der extremen Rechten als gefährlicher: Die Opfer werden willkürlich ausgewählt, potentiell ist jeder Ausländer, aber auch Angehörige anderer Minderheiten bedroht. Darüber hinaus sind die Rechtsterroristen nicht so straff organisiert wie die RAF. Beides erschwert somit auch die Maßnahmen von Politik, Behörden und Polizei gegen den Terror aus der extremen Rechten, und von daher ist auch manche Kritik gegenüber den staatlichen Maßnahmen nicht immer angemessen.[3] Indessen muß kritisch festgestellt werden, daß es hinsichtlich der klaren Verurteilung des Rechtsterrorismus im Vergleich zur Reaktion auf den Linksterrorismus der siebziger Jahre an dem nötigen Nachdruck fehlt. Die Nationalität oder der soziale Status eines Opfers sollten eigentlich zu keinen unterschiedlichen Bewertungen terroristischer Handlungen führen! Hier mangelt es mitunter an der notwendigen Klarheit von seiten der Politik, die gegenüber dem Terror von links eindeutiger Position bezog. Erschreckend ist trotz der mehrheitlichen Ablehnung des Rechtsterrorismus durch die Bevölkerung das geäußerte Verständnis für Gewaltmaßnahmen gegen ausländische Menschen: Nach einer Repräsentativ-Umfrage im Oktober 1992 haben 35 Prozent "Verständnis für rechtsradikale Tendenzen wegen des Ausländerproblems", also auch für sich militant artikulierende Tendenzen, 9 Prozent würden bei Angriffen auf Ausländer "zuschauen" und 1 Prozent der Befragten "mitmachen".[4] Ein solches Einstellungspotential dürfte noch zunehmen[5], wenn

---

[3] Vgl. Geht ins Leere, in: Der Spiegel 46 (1992), H. 51, S. 44-46.

[4] Vgl. Asylstreit entscheidet Wahl : Der Spiegel 46 (1992), H. 44, S. 58-65, hier S. 59.

[5] Nach den Morden von Mölln ging das Verständnis "für rechtsradikale Tendenzen wegen des Ausländerproblems" allerdings von 33 auf 12 Prozent der Bevölkerung zurück. "Aber offen ist, ob der Schock von Mölln zu einer politischen Wende führt und die Einstellung der Deutschen zu den Ausländern auf Dauer ändert."; Nach Mölln ein Volk im Schock. Spiegel-Umfrage über die politische Situation im Monat November, in: Der Spiegel 46 (1992), H. 50, S. 58-65, hier S. 58.

von seiten der Politik direkt oder indirekt hinsichtlich der Ausländerpolitik der Eindruck vermittelt wird, ein gewalttätiges Handeln lohne sich und zeige Wirkung. Klare Verurteilungen des Rechtsterrorismus, der auch so genannt werden sollte, sind darüber hinaus nicht primär aus Gründen des Ansehens der Bundesrepublik Deutschland im Ausland, sondern um der praktischen Wahrung der Grundwerte des demokratischen Verfassungsstaates notwendig. Der Terror der extremen Rechten dürfte eher noch zunehmen, denn die Zersplitterung der neonationalsozialistischen Szene schließt keine gemeinsamen Aktionen aus.

Gegenüber diesem Problem der inneren Sicherheit zeichnet sich auf einer anderen politischen Ebene, ohne damit in direktem Zusammenhang zu stehen, ein weiterer Aspekt des vom Rechtsextremismus im geeinten Deutschland ausgehenden Gefahrenpotentials ab, nämlich die *mögliche Etablierung einer rechtsextremen Partei im Parteienspektrum.* Wie aufgezeigt gibt es eine Reihe von rechtsextremen Parteien, die allerdings aus den verschiedensten Gründen nicht miteinander zusammenarbeiten. Dies hat u. a. lange Zeit zur Schwächung der extremen Rechten bei Wahlen geführt, da sich die Zustimmung aufsplitterte und angesichts der Fünf-Prozent-Klausel politisch relevante Erfolge durch das gegenseitige Blokkieren verhindert wurden. Eine Sammelpartei wie etwa der "Front National" in Frankreich fehlt. Indessen schließt dies nicht aus, daß sich von den genannten Parteien eine innerhalb der extremen Rechten als wichtige Wahlpartei durchsetzt und in dieser Form dort eine hegemoniale Funktion einnimmt. Bei den letzten Wahlen spielten dahingehend die REP und die DVU eine Rolle. Letztere dürfte sich aber trotz der im Norden der Bundesrepublik Deutschland erstaunlich hohen Zustimmung bei Wahlen aufgrund ihrer besonderen Parteistruktur und traditionellen Orientierung auf die Dauer nicht durchsetzen. Indessen könnten die REP diese Funktion einnehmen, weil sie modern ausgerichtet sind, geschickter die "Legalismus"-Strategie vertreten, über einen ausreichenden Bekanntheitsgrad verfügen und Wahlerfolge vorweisen können. Eine mögliche Etablierung der REP im bundesdeutschen

Parteienspektrum ist aber auch von der Überwindung personeller und organisatorischer Schwächen abhängig. Darüber hinaus dürfte eine wichtige Rolle spielen, inwieweit die Unionsparteien ihre bisherige scharfe Abgrenzung auch klar durchhalten und notwendige Konsequenzen ziehen. Sollten sich die REP im Laufe der Zeit allerdings tatsächlich im Parteienspektrum und damit auch in den Parlamenten fest etablieren können, so wäre dies, wie die Erfahrungen aus dem Ausland zeigen, keineswegs notwendigerweise mit einer Bestandsgefährdung des demokratischen Verfassungsstaates verbunden. Dies setzt allerdings die klare und eindeutige Abgrenzung von einer solchen Partei und ihren Politikvorstellungen voraus. Es liegt eben auch an den Demokraten, inwieweit sie es gestatten, daß es der extremen Rechten gelingt, "Brücken" in die demokratische Mehrheitskultur hinein zu schlagen und damit eine allgemeine Rechtsverschiebung der politischen Kultur zu bewirken.

Und schließlich muß noch auf das von einer sich herausbildenden *rechtsextremen Intellektuellenszene* ausgehende Gefahrenpotential für die Akzeptanz der Werte des demokratischen Verfassungsstaates hingewiesen werden. Zur Zeit bilden sich in Universitätsstädten kleinere Diskussionszirkel heraus, die eine Intellektualisierung der extremen Rechten bewirken wollen. Im Kern geht es diesen Arbeitsgruppen darum, Theoriearbeit für eine aufkommende rechtsextreme Partei zu leisten. In diesem Sinne heißt es etwa in der Zeitung "Junge Freiheit"[6] mit indirektem Bezug auf die antidemokratische Konservative Revolution der Weimarer Republik: "Daß sich der Konservatismus ursprünglich gerade nicht um Parteien gruppierte, sondern um Zeitschriften, Zirkel und couragierte Persönlichkeiten, wird gerne vergessen. Inzwischen scheint sich diese Erkenntnis wieder durchzusetzen, daß das Zentrum nicht eine Partei sein kann, sondern ein vielfältiges politisches, kulturelles und publizistisches 'Kapillarsystem' (...) durch das konservative Vorstellungen

---

[6] Vgl. Armin Pfahl-Traughber, Die Verfassung ist unser Gefängnis, in: Frankfurter Allgemeine Zeitung v. 2. November 1992.

in breitere Schichten sickern können. Eine Partei, die sich als konservativ versteht, wäre diesem Vorfeld nicht überzustülpen, sondern diesem als parlamentarischer Arm unterzuordnen."[7] Mit dieser Intention orientiert man trotz gewisser Vorbehalte angesichts der mangelnden intellektuellen Qualität der meisten Mitglieder zur Zeit auf die REP.[8] Ideologisch orientieren sich diese Gruppen an den Theoretikern der Konservativen Revolution[9], insbesondere dem Staatsrechtler Carl Schmitt, der ganz allgemein eine gewisse Renaissance[10] erlebt. Darüber hinaus bezieht man sich auf italienische Intellektuelle wie die Elite-Theoretiker und Gegner des demokratischen Verfassungsstaates Robert(o) Michels und Vilfredo Pareto. Recht selbstgefällige Behauptungen wie "Jetzt kommen die Rechtsintellektuellen"[11] sind indessen übertrieben: Zum einen ist der große theoretische Wurf dieser Theoriezirkel nicht erkennbar, zum anderen erreichte man bislang nicht im entferntesten die öffentliche Resonanz, wie zeitweilig ihr strategisches Vorbild, die französische Neue Rechte. Gleichwohl könnte diese sich herausbildende Intellektuellen-Szene die traditonelle Theoriefeindlichkeit der extremen Rechten in der Bundesrepublik Deutschland überwinden und deren Politikvorstellungen intellektuell attraktiver gestalten. Ein solcher Prozeß hat sich etwa in Frankreich beim FN bereits vollzogen. Ähnlich wie dort könnten angesichts einer Rechtsverschiebung in der politischen Kultur so auch zunehmend Jung-Akademiker für die extreme Rechte gewonnen werden. Da diese in der Gesellschaft meist Multiplikator-Funktion haben, verdienen derartige Prozesse verstärkte Aufmerksamkeit.

---

[7] Dieter Stein, Niederwerfung der Konservativen, in: Junge Freiheit, Nr. 4/1992.

[8] Vgl. Claudia Spranger, Konservative und Republikaner, in: Junge Freiheit, Nr. 10/1992.

[9] Vgl. Kurt Sontheimer, Antidemokratisches Denken in der Weimarer Republik, München 1961.

[10] Vgl. Ingo Müller, Die Aktualität Carl Schmitts, in: Martina Kirfel/Walter Oswalt (Hrsg.), Die Rückkehr der Führer. Modernisierter Rechtsradikalismus in Westeuropa, Wien 1989, S. 212-220.

[11] Jutta Winckler, Vor einem neuen 1968, in: Junge Freiheit, Nr. 11/1992.

Abkürzungsverzeichnis

ANS/NA	Aktionsfront Nationaler Sozialisten/Nationale Aktivisten
BBI	Bürger- und Bauerninitiative
DA	Deutsche Alternative
DBI	Deutsche Bürger Initiative
DDF	Die Deutsche Freiheitsbewegung
DGG	Deutschland in Geschichte und Gegenwart
DNVP	Deutschnationale Volkspartei
DNZ	Deutsche Nationalzeitung
DRP	Deutsche Reichspartei
DVU	Deutsche Volksunion
DWZ	Deutsche Wochenzeitung
EV	Europa Vorn
FAP	Freiheitliche Deutsche Arbeiterpartei
FN	Front National
FPÖ	Freiheitliche Partei Österreichs
GdNF	Gesinnungsgemeinschaft der Neuen Front
GfbAEV	Gesellschaft für biologische Anthropologie, Eugenik und Verhaltensforschung
GfP	Gesellschaft für freie Publizistik
HNG	Hilfsorganisation für nationale politische Gefangene und deren Angehörige
JF	Junge Freiheit
JN	Junge Nationaldemokraten
MSI	Movimento Sociale Italiano

NB	Nationaler Block
NDPD	National-Demokratische Partei Deutschlands
NE	Nation und Europa
NEK	Nationales Einsatzkommando
NF	Nationalistische Front
NO	Nationale Offensive
NS	Nationale Sammlung
NSDAP	Nationalsozialistische Deutsche Arbeiterpartei
NSDAP/AO	Nationalsozialistische Deutsche Arbeiterpartei/ Auslands- und Aufbauorganisation
REP	Republikaner
SRP	Sozialistische Reichspartei
VSB	Verfassungsschutzbericht
VSBD/PdA	Volkssozialistische Bewegung Deutschland/ Partei der Arbeit
WJ	Wiking-Jugend
WS	Wir selbst

Kommentierte Literaturauswahl

Assheuer, Thomas / Hans Sarkowicz, Rechtsradikale in Deutschland. Die alte und die neue Rechte, München 1990. - Eine relativ sachliche Gesamtdarstellung aus journalistischer Sicht, die auch über die Ideologie der Neuen Rechten und ihre intellektuellen Wortführer informiert.

Backes, Uwe, Politischer Extremismus in demokratischen Verfassungsstaaten. Elemente einer normativen Rahmentheorie, Opladen 1989. - Eine theoretische Arbeit, die das Verständnis von Extremismus als Anti-These des demokratischen Verfassungsstaates zugunsten einer von strukturellen Gemeinsamkeiten beim Extremismus ausgehenden Definition erweitert.

Backes, Uwe / Eckhard Jesse, Politischer Extremismus in der Bundesrepublik Deutschland. 3 Bde., Köln 1989. - Das Werk informiert aus extremismustheoretischer Sicht im ersten Band über Literatur zum Thema, behandelt im zweiten Band theoretische Fragen, die historische Entwicklung des politischen Extremismus, Analyseansätze sowie das Verhältnis von Extremismus und Demokratie und dokumentiert im dritten Band wichtiges Quellenmaterial.

Backes, Uwe / Eckhard Jesse (Hrsg.), Jahrbuch Extremismus & Demokratie, Bonn 1989ff. - Das Jahrbuch informiert in breiter angelegten Analysen und kleineren Dossiers über die verschiedensten Aspekte des politischen Extremismus und enthält einen ausführlichen Rezensionsteil.

Benz, Wolfgang, Rechtsextremismus in der Bundesrepublik. Voraussetzungen, Zusammenhänge, Wirkungen, Frankfurt/M. 1989. - Ein Sammelband mit von Thema, Methode und Niveau her ganz unterschiedlichen Beiträgen; Beachtung verdienen vor allem die Aufsätze von Hermann Graml über den zeitgeschichtlichen "Revisionismus" und Giovanni di Lorenzos Beschreibung des Neonationalsozialisten Michael Kühnen.

Dudek, Peter, Jugendliche Rechtsextremisten. Zwischen Hakenkreuz und Odalsrune 1945 bis heute, Köln 1985. - Eine informative und differenzierte Gesamtdarstellung zur Geschichte der rechtsextremen Jugendorganisationen bis Mitte der achtziger Jahre.

Dudek, Peter / Hans-Gerd Jaschke, Entstehung und Entwicklung des Rechtsextremismus in der Bundesrepublik. Zur Tradition einer besonderen politischen Kultur, 2 Bde., Opladen 1984. - Der erste Band liefert eine umfassende und kenntnisreiche Darstellung zum organisierten Rechtsextremismus mit differenzierten Bewertungen (etwa gegenüber der NPD); der zweite Band enthält eine ausführlichen Dokumentation.

Heinemann, Karl-Heinz / Wilfried Schubarth (Hrsg.), Der antifaschistische Staat entläßt seine Kinder. Jugend und Rechtsextremismus in Ostdeutschland, Köln 1992. - Ein Sammelband mit von Methode und Niveau her ganz unterschiedlichen Beiträgen zu rechtsextremen Orientierungen bei ostdeutschen Jugendlichen, die dieses Phänomen allerdings nahezu alle unter sozialpädagogischen und -psychologischen Gesichtspunkten angehen.

ID-Archiv im ISSG (Hrsg.), Drahtzieher im braunen Netz. Der Wiederaufbau der NSDAP. Ein Handbuch des antifaschistischen Autorenkollektivs Berlin, Berlin 1992. - Eine durchaus kenntnisreiche Darstellung der organisatorischen Strukturen der neonationalsozialistischen GdNF aus Sicht linksextremistischer Autonomer, die bei allgemeinen Einschätzungen zu völlig überzogenen Behauptungen ("Bedrohung durch eine neue faschistische Massenbewegung") neigt, allerdings auch die Divergenzen in der neonationalsozialistischen Szene nicht verkennt.

Jäger, Siegfried (Hrsg.), Rechtsdruck. Die Presse der Neuen Rechten, Bonn 1988. - Ein Sammelband mit sechs Fallstudien zu rechten Publikationsorganen, die von der Diskurs-Analyse her überaus interessant, hinsichtlich der politischen Bewertung aber meist problematisch sind.

Jaschke, Hans-Gerd, Die "Republikaner". Profile einer Rechtsaussen-Partei, Bonn 1990. - Die bislang sicherlich differenzierteste Veröffentlichung zu den REP mit den wichtigsten Informationen zu Geschichte, Programmatik und Wählerbasis der Partei sowie Ausführungen zum historisch-politischen Hintergrund ihres Aufkommens und theoretischen Einschätzungen dazu.

Klär, Karl-Heinz u. a. (Hrsg.), Die Wähler der extremen Rechten. 3 Bde., Bonn 1989. - Die Bände enthalten eine Reihe von Analysen der Wählerschaft rechtsextremer Parteien, die im Auftrag des SPD-Parteivorstandes von unterschiedlichen Forschunginstituten und Sozialwissenschaftlern vorgenommen wurden.

Kühnl, Reinhard, Gefahr von rechts? Vergangenheit und Gegenwart der extremen Rechten, Heilbronn 1990. - Eine oberflächliche Gesamtdarstellung zum Rechtsextremismus aus vulgärmarxistischer Sicht: die alleinige Ursache für dieses politische Phänomen wird in der Existenz der "kapitalistischen Gesellschaft" gesehen.

Leggewie, Claus, Die Republikaner. Ein Phantom nimmt Gestalt an, Berlin 1990. - Die erweiterte Ausgabe einer der ersten Bücher zu den REP liefert die wichtigsten Fakten und Informationen zur Partei, fällt durch einige differenzierte Thesen und einen unterhaltsamen Stil auf, läßt aber in seiner essayistischen Behandlung des Themas einiges an theoretischer Klarheit vermissen.

Paul, Gerhard, Hitlers Schatten verblaßt. Die Normalisierung des Rechtsextremismus, Bonn 1989. - Ein Sammelband mit von Thema, Niveau und Methode her ganz unterschiedlichen Beiträgen, die sich entgegen dem Untertitel nur zu geringen Teilen mit der "Normalisierung des Rechtsextremismus" beschäftigen; besondere Beachtung verdient der Beitrag von Hans-Gerd Jaschke zu einigen Grundmustern des staatlichen Umgangs mit dem Rechtsextremismus.

Siegler, Bernd, Auferstanden aus Ruinen ... Rechtsextremismus in der DDR, Berlin 1991. - Eine informative journalistische Arbeit zum militanten Rechtsextremismus in der ehemaligen DDR und den neuen Bundesländern, die allerdings den Gegenstand dramatisierend darstellt und obwohl sie das Material zu einer extremismustheoretischen Einschätzung liefert, diese aus politischen Gründen ablehnt.

Stöss, Richard, Die extreme Rechte in der Bundesrepublik. Entwicklung - Ursachen - Gegenmaßnahmen, Opladen 1989. - Eine kenntnisreiche und umfassende Darstellung zur Geschichte der organisierten extremen Rechten nach 1945 mit nicht immer überzeugenden Ausführungen zum Rechtsextremismus als Bestandteil der politischen Kultur der Bundesrepublik sowie einer unzureichenden Begriffsdefinition.